Studien zum Wirtschaftsstrafrecht

herausgegeben von
Klaus Tiedemann / Bernd Schünemann

Band 7

Bernd Schünemann (Hg.)

Strafrechtssystem und Betrug

Centaurus Verlag & Media UG 2002

Der Herausgeber, Prof. Dr. Bernd Schünemann, ist o. Professor für Strafrecht und Direktor des Instituts für Rechtsphilosophie und Rechtsinformatik der Universität München.

Die Deutsche Bibliothek – CIP-Einheitsaufnahme

Strafrechtssystem und Betrug/
Bernd Schünemann (Hg.). - Herbolzheim : Centaurus-Verl., 2002
(Studien zum Wirtschaftsstrafrecht ; Bd. 7)
ISBN 978-3-8255-0153-2 ISBN 978-3-86226-873-3 (eBook)
DOI 10.1007/978-3-86226-873-3

ISSN 0938-9512

Satz: Vorlage des Herausgebers
Umschlaggestaltung: DTP-Studio, Antje Walter, Hinterzarten

Inhalt

Vorwort

Mit den in diesem Sammelband vereinigten Beiträgen soll ein doppelter Bogen geschlagen werden: zum einen vom Strafrechtssystem des Allgemeinen Teils zu den Rechtsfindungsproblemen des Besonderen Teils; und zum anderen von der deutschen über die spanische zu einer gemeineuropäischen Strafrechtswissenschaft.

Die Strafrechtsdogmatik ist mehr als ein Jahrhundert in zwei miteinander kaum verknüpfte Teile zerfallen, nämlich in den Allgemeinen Teil, bei dem es um das „Strafrechtssystem" im Sinne der systematischen Ordnung der Straftatelemente geht und der bis heute als die Krone der Strafrechtswissenschaft gilt, und in den Besonderen Teil, der aus der Interpretation der verschiedenen einzelnen Straftatbestände besteht, die nur eine minimale systematische Vernetzung aufweist und über weite Strecken aus einer bloßen Mischung der sog. grammatischen Auslegung (d.h. der Ermittlung der umgangssprachlichen Bedeutung der Gesetzestermini) mit kriminalpolitischen Argumenten besteht. Eine Zusammenfügung dieser beiden Teile setzt voraus, daß die Kriminalpolitik in das Strafrechtssystem Eingang findet (womit sich im Anschluß an die hierzu seit drei Jahrzehnten geführte Diskussion die einleitenden Beiträge von *Jesús-María Silva Sánchez* und *Claus Roxin* befassen) und daß gleichzeitig die Auslegung im Besonderen Teil auf systematische Prinzipien zurückgeführt wird (was im anschließenden Beitrag von *Bernd Schünemann* vor allem am Beispiel der umstrittenen Viktimodogmatik untersucht wird). Als Exerzierfeld dient schon in diesem Beitrag u.a. der Tatbestand des Betruges, dessen Interpretation sodannn den Gegenstand der weiteren Beiträge bildet und in diesen auf ein durchaus dem Ideal des Allgemeinen Teils nachempfundenes systematisches Niveau gehoben wird. Während *Joachim Vogel* die über eine positivistische Gesetzesinterpretation hinausweisende Legitimationsfrage stellt und in historischer

Perspektive diskutiert, verknüpft *Carlos Suárez González* das im Betrugstatbestand vertypte Geschehen mit den allgemeinen Prinzipien der objektiven Zurechnung. *Kerstin Klein* führt die Figur des Eingehungsbetruges auf die den Allgemeinen Teil modifizierende Funktion zurück, den Vollendungszeitpunkt in den Versuchsbereich hinein vorzuverlagern, und grenzt sie dadurch gegen sonstige Strafausdehnungsbedürfnisse ab. Im Mittelpunkt der abschließenden Beiträge von *Florian Hagenbucher* und *Roland Hefendehl* steht schließlich der Vermögensbegriff als über den Betrugstatbestand weit hinausweisende, in dogmatischer Hinsicht zweifellos wichtigste Rechtsgutskategorie des Besonderen Teils. Die im Schrifttum vertretenen Vermögensbegriffe werden zunächst von *Florian Hagenbucher* einer strengen analytischen Prüfung unterzogen und sodann in dem abschließenden Beitrag von *Roland Hefendehl* zu einem „normativ-ökonomischen Vermögensbegriff" fortentwickelt und integriert, der gewissermaßen den Schlußstein in das zuvor aus systematischen, viktimodogmatischen und legitimationstheoretischen Erwägungen errichtete Gebäude setzt.

Nicht weniger wichtig und nicht weniger überfällig als dieser Brückenschlag zwischen Allgemeinem und Besonderem Teil, um den sich die Beiträge des vorliegenden Sammelbandes bemühen, erscheint heute, unter dem zunehmenden Rechtsvereinheitlichungsdruck innerhalb der Europäischen Union, der Brückenschlag zwischen den nationalen Rechtswissenschaften, in concreto den nationalen Strafrechtswissenschaften. Daß hierfür der Dialog zwischen der deutschen und der spanischen Strafrechtsdogmatik seit Jahrzehnten vorbildlich ist, dürfte ebenso bekannt sein wie der paradoxe Befund, daß die Rechtsakte und Vereinheitlichungsschritte auf der Ebene der Europäischen Union stärker von englischem oder französischem Rechtsdenken beeinflußt werden, obwohl oder vielleicht weil dieses im Bereich des Strafrechts den elaborierten und ausdifferenzierten, vielleicht schon allzu verästelten Standard etwa der deutschen oder spanischen Dogmatik mit ihrem hochgradigen Differenzierungsvermögen, aber auch mit ihrer Gefahr der artifiziellen Überfeinerung bisher nicht erreicht hat, vielleicht auch nicht erreichen will. In dieser Situation des Übergangs können die hiermit vorgelegten, gemeinsamen Bemühungen deutscher und spanischer Strafrechtswissenschaftler um den Brückenschlag zwischen Allgemeinem und Besonderem Teil deshalb eine (weitere) Probe aufs Exempel dafür liefern, daß eine auf dem gleichen Niveau miteinander kommunizierende gemeineuropäische Strafrechtswissenschaft nicht erst entwickelt werden muß, weil es sie nämlich bereits gibt.

Für die engagierte Mitarbeit an der redaktionellen Tätigkeit, die wegen des internationalen Charakters und des unterschiedlichen Entstehungszeitpunktes der einzelnen Beiträge verhältnismäßig umfangreich war, danke ich Herrn *Andreas Homuth* von Herzen, ebenso dem Centaurus Verlag für die reibungslose Zusammenarbeit.

München, im Februar 2002 *Bernd Schünemann*

Kriminalpolitik bei der Strafrechtsdogmatik: Einige Bemerkungen zu Inhalt und Grenzen*

Zugleich ein Beitrag zu Ehren von Claus Roxin

Jesús-María Silva Sánchez

A. Einführung

I.

Unabhängig von späteren Präzisierungen, bzw. ungeachtet der Meinungsverschiedenheiten bezüglich der konkreten Auswirkung seiner Methode, wird das Werk von *Roxin* grundsätzlich als ein Versuch beschrieben, das Strafrecht und insbesondere die Verbrechenslehre aus der Perspektive der Kriminalpolitik zu konstruieren[1]. Dieser Standpunkt, der bereits in seiner Habilitationsschrift *Täterschaft und Tatherrschaft*[2], sowie später in seinem Beitrag zur *Gedächtnisschrift für Gustav Radbruch (1968)* zu verfolgen ist, findet Ausdruck in seinem programmatischen Werk *Kriminalpolitik und Strafrechtsystem*[3], welches – 25 Jahre später und ungeachtet gewisser Detailkritiken – nach wie vor ein unumgänglicher Bezugspunkt in der

* Ich möchte mich bei dem lieben Freund und Kollegen Bernd Schünemann für die geleistete Hilfe sehr herzlich bedanken.

[1] Vgl. zum Beispiel, *Roxin*, Strafrecht, AT I, 3. Auflage 1997, § 7 V Rdn. 53: „Die leitenden Zwecksetzungen, die das Strafrechtssystem konstituieren, können nur kriminalpolitischer Art sein".

[2] Deren Erstausgabe erschien 1963; es folgten mehrere Neuauflagen.

[3] 1. Auflage 1970; 2. Auflage 1973.

modernen Strafrechtsdiskussion ist, die mit nunmehr drei Auflagen des Lehrbuchs *Strafrecht AT Band I*[4] neue Impulse erhalten hat.

II.

Eine kritische Untersuchung der Leistung und Auswirkung des Beitrags von *Roxin*, der zum Teil noch erforscht werden muss[5], würde die Darstellungsmöglichkeiten zu einem Text wie diesem hier bei weitem übersteigen. Deshalb habe ich mich auf einen einzigen Aspekt beschränkt, den ich für grundlegend halte, und der vielleicht noch nicht ausreichend diskutiert worden ist, nämlich derjenige der *Bedeutung* des Zurückgreifens auf die Kriminalpolitik als ein wesentliches und grundlegendes Element des Inhalts der Kategorien des Strafrechtssystems, sowie die Auswirkung bzw. Nichtauswirkung externer *Grenzen* (insbesondere solcher ontologischer Art) auf ein derartiges Zurückgreifen. Ich vertrete den Standpunkt, dass dies die Frage ist, welche die tatsächliche Tragweite der modernen Tendenzen hin zur „*Normativierung*" solcher Kategorien unterstreicht. Gleichzeitig drückt sie die grundlegenden Herausforderungen aus, denen sich derartige Erörterungen stellen müssen, vor allem dann, wenn es darum geht, die häufigen Kritiken zurückzuweisen, die sie der Willkür, des Dezisionismus und der Rechtsunsicherheit beschuldigen.

---

[4] 1. Auflage 1992; 2. Auflage 1994; 3. Auflage 1997.

[5] *Roxin* selbst (Fn. 1, § 7 III Rdn. 30) gesteht zu, dass es bisher noch kein vollständiges System auf der Grundlage seiner methodologischen Prämissen gibt.

B. Die „Kriminalpolitik" als Bezugspunkt des Strafrechtssystems

I.

Die methodologische Ausführung *Roxins* beinhaltet eine *das positivistische Modell zweifelsohne überwindende* Sicht der Strafrechtsdogmatik, ausgerichtet auf die Betonung ihrer schöpferisch-kreativen Aspekte[6]. Gleichzeitig ist sie aber auch prinzipiell eindeutig *relativistisch*, indem sie nämlich durch ontologische Perspektiven nur einschränkend begrenzt wird. Ihre Verwurzelung in neo-kantianistischem Gedankengut ist nicht nur offensichtlich[7], sondern ist auch von anderen Autoren ausdrücklich hervorgehoben worden[8]. Nichtsdestoweniger steht fest, dass gegenwärtig nur wenige bereit zu sein scheinen, die Einbindung *kriminalpolitischer Überlegungen* in die Konstruktion der Verbrechenslehre und in die Zuweisung von Inhalten in ihren unterschiedlichen Kategorien zurückzuweisen. Vielleicht hängt dies mit der Tatsache zusammen, dass diese Vorgehensweise (im weitesten Sinne: Orientierung der dogmatischen Erarbeitung der Verbrechenslehre an der Erreichung gewisser „praktischer" Ziele im Zusammenhang mit der Strafverfolgung) in der Praxis vermutlich immer zu beobachten war, auch wenn *behauptet* wurde, dass das System auf der Grundlage rein deduktiver Überlegungen, ausgehend von unwiderlegbaren Axiomata (welche Bestandteil einer bestimmten Ontologie waren), konstruiert wur-

---

6 *Roxin* (Fn. 1), § 7 V Rdn. 70: „... die Rechtsfindung ist, wie wir wissen, wesentlich mehr als die in logischen Schlussverfahren subsumierende Anwendung eines schon im Detail bestimmten Gesetzes. Sie ist vielmehr die Konkretisierung des gesetzlichen Regelungsrahmens, und in der *schöpferischen Ausarbeitung* (d.h. Entwicklung und Systematisierung) der gesetzgeberischen Zielvorstellungen selbst Kriminalpolitik im Gewande der Dogmatik". Hinweise auf den schöpferischen Charakter der Rechtsfindung finden sich bereits bei *R. Fischer*, Die Weiterbildung des Rechts durch die Rechtssprechung, 1971, S. 5: „*schöpferische* Rechtsfindung".

7 *Roxin* (Fn. 1), § 7 III Rdn. 25: Die Entwicklung, bezüglich des neokantianistischen Modells, fände ihren Ausdruck im Austausch der vagen Bezugnahme desselben auf kulturelle Werte durch ein spezifisch strafrechtliches Systematisierungskriterium: „die kriminalpolitischen Grundlagen der modernen Strafzwecklehre".

8 *Schünemann*, in: Schünemann (Hrsg.), Grundfragen des modernen Strafrechtssystems, 1984, S. 47. Ebenso *Moccia*, in: Roxin, Politica criminale e sistema del Diritto penale, 1986 (Übers. S. Moccia), Präsentation, S. 8, 11, 16, der sich sogar auf Autoren des 19. Jahrhunderts bezieht.

de, also gewissermassen „mit verbundenen Augen"[9]. Und wenn ein derartiger *modus_operandi* immer zu beobachten gewesen ist, dann eben deshalb, weil es sehr schwer zu verneinen fällt, dass *jegliches* Strafrecht (ja direkt) in kriminalpolitischen Forderungen seinen Ursprung hat: nämlich vor allem in der Forderung, das friedliche Zusammenleben in der Gesellschaft zu ermöglichen[10].

II.

Das zuvor Gesagte hebt hervor, dass jegliche Vertiefung der Ausführungen von *Roxin* auf die Klärung der Fragen hinauslaufen muss, was man unter „*Kriminalpolitik*" eigentlich versteht, wie man sich ihren Prinzipien nähert und wie sich das System an ihnen ausrichtet. In der Tat ist es so, dass der semantische Bereich eines solchen Ausdrucks unterschiedliche Konkretionen erlaubt, welche derart verschieden sind, dass es beinahe sinnlos erscheint, sie in eine gemeinsame Begriffskategorie einzuordnen. Im Allgemeinen wird die kriminalpolitische Orientierung dem *Konsequentialismus* beigeordnet, indem sie mit einer Orientierung des Strafrechtsystems an den empirischen Folgen seiner Anwendung gleichgesetzt wird (*Folgenorientierung*). Im Werk von *Roxin* gibt es in der Tat Hinweise hierauf, wenn gesagt wird, dass der Verbrechensaufbau sich am (gesellschaftlichen) Zweck der Strafe zu orientieren habe (zur General- und Spezialprävention)[11].

---

9 Siehe *Dreher*, Rezension des Werks von C. Roxin, Kriminalpolitik und Strafrechtssystem, GA 1971, 217 f., wo er die Meinung vertritt, dass Kriminalpolitik bei dogmatischen Überlegungen immer anwesend zu sein habe; so zum Beispiel in der auf das Rechtsgut ausgerichteten teleologischen Auslegungsmethode.

10 *Moccia*, Il Diritto penale tra essere e valore, 1992, S. 21: "... Il diritto penale nasce proprio da esigenze di politica criminale: consentire una pacifica coesistenza tra il consociati. Pertanto, alla politica criminale, ed in particolare alla teoria della pena, non poeteva essere negato un ruolo centrale nella construzione del sistema e nell'interpretazione delle norme...".

11 Vgl. *Roxin (Fn. 1)*, § 7 III Rdn. 25: wo er die Ausrichtung an „*die [den] kriminalpolitischen Grundlagen der modernen Strafzwecklehre*" vertritt. Im Zusammenhang mit seinem Systemaufbaumodell kann in seinem Werk auch die Aussage gefunden werden, „ein solches System ist also in hohem Masse folgenorientiert" (§ 7 V Rdn. 82).

Offensichtlich ist meiner Meinung nach jedoch, dass *kein Autor, der Einfluss auf die moderne Konstruktion der Verbrechenslehre genommen hat, (vielleicht manchmal „volens, nolens"), die Bedeutung der Werte in der Teleologie des Strafrechts zu ignorieren beabsichtigt*. Ebenso wird niemand beabsichtigen, das „*Zweckdenken*" beiseite zu lassen. Das sich so ergebende *teleologische Modell* würde demzufolge neben funktionalen auch „wertende" Aspekte umfassen[12].

III.

Wenn ich es so sehe, dass dies allgemein anerkannt wird, dann ist die innerhalb der teleologischen Systeme festzustellende Diskrepanz in anderen Bereichen zu suchen. Ich möchte hierzu zwei Punkte hervorheben: *einerseits* die Frage, die sich auf den Annäherungsmodus zu diesen Werten bezieht, welche – zusammen mit den empirischen Folgen – den „Telos" des Systems definiert, und *andererseits* das Artikulationskriterium bei der Verwirklichung derartiger Werte und der Erreichung der empirischen Folgen. In der Tat kann man sich diesen Werten aus einer *prinzipialistischen* Perspektive nähern. Diese prinzipialistische Perspektive, auf die nunmehr mit dem Begriff „*alteuropäisches Prinzipiendenken*" verwiesen wird, wird im Strafrecht durch die Übernahme der Entwicklung des rationalistischen Iusnaturalismus durch die Aufklärung verwirklicht[13]. Dies hervorzuheben ist aus zwei Gründen wichtig: *erstens*, weil somit klargestellt wird – wie bereits gesagt –, dass ein derartiges Prinzipiendenken eine funktionale Mitbegründung des Strafrechts nicht aus-

[12] Nicht umsonst – so verstehe ich es – verzichtet Roxin, wenn er sich auf sein eigenes System beziehen muss, auf die Begriffe „*funktional*" bzw. „*zweckrational*", in deren allgemeinen Rahmen er sich zuvor angesiedelt hatte, um von den „*Grundlagen eines teleologisch-kriminalpolitischen Systementwurfs*" zu sprechen: *Roxin (Fn. 1)*, § 7 V Rdn. 51.

[13] Zurecht hebt *Schünemann* die enge Verbindung zwischen dem rationalistischen Naturrecht und der Aufklärung hervor, mit einer Kritik an der Sicht *Hassemers*; *Schünemann*, GA 1995, 201 ff., 204.

schliesst (denn das war bezeichnend für das Nützlichkeitsprinzip der Aufklärung)[14]. Und *zweitens*, weil dieses Prinzipiendenken, dessen Hauptmerkmal der *Individualismus* ist, als „Denken in Prinzipienkategorien" in einigen seiner modernen Rekonstruktionen bis zu einem Punkt geschwächt wird, an dem es nur noch ein rein prozeduraler Bezugspunkt ist.

IV.

Wie dem auch sei, wenn die Werte aus einer prinzipialistischen Perspektive erfasst werden, dann scheint es offenkundig, dass ein Spannungsverhältnis zwischen der Verwirklichung derselben und dem Erreichen der funktionalen Folgen entsteht. Es handelt sich also, kurz gesagt, um den Konflikt, der jedem Versuch innewohnt, Prinzipiendenken und Folgendenken in Einklang zu bringen[15]. Die Lösung eines derartigen Konflikts hat das Strafrecht in ein Umfeld zunehmender Beschränkung geführt. Dass man davon ausgehend zu einem strafrechtlichen *Minimalismus* gelangt, ist letztendlich nichts weiteres als eine nur relativ natürliche Ableitung aus der kritischen Kraft der liberalen Rechtsprinzipien[16]. Eine vorgebliche Orientierung der Werte an den *individualistischen* Prinzipien der Aufklärung und ein *minimalistisches* Verständnis des Strafrechts stimmen jedoch auf unserem Gebiet bei einigen der bedeutendsten Vertreter der Frankfurter Schule überein.

V.

Man kann sich den oben erwähnten Werten jedoch aus einer anderen Perspektive nähern, nämlich aus *funktionalistischer* Sicht. Derzufolge wären die akzeptierten

---

[14] Gegenüber dem, was im reinen „*Prinzipiendenken*" auf religiöser Grundlage der Fall war. Dies unterstreicht *Schünemann* (Fn. 13), S. 218, um auf das funktionalistische Element zu verweisen, das im „*alteuropäischen Prinzipiendenken*" nach wie vor festzustellen ist.

[15] Das Ergebnis ist, lt. *Schünemann* (Fn. 13), S. 218, ein „individualistisch beschränkter Funktionalismus".

Werte das Ergebnis der eigenen Selbsterhaltungslogik des Systems; der konkrete Inhalt der ihnen zugeordnet würde, wäre aus eben dieser Logik deduziert[17]. Es scheint dann aber auch offenkundig, dass man nur schwerlich in derartigen „Werten" eine Konfrontation mit der strikt konsequentialistischen Perspektive finden dürfte; diese dürften sich eher nach und nach integrieren, und zwar in dem Masse, wie dies der Verfassung bzw. dem Selbstverständnis der Gesellschaft dient. Alles weist darauf hin, dass eine funktionalistische Annäherung an die Bezugswerte uns also im Bereich des Konsequentialismus hält. Die „*Wertrationalität*" tritt somit als Funktion der „*Zweckrationalität*" auf, welche die Aufrechterhaltung des Gesellschaftssystems stets zum Zwecke hat. Es wäre jedoch trotzdem falsch, die Funktionalisierung *per se* mit einer Instrumentalisierung oder Auslöschung des Individuums gleichzusetzen, oder – noch weiter gehend – mit einem reaktionären[18] oder gar totalitären Modell.

VI.

Es stellt sich die Frage, ob es vielleicht aus den Perspektiven des Denkens der Aufklärung (oder seiner modernen, diskursiven oder konsenslogischen Rekonstruktionen) möglich sein könnte, zu Schlussfolgerungen zu gelangen, die sehr weit abweichen von denjenigen, die charakteristisch für den Funktionalismus sind, im Hin-

---

[16] *Lüderssen*, ZStW 107 (1995), 877 ff., 878.

[17] *Jakobs*, ZStW 107 (1995), 843 ff., 853: „Nur auf diese Selbsterhaltungskraft kommt es an". Anschliessend geht dieser methodologische Ansatz von einer normativen Prämisse aus: dass nämlich die Gesellschaften sich funktional zu organisieren haben (und dass dies das Leitprinzip ihrer Dynamik zu sein habe) – was jedoch nicht immer der Fall ist. Wenn dem so ist, ist die Rolle des Strafrechts eine eindeutige. Das Problem tritt dann auf, wenn es darum geht, die Rolle des Strafrechts in dysfunktional strukturierten Gesellschaften zu definieren.

[18] Worauf *Jakobs* verweist, (Fn. 17), S. 853: „... die funktionale Sicht ist auf kein bestimmtes Modell festgelegt. *Es gibt funktional organisierte liberale Gesellschaften*, und dysfunktional organisierte kollektivistische Gesellschaften zerbrechen...". „Wer nur weiss, dass eine Gesellschaft funktional organisiert ist, weiss nichts über ihre konkrete Gestalt, also nichts über die Inhalte der anschlussfähigen Kommunikation" (*vom Verfasser unterstrichen*). Wie dem auch sei, *Schünemann*, (Fn. 13), S. 203, wirft diesem Modell eine „Kapitulation vor der gerade in Gesetzgebung oder Rechtsprechung herrschenden politischen Praxis" vor.

blick auf die Zuordnung von Inhalten bezüglich der Werte. Wird eine materielle *Werteontologie* zurückgewiesen – auch aus der Sicht des modernen Prinzipiendenkens –, dann hat die Divergenz zwischen funktionalistischer und prinzipialistischer Perspektive ihre Wurzeln darin, dass erstere versucht, eine *funktionalistische (objektive) Wertelogik* aufrechtzuhalten, in welcher die Werte ihre Grundlage und ihre Wirkung in einem Beitrag zur Aufrechterhaltung des Systems haben, während zweitere die Werte ausgehend von der Kommunikation der Individuen begründet, welche das System ausmachen: das Ergebnis ist in einer *intersubjektiven Wertelogik* zu sehen[19]. Es handelt sich zweifelsohne um zwei diametral entgegengesetzte Rationalitätsmodelle[20], wenn auch beide normativer Prägung sind. Nachdem nun der methodologische Unterschied klargestellt ist[21], ist festzustellen, ob die sich aus der einen oder der anderen Sicht ergebenden Folgerungen sich ebenfalls unterscheiden. Das könnte natürlich der Fall sein, dass in einer demokratischen Gesellschaftsordnung die „Verfassung der Gesellschaft" – Ausgangspunkt von Überlegungen wie denjenigen von *Jakobs* – nicht sehr weit von dem „Konsens der Individuen", welche diese Gesellschaft ausmachen[22] entfernt liegen sollte. Sicher ist jedoch, dass

---

[19] Vgl. *Neumann*, in: Jung/Müller-Dietz/Neumann (Hrsg.), Perspektiven der Strafrechtsentwicklung, 1996, S. 57 ff., wo die „normativen" (im Gegensatz zu den „funktionalen") Auffassungen durch deren Aufnahme von Kriterien „einer nicht nutzenorientierten Richtigkeit" charakterisiert werden.

[20] *Lüderssen* drückt dies ganz klar aus, (Fn. 16), S. 883: bei Jakobs „ [ist] die Option für Sinn und personale Kommunikation [...] geknüpft an den rollenorientierten Begriff des Subjekts und daraus ergibt sich dann eine bestimmte 'Identität der Gesellschaft'. Sie ist durch und durch normativ, und das Subjekt ist sekundär; demgegenüber „ [machen]" für Lüderssen „Erfahrbarkeit und miteinander streitende Subjekte [...] die moderne Gesellschaft aus."

[21] Sehr klar die Unterscheidung bei *Lüderssen* (Fn. 16), S. 891: „Es kann also keine Rede davon sein, dass nach *Jakobs'* Konzept die Aufgabe des Strafrechts ganz abgekoppelt von den Interessen der Einzelnen in einer Gesellschaft oder einem im Staat lebenden Menschen zu begreifen ist. Vielmehr geht es nur um den Grad der Verallgemeinerung des Schutzes dieser Einzelnen".

[22] Vgl. *Jakobs* (Fn. 17), S. 849 f. Auf die Kritik eingehend, dass es im Rahmen des Funktionalismus nur darum gehe, die Gesellschaft als solche zu stabilisieren und sich die Frage des freien Subjekts nicht einmal stelle, verweist er darauf, dass dem nicht so ist, sondern dass das Subjekt den Protagonismus ausübe, den das gesellschaftliche Selbstverständnis festlege. „Es [das Subjekt] ist in dem Maß präsent, in dem es kommunikativ vermittelt wird, also die Selbstbeschreibung der Gesellschaft bestimmt. Kommt eine solche Vermittlung nicht vor, dann ist es freilich mit ihm zu Ende aber es kann auch zentraler Gegenstand der Kommunikation werden, und dann beherrscht es alles andere. Der Ansatz verdrängt also insoweit nichts, sondern verhält sich neutral". Auf die darauffolgende Kritik, wie wenig zufriedenstellend ein freies Subjekt sei, das „dank" einer anders begründeten Ge-

man dabei zu unterschiedlichen (und sogar gegensätzlichen) Schlussfolgerungen gelangt. Um nur ein Beispiel zu nennen: die Frage des *personalen Begriffs* des Rechtsguts, von den einen verteidigt[23] und von den anderen kritisiert[24], bei der es sich um eine Frage von äusserst wichtiger praktischer Tragweite im modernen Strafrecht handelt. Ausserdem kommen von der o.g. methodologischen Gegensätzlichkeit weitreichende Divergenzen in den dogmatischen Bereichen der objektiven Zurechnung, des Vorsatzes oder des Schuldbegriffs.

VII.

Es ist daher angebracht, im Rahmen dieser Diskussion den Stellenwert des Beitrags von *Roxin* zu bestimmen. Zu Beginn ist es natürlich recht einfach, ihn – wie wir bereits vorweggenommen haben – loszulösen vom Konzept der reinen" „funktionalen" Zweckrationalität. Tatsächlich ist es so, dass *Roxin* bei der Behandlung dessen, was er „Grundlagen eines systematischen teleologisch-kriminalpolitischen Projekts" nennt, auf die Konzeption eines wertorientierten Systems verweist[25]. Sein Modell ist also nicht in ausschliesslich konsequentialistischen Begriffen bezüglich der effizienten Verbrechensprävention zu definieren (Kriterien einer *empirischen* Kriminalpolitik), sondern wir haben es bei seinem Konzept mit einer *wertenden* Kriminalpolitik zu tun, welche die formalen und materiellen Garantien des Straf-

---

sellschaft auf die Bühne tritt (anstatt Beginn und Ziel, wesentlicher Inhalt für das Strafrecht, zu sein), antwortet er „Subjektivität entsteht gesellschaftlich vermittelt", also „ohne funktionierende Gesellschaft fehlt es an den empirischen Bedingungen von Subjektivität".

[23] Worauf sich *Lüderssen* (Fn. 16) S. 899, Hassemer zitierend, bezieht und darauf verweist, dass [...] „sieht Güter der Gesellschaft und des Staates zu Gütern des Individuums in einer Ableitungsbeziehung: erkennt Interessen der Allgemeinheit als berechtigte nur an, insoweit sie personalen Interessen dienen".

[24] Radikal bei *Schünemann* (Fn. 13), S. 205 ff. Ein weiterer Punkt radikalen Gegensatzes bezieht sich auf die abstrakten Gefährdungsdelikte (S. 210 f.).

[25] *Roxin*, (Fn. 1) § 7 V, Rdn. 52: „Auszugehen ist von der These, dass ein modernes Strafrechtssystem teleologisch strukturiert sein, d.h., auf wertenden Zwecksetzungen aufbauen muss. Denn wenn die systematisch richtige Lösung als Ergebnis einer vorgängigen *Wertung* erscheint, ist der Einklang zwischen systematischer Konsequenz und intendierter Sachrichtigkeit, dessen Fehlen zu so vielen Schwierigkeiten geführt hat, von vornherein gewahrt" (*vom Verfasser unterstrichen*).

rechts mit einbezieht [26]. Eine mögliche Schwierigkeit tritt jedoch auf, wenn es darum geht, zu bestimmen, ob das Zuordnungsverfahren bezüglich des Inhalts im Hinblick auf die Garantiewerte, so wie von *Roxin* praktiziert, sich demjenigen des Funktionalismus annähert oder im Gegenteil einer gewissen „Prinzipienlogik" verbunden ist.

VIII.

Es besteht von vornherein kein Zweifel daran, dass Ausgangspunkt die grundlegenden kriminalpolitischen Entscheidungen zu sein haben, welche das Fundament des geltenden Strafrechts bilden und die umfassend und im Einzelnen in den Sätzen des positiven Rechts erläutert werden[27]. Desweiteren geht es darum, als Entscheidungskriterium diejenigen Prinzipien heranzuziehen, die aus der Rechtsordnung *deduziert werden können*, und keineswegs die personalen, wertenden Vorstellungen der auslegenden Instanz[28], auch wenn zugestanden wird, dass es Aspekte gibt, bei denen man über eine grosse Auslegungsfreiheit verfügt[29]. Dies ist jedoch eigentlich selbstverständlich und wird deshalb zweifelsohne von den beiden zur Diskussion stehenden Standpunkten geteilt. Die Diskrepanzen treten dann auf, wenn davon ausgehend Probleme mit einer mehr oder weniger definierten gesetzlichen Grundlage und von bedeutender dogmatischer Transzendenz behandelt werden sollen, sowohl hinsichtlich der Verbrechenslehre als auch im Hinblick auf den Besonderen Teil: die objektive Zurechnung, die subjektive Zurechnung, die Schuldfrage, das Problem der Vorverlegung des Rechtsgüterschutzes, usw. Hierzu kann festgestellt

---

[26] Vgl. *Roxin* (Fn. 1) § 7 V Rdn. 69: „... der Satz 'nullum crimen sine lege' ist nicht weniger ein kriminalpolitisches Postulat als das Gebot erfolgreicher Verbrechensbekämpfung". „... die rechtliche Begrenzung der Strafgewalt ist auch selbst ein wichtiges Ziel rechtsstaatlicher Kriminalpolitik".

[27] *Schünemann*, in: Festschrift für R. Schmitt, 1992, S. 117 ff., 126: „weil das Strafrechtssystem das geltende Recht und nicht etwa irgendeine hypothetische Rechtsordnung ordnend und konkretisierend erfassen soll, muss der Ausgangspunkt von den kriminalpolitischen Grundentscheidungen gebildet werden, die dem geltenden Recht nachweisbar zugrunde liegen und partiell expliziert werden".

[28] *Roxin* (Fn. 1), § 7 V Rdn. 72.

[29] *Roxin* (Fn. 1), § 7 V Rdn. 73.

werden, dass, sofort nach Beginn der Diskussion über das methodologische Modell von *Jakobs*, es sowohl *Roxins* (als auch *Schünemanns*) Absicht war, diesbezüglich auf Distanz zu gehen, wobei jedoch bestimmte gemeinsame Ausgangspunkte im Hinblick auf eine präventiv orientierte Funktionalisierung der meisten dogmatischen Fragen nicht ausgeschlossen wurden. Mehr also als mit der eigentlichen Funktionalisierung haben die bestehenden Divergenzen mit den Grenzen derselben zu tun[30]. Ein dergestalt begrenzender Ansatz (gegenüber dem *„normativistischen Monismus Jakobs"*" wird ein als *dualistisch* bezeichnetes Modell angeboten) ist nicht so sehr auf eine Anknüpfung an Elemente des *„alteuropäischen Prinzipiendenkens*" bei der Festlegung der wertenden Gegengewichte der Funktionalisierung zurückzuführen, sondern vielmehr auf die Anerkennung der externen ontologischen Grenzen bei der funktionalistischen Erarbeitung. Die Grundlage der Diskrepanz befände sich demzufolge vor allem im Ausmass der Normativierung (das heisst, der strikt juristischen Erarbeitung der Konzepte). Für *Jakobs* gibt es für den Juristen keine Grenzen bei der Erarbeitung der Zurechnungsregeln, welche die normativistische Rekonstruktion der Begriffe festlegt. Wie dem auch sei, die Grenzen wirken immanent und sind in der „Verfassung" bzw. dem „Selbstverständnis" des jeweiligen Gesellschaftsmodells zu sehen.

Man sollte jedoch davon ausgehen können, dass *Jakobs* zumindest eine ontologische Grenze anerkennt, nämlich diejenige, die sich aus dem Phänomen (sicher der Ontologie entsprechend) der *hermeneutischen Zirkularität* der menschlichen (und auch der wissenschaftlichen) Kenntnisprozesse ergibt. Mit anderen Worten gesagt, die Grenze, welche ihren Ausdruck in der Kraft des *Vorverständnisses* des Gesellschaftswissenschaftlers (und nicht nur bei diesem) findet, wenn dieser Aussagen bezüglich der Wirklichkeit formuliert[31]. Dies würde bedeuten, dass, wenn *Jakobs*

[30] Vgl. *Schünemann* (Fn. 13), S. 221.

[31] Wie *Francisco Baldó* mit Nachdruck hervorgehoben hat (anlässlich eines strafrechtlichen Seminars der Universität Pompeu Fabra), würde sich somit ergeben, dass Jakobs die Zurechnungsregeln

(in der von ihm angeführten Eigenschaft als „Botschafter" des Selbstverständnisses einer bestimmten Gesellschaft) eine konkrete Zurechnungsregel formuliert, er dabei auch *subjektiv* seinen eigenen Vorurteilen in bezug auf eben jenes gesellschaftliche Selbstverständnis unterliegt. Entgegen dem, was man vielleicht einigen seiner Texte entnehmen könnte, wäre seine Zurechnungslehre nicht in der Lage, eine objektive und reine *Phänomenologie*[32] der „Verfassung" (des Selbstverständnisses) einer bestehenden Gesellschaft zu formulieren, sondern würde unweigerlich vom epistemologischen Subjektivismus belastet werden, dem wir alle unterliegen[33].

Sowohl für *Roxin* als auch für *Schünemann* findet dagegen eine dergestalt normativistische Konstruktion[34] ihre externen Grenzen in der vorgegebenen Materie[35]. Anders gesagt: Die von *Roxin* vertretene Haltung bei der Normativierung (Rekonstruktion der dogmatischen Kategorien in kriminalpolitischer Formulierung) erfährt eine zusätzliche Grenze durch den Verzicht auf die von *Jakobs* praktizierte Doppelfunktionalisierung. Es trifft zu, dass bei *Jakobs* die Systemkategorien vor allem aus der Sicht des Zwecks des Strafrechts auftreten, wobei der Zweck seinerseits durch die Integrationsprävention – strikt systematisch-funktional verstanden – mo-

nicht aus einer "*tout court*" gegebenen gesellschaftlichen Verfassung ableitet, sondern von *seiner Sicht* der Verfassung einer gegebenen Gesellschaft.

32 Zu beachten ist die welzelianische Resonanz des Begriffs.

33 Diesbezüglich, angesichts der (vermutlichen) Absicht *Jakobs'*, eine ausschliesslich an den historischen, von der „gesellschaftlichen Verfassung", die jedem Gesellschaftsmodell eigen ist, abgeleiteten Relativismus anknüpfende Zurechnungslehre formulieren zu wollen, wäre es angebracht, die unumgängliche Bedingtheit einer derartigen Theorie hervorzuheben – zumindest was unser eigenes Gesellschaftsmodell betrifft –, aufgrund des wissenschaftlichen *Vorverständnisses*, das in sich die Rollen des „Subjekts" und des "Objekts" vereint.

34 Welche sich ausserdem – vermutlich aufgrund der neukantianistischen (und nicht welzelianischen!) Wurzeln – hierbei stärker relativistisch (subjektivistisch-individualistisch) zeigt als bei *Jakobs*, eben durch das Zurückgreifen auf die objektive Verknüpfung der (nur geschichtlich relativen) „gesellschaftlichen Verfassung".

35 *Schünemann*, (Fn. 27), S. 131. *Roxin* (Fn. 1) § 7 III Rdn. 28, wo er bezüglich des Schuldbegriffs bei Jakobs darauf verweist: „Die umstrittenste inhaltliche Besonderheit seiner Verbrechenslehre besteht darin, dass er die Schuld in Überein-stimmung mit seiner Strafzwecktheorie gänzlich im Begriff der Generalprävention aufgehen lässt, also *nicht als etwas objektiv Gegebenes* ansieht, sondern sie nach dem Maßstab dessen, was er zur 'Einübung in Rechtstreue' erforderlich ist, ohne Rücksicht auf die Fähigkeiten des Täters einfach 'zuschreibt'" (*vom Verfasser unterstrichen*).

nopolisiert erscheint. Bei Betrachtung der Ausführungen *Roxins* zeigen sich klare Übereinstimmungen in der ersten Phase; es muss jedoch angesichts der Zulassung externer Grenzen einer derartigen Prävention[36] zurückgewiesen werden, dass er in der zweiten Phase zu denselben Folgerungen gelangt. Dies liesse die Schlussfolgerung zu, dass die kriminalpolitischen Werte nicht ausschliesslich funktional zu begreifen sind, auch wenn sie selbstverständlich nie und nimmer auf den individualistischen Monismus der Frankfurter Autoren zurückgeführt werden können[37].

IX.

Das kriminalpolitische Modell *Roxins*[38] ist also nicht *minimalistisch*, weder im Hinblick auf die Vorverlegung des Strafrechtsschutzes, noch in Bezug auf die Zurechnungskriterien: abgesehen von dem bereits zuvor Gesagten, wäre anderenfalls seine Anknüpfung an das vorausgesetzte „klassische europäische Prinzipiendenken" nicht feststellbar. Gleichzeitig kann er aber auch nicht auf der Ebene eines Funktionalismus, wie *Jakobs* ihn vertritt, angesiedelt werden, wo das Entscheidende die gesellschaftliche Verfassung wäre und diese ausschliesslich die Zurechnungskriterien konditioniert. Vielleicht ist *Schünemann* aus diesem Grund der Meinung, dass der Gegensatz bei der *Strafrechtslehrertagung* 1995 in *Rostock* zwischen „*Funktionalismus*" und „*alteuropäischem Prinzipiendenken*" mehr rhetorische als semantische, logische oder schlussendlich theoretische Rechtfertigung hat[39].

---

[36] Vgl. hierzu *Silva Sánchez*, Aproximación al Derecho penal contemporáneo, Barcelona 1992, S. 67 f.

[37] Es genügt, seine Ausführung und Kritik der jüngsten Standpunkte bzgl. des „Risiko-Strafrechts", „Gefährdungsstrafrecht", sowie zur Rechtsgutstheorie der Autoren der „Frankfurter Schule" zu lesen, *Roxin* (Fn. 1) § 2 VII Rdn. 25-33. Sowie diejenigen von *Schünemann* (Fn. 13), S. 203 f.

[38] Hierzu, wobei er es letztendlich als „liberal" und als „sozial" bezeichnet, *Roxin*, Sobre el reciente desarrollo de la Política Criminal (Übers. Díaz y García Conlledo/Pérez Manzano), in: Cuadernos de Política Criminal 1992, S. 795 und f., 810.

[39] *Schünemann* (Fn. 13), S. 217 f. Denn beide Standpunkte sind streng normativistischer (und heutzutage auch relativistischer) Prägung.

C. Die „ontologischen" Grenzen

I.

Die vorherigen Ausführungen haben bereits die schwierige Frage aufgeworfen, welche denn ganz allgemein die Grenzen bei der normativistischen Konstruktion des Systems sein können (und wie sie zu wirken haben) und wo sie – für die uns hier interessierende Fragestellung – bei *Roxin* festzustellen sind[40]. Bezüglich des Vorhandenseins von Grenzen in juristischen Konstruktionen muss gleich zu Beginn gesagt werden, dass die Zulassung solcher, die immanenten Charakter haben oder die auf Kohärenzgründe zurückzuführen sind, nur wenige Probleme aufwerfen. Aber auch wenn dies akzeptiert wird, bleiben wir im Bereich des Relativismus oder, anders gesagt, im Bereich einer offenkundigen „Neutralität". Dies ist bei *Jakobs* und dem „Leit-Gedanken" einer entsprechenden Gesellschaftsverfassung, welcher den Aufbau des Zurechnungssystems anleitet (und determiniert)[41], eindeutig festzustellen[42]. Dies geschieht jedoch unterschiedlich in mittelalterlichen, totalitären oder modernen westlichen (usw.) Gesellschaften – und wir können dabei keine Auswahl treffen bzw. unter Heranziehung dogmatischer (funktionalistischer) Begriffe ein zu bevorzugendes Modell herausgreifen[43]. Abgesehen also von dieser ersten Einschränkung, die wir als kulturell (*Zeitgeist*) bezeichnen könnten und die sich durch einen räumlichen und zeitlichen Relativismus auszeichnet[44], geht es

---

[40] *Dreher*, GA 1971, 218, behauptet – in scheinbarem Gegensatz zu Roxin –, dass es in der Dogmatik Fragen gibt, die nicht aus kriminalpolitischer Sicht zu lösen sind, sondern auf der Grundlage sachlogischer Strukturen; als Beispiele hierfür führt er Fälle im Zusammenhang mit den Begriffen Vorsatz und Fahrlässigkeit an.

[41] Vgl. jedoch die Nuancierungen *supra* zu dieser Frage.

[42] Vgl. *Jakobs*, La imputación objetiva en Derecho penal (Übers. Cancio Meliá, mit einer Vorstudie von Suárez González/Cancio Meliá), 1996, *passim*, zum Beispiel, S. 93 f.

[43] Aus moral- und politikphilosophischer Sicht ist ein Ja denkbar.

[44] So einer der Gedankengänge von *Radbruch*, Der Relativismus in der Rechtsphilosophie (1934), in: Der Mensch im Recht. Ausgewählte Vorträge und Aufsätze über Grundlagen des Rechts, 1957, S. 80 f. Dieser Autor konfrontiert den Relativismus (S. 80) mit dem Iusnaturalismus, als Strömung, die auf dem methodischen Prinzip beruht, dass eine „eindeutige, erkennbare und beweisbare Idee des

darum, die Möglichkeit weiterreichender und dauerhafteren Grenzen in Betracht zu ziehen. Wir befassen uns dabei an erster Stelle mit Grenzen, die sich aus den Sprachregeln ableiten lassen (auch wenn Sprache sehr stark verbunden ist mit dem Konzept Kultur und dem, was man als „gesellschaftliche Rekonstruktion der Wirklichkeit" bezeichnen könnte), sowie aus der formalen Logik. Und zweitens mit denjenigen Grenzen, die aus dem empirischen Wissen – Frucht der Sozial- und Naturwissenschaften – deduziert werden[45/46].

II.

Wenn es jedoch um die Grenzen der normativen Konstruktion geht, denkt man vor allem an das Vorhandensein einer permanenten Wirklichkeit (die ihrerseits vorgegeben ist), die sich einer beabsichtigten Zurechnung aus funktionalen (bzw. kriminalpolitischen) Perspektiven heraus widersetzen könnte. Demzufolge würde die Erarbeitung von sozialen Zurechnungskriterien auf unüberwindbare Hindernisse bei der Konstituierung des Rechtsstoffs stossen (zum Beispiel in der Natur des individuellen Subjekts, auf das die Zurechnung abzielt). *Roxin* erkennt heute ausdrück-

---

gerechten Rechts gebe". Der Relativismus basiert auf der These, dass jegliche Inhaltskonzeption bezüglich des gerechten Rechts nur Gültigkeit hat im Rahmen „einer bestimmten Lage der Gesellschaft und eines bestimmten Systems der Werte" (S. 81). Nur aus relativistischer Sicht kann die verbindliche Kraft des positiven Rechts aufgenommen werden (S. 82). Er versucht ausserdem aus dieser Perspektive die Aufnahme anderer Forderungen des klassischen Naturrechts zu begründen (Menschenrechte, Rechtsstaat, Machtteilung, Volkssouveränität, Freiheit und Gleichheit) (S. 87).

[45] Nicht selten ist es zweifelhaft, ob als Bezugspunkt eigentlich empirisches Wissen der Natur- bzw. Sozialwissenschaften herangezogen wird, oder eine vorstrafrechtliche Wertung eines solchen Wissens (das Risiko, Wertung als Wissen vorzustellen, ist selbstverständlich bei den Sozialwissenschaften stärker ausgeprägt). Vgl. bezüglich der Begrenzungen, zu denen eine „kognitive Biologie" führen würde, *Kargl*, Handlung und Ordnung im Strafrecht, 1991; zu denjenigen Grenzen, die die Kriminologie und die Gerichtspsychiatrie festlegen sollten, vgl. z. B. *Prittwitz*, GA 1994, 454 f.

[46] Daher sämtliche diesbezügliche Vorbehalte. Vgl. *Puppe*, Naturalismus und Normativismus in der modernen Strafrechtsdogmatik, GA 1994, 297 f., bezüglich der Beziehung zwischen dem Beschreibenden und dem Normativen, des unvollständigen und verfügbaren Charakters der Beschreibungen, der Notwendigkeit, das Zurückgreifen auf beschreibende Elemente in den normativen Konzepten normativ zu begründen, und schliesslich der Notwendigkeit, die unterschwelligen logischen Strukturen zu erforschen (S. 316 f.).

lich diese Problemstellung[47] an und bringt sie direkt in Verbindung mit den Gedankengängen seines – bereits klassischen – Beitrags zur *Radbruch-Gedächtnisschrift*[48]. Nachdem er dort – vielleicht zum ersten Mal – ausführt, welche normativen Perspektiven den Aufbau der Verbrechenslehre anzuleiten haben, unterstreicht er, dass derartige normative Richtlinien auf der Grundlage des Rechtsstoffs zu entwickeln seien, denn die Natur der Sache erfordere dem „*Rechtsstoff* entsprechende" Lösungen[49].

III.

Bezüglich des zuvor Gesagten – und ohne dabei tiefer auf das Thema eingehen zu können – muss jedoch folgendes berücksichtigt werden: Es kann erstens nicht verneint werden, dass die juristische Erarbeitung den Seins-Strukturen (und auch denjenigen des Sollens) nicht zuwiderlaufen darf. Ausgehend vom „Stoff" bzw. der Natur der Sache könnte man also die Elemente für eine Begrenzung der Rechtskonstruktion ableiten. Damit jedoch die Struktur des Seins diese Begrenzungsfunktion

---

[47] *Roxin* (Fn. 1) § 7 V Rdn. 84, wenn er darauf hinweist, dass es unmöglich ist, dass das von ihm vorgeschlagene teleologische System seine Lösungsansätze ohne Berücksichtigung der materiellen Gegebenheiten konstruiere. Er sagt hierzu konkret: „Zwar kann eine 'Sachlogik' oder eine 'Natur der Sache' keinen juristischen Bewertungsmassstab liefern, aber das konkrete Ergebnis erwächst doch auch nie aus den leitenden normativen Gesichtspunkten als solchen, sondern immer erst aus ihrer Anwendung auf die Besonderheiten differierender Sachverhalte". *Schünemann* (Fn. 13), S. 203, hat seine Bevorzugung eines dualistischen Denkmodells bekräftigt, welches *praktische Vernunft* und *Sachlogik* integriert, „die das Strafrecht der postmodernen Gesellschaft weder reaktionär noch beliebig, sondern in einer wahrhaft adäquaten Weise aus seinen *Zwecken* und den ihnen entsprechenden *Strukturen* der dem Strafrecht vorgegebenen *Wirklichkeit* zu begründen vermögen". Der Gedanke findet sich bereits bei *Schünemann*, Grund und Grenzen der unechten Unterlassungsdelikte, Göttingen 1971, S. 36 f.

[48] *Roxin*, in: Gedächtnisschrift für G. Radbruch, 1968, S. 260 - 267. Die Arbeit zeigt zu Beginn (S. 260, 261), wie Radbruch – eingebunden in die neukantianische philosophische Strömung der Südwestdeutschen Schule – sich nichtsdestoweniger in seiner Arbeit „Rechtsidee und Rechtsstoff" (1923/24) vom Begriff der „*Stoffbestimmtheit der Idee*" angezogen fühlt, der den relativistischen Prinzipien des Neukantianismus zuwiderläuft. So schlägt Radbruch selbst eine dialektische Austauschbeziehung zwischen Sein und *Sollen*, *Stoff* und *Form* vor.

[49] Und fügt dem sehr bezeichnenderweise hinzu (Fn. 48), S. 265: „... dabei bedarf es kaum der Betonung, dass auch der 'Rechtsstoff' nicht im Sinne einer wertfreien Faktizität, sondern als eine von

wahrnehmen kann, ist es erforderlich, sich zu ihr Zugang zu verschaffen. Und unser Zugang ist nie objektiv, sondern subjektiv und partiell[50]. So kann also der Wirklichkeit gewiss ein begrenzender Wert zugeschrieben werden, jedoch nicht der „*Wirklichkeit als solcher*", da diese unzugänglich ist, sondern der „*vorgestellten Wirklichkeit*". Wir haben aber keinerlei Gewährleistung dafür, dass diese Vorstellung von der Wirklichkeit – durch die wir die gesellschaftlichen Zurechnungsurteile begrenzen möchten – nicht eben durch unser eigenes Empfinden bezüglich der sozialen Bedürfnisse einer strafrechtlichen Zurechnung beeinflusst worden ist[51]. Es ist im Gegenteil mehr als wahrscheinlich, dass sich hier ein Phänomen der Zirkularität bildet: 1) Das gesellschaftliche Zurechnungsurteil begründet sich auf einem bestimmten Verständnis dessen, wieweit die Lasten zwischen den Individuen (oder auch zwischen Individuum, Gesellschaft und Staat) im entsprechenden Gesellschaftsmodell verteilt sind; 2) es wird versucht, ein derartiges Urteil durch die Wirklichkeitsgestaltung zu begrenzen; 3) die Wirklichkeit ist uns aber nur zugänglich als subjektive Vorstellung (mehr oder weniger intersubjektiviert, abhängig vom erreichten gesellschaftlichen Konsens); 4) es darf nicht ausser Betracht bleiben, dass in dieser Vorstellung von der Wirklichkeit ein (normatives) Urteil mit einfliesst, nämlich wie diese Wirklichkeit *zu sein hätte*, um die Zurechnung zu ermög-

---

Sinnbezügen durchformte Gegebenheit zu verstehen ist". Was fast schon einem ontologischen Glaubensbekenntnis gleichkommt.

[50] Bezüglich des für jegliche beabsichtigte ontologische Verknüpfung der juristischen Konstruktion vermutlich wichtigsten Themas: das *Wesen des Menschen*, ist auf die Unmöglichkeit verwiesen worden, dieses vernunftmässig zu begreifen, und es ist hervorgehoben worden, dass wir uns mit einem „Abbild" (*Menschenbild*) zufrieden geben müssen, welches nicht dauerhaft ist, sondern notwendigerweise geschichtlich und abhängig vom Umfeld und der Zeit. Wenn dem so ist, dann ginge es einfach darum, herauszufinden, welches das unserer Kultur eigene Menschenbild ist, das Menschenbild unserer Welt, unserer Rechtsordnung, aber eben das gesollte, nicht das tatsächlich gelebte. Ziel *wäre es also, einen verallgemeinbaren Ansatz zu finden: ein „intersubjektives Menschenbild*". So bei *Arthur Kaufmann,* in: Festschrift für H. Schüler-Springorum zum 65. Geburtstag, 1993, S. 415 ff., 415. Ähnlich, und verallgemeinernd, bezüglich der Wirklichkeit an sich und der Findung eines Abbilds derselben, *ders.*, in: Festschrift für Baumann zum 70. Geburtstag, 1992, S. 119 f., 121.

[51] Allgemeiner bei *Gössel,* in: Festschrift für Koichi Miyazawa, 1995, S. 317 f., 319: „unsere Erkenntnis (besteht) in Vorstellungen über die Welt, wenn dabei auch zunächst noch unentschieden bleibt, ob diese Vorstellungen Abbilder subjektivunabhängiger Gegenstände eigener Realität und Struktur darstellen oder aber selbst die wahrnehmbare Welt erzeugen oder ausmachen".

lichen, die im Hinblick auf das eigene (oder generelle) Kriterium für erforderlich gehalten wird, wie die erwähnten „Lasten" zu verteilen seien. Deshalb haben wir auch keinerlei Garantie dafür, dass die Erlangung eines gewissen intersubjektiven Niveaus bei dieser Vorstellung der Wirklichkeit nicht vermischt wird mit einem Konsens bezüglich der gesell-schaftlichen Zurechnungsbedürfnisse. Dieser Konsens könnte seinerseits historisch verschieden sein und sich nicht zu sehr von dem unterscheiden, was *Jakobs* als „gesellschaftliche Verfassung" bezeichnet. Damit befänden wir uns erneut zutiefst eingetaucht in den Bereich der mehr oder weniger stark ausgeprägten räumlich-zeitlichen Relativität[52].

IV.

Die Neuauslegung der *strukturellen Verknüpfung des Seins* als *Verknüpfung durch den Vorstellungskonsens desselben* würde uns so zu einem schwächlichen Ontologizismus führen, der sich vermutlich nicht zu sehr vom relativistischen Normativismus unterscheidet. Deshalb muss man darüber hinaus gehen, denn es gibt sehr wohl gute Gründe dafür, zu glauben, dass es noch unverfügbare Räume gibt. Anders gesagt: nicht alles steht dem Konsens bzw. Dissens offen. Gegenüber denjenigen, die sich mit konsensualistisch/prozeduralen Theorien der Wahrheit bzw. der Richtigkeit aufhalten, scheinen zwei Behauptungen plausibel: es gibt einerseits etwas, das „die (empirische) Wahrheit (*adaequatio intellectus et rei*)" [53] oder „das (normativ) Richtige"[54] ist, unabhängig von der Feststellung unserer epistemologischen Begrenzung, Zugang zu diesem Etwas zu haben[55]. Andererseits bleiben die

[52] Darauf verweisend, dass der Konsens nicht die letztendliche Begründung der Wahrheit liefern kan, *Arthur Kaufmann,* Festschrift für Schüler-Springorum, S. 420 f. Auch: *ders.,* Festschrift für Baumann, S. 126.
[53] Zum Unverzichtbaren – obwohl darauf hingewiesen wird, dass auch sie unzulänglich ist – der Korrespondenztheorie: *Arthur Kaufmann,* Festschrift für Baumann, S. 128.
[54] Zur Möglichkeit einer „Wahrheit" im Bereich des Normativen: Arthur *Kaufmann,* Festschrift für Baumann, S. 123 f., 127.
[55] Ähnlich bei *Gössel,* Festschrift für Miyazawa, S. 321 ff..

diskursiven Verfahren nach wie vor Zweckmittel – sicherlich nicht vollkommene aber vielleicht unverzichtbare[56] –, um in dieser Richtung weiter-zukommen. Wenn wir letzteres billigen, dann muss hervorgehoben werden, dass es empirische Realitäten gibt, welche permanent im intersubjektiven Konsens verankert und (noch[57]) unverfälscht sind; und dass es ebenso normative „Wirklichkeiten" gibt, die permanent im intersubjektiven Konsens verankert sind, sowie solche, die diesen Konsens erst vor kurzem erlangt haben und bei denen wir der Überzeugung sind, dass ein künftiger eventueller Dissens nicht in der Lage wäre, sie in ihrem *Status* zu beeinflussen (so bezüglich der Menschenrechte oder selbst des grundlegenden Begriffs der Menschenwürde[58]). Es liegt auf der Hand, dass all dies seine Auswirkung auf das Strafrecht haben wird[59], welches jedoch seinerseits – darauf sei verwiesen – über einen beachtlichen „Freiraum" bei der normativ-begrifflichen Erarbeitung verfügt[60]. Gleichzeitig steht auf der Grundlage der vorherigen Ausführungen fest, dass es nicht immer einfach ist, die konkreten Deduktionen solcher „der empirischen oder normativen *Realität* zugehörigen" Aussagen zu bestimmen und sie in ein kriti-

[56] Ohne hier stärker auf Einzelheiten einzugehen, trifft es sicher zu, dass die diskursiven Verfahren, in idealen Kommunikationssituationen, nützlich sein können, indem durch sie das bei allen Menschen tiefverwurzelte Verlangen, Wahrheit und Gerechtigkeit zu erlangen, zu einem intersubjektiven Verlangen wird.

[57] Selbstverständlich hat die wissenschaftliche Wahrheit immer provisorischen Charakter: *Popper*, Logik der Forschung, 1935, *passim*.

[58] Was gewiss nicht den Dissens bezgl. einiger der Implikationen, zum Beispiel des Begriffs der Menschenwürde, ausschliesst.

[59] Es hat mich diesbezüglich stets überrascht, dass ein so geschätzter Autor und einer der entschiedendsten Verfechter des Ontologizismus im Strafrecht, nämlich *Armin Kaufmann*, die Anknüpfung der *„Sachlogik"* nur für die Strukturen der Verbrechenslehre aufgreift, während er andererseits den Standpunkt vertritt, dass die Bereiche des Besonderen Teils und des Strafsystems den empirischen Daten und Wertungen zu unterwerfen sei, woraus sich die Unsicherheit des gesellschaftlichen Wandels und der sich daraus ergebenden besonderen Bedürfnisse ergibt. Dies ist insbesondere bemerkenswert im Hinblick darauf, dass sich für ihn der axiologische Bereich der vernunftlichen Argumentation aus der Perspektive der „Plausibilität" öffnet, welche in grösserem oder geringerem Umfang stets relativistisch ist. Es ist in der Tat überraschend, dass die Natur der Sache (und insbesondere des Menschen) die strafrechtlichen Begriffe der Handlung, Schuld und Täterschaft mit einbezieht, während sie andererseits keinen Einfluss auf die strafrechtliche Bedeutung (und die eventuelle Strafschutzwürdigkeit, auch wenn die Bedürftigkeit eines solchen nicht vorhanden sein mag) des Menschenlebens und anderer äusserst wesentlichen Güter habe. Hierzu: *Armin Kaufmann,* in: Gedächtnisschrift für Zong Uk Tjong, 1985, S. 100 ff., 108 ff.

sches Verhältnis zu einem bestehenden Zurechnungssystem zu setzen. Die diesbezüglich offene Diskussion, zusammen mit der Erläuterung der *materiellen Grundlagen der – normativen* – Kriterien der objektiven, subjektiven bzw. personalen *Zurechnung* stellt meines Erachtens die grundlegende Herausforderung an die moderne Strafrechtsdogmatik dar, die *Claus Roxin* so viel verdankt.

[60] Trotz seiner antinormativistischen Einstellung anerkennt dies *Gössel*, Festschrift für Miyazawa, S. 330.

Kriminalpolitik und Strafrechtsdogmatik heute

Claus Roxin

A. Einleitung

Der vorstehende instruktive Aufsatz von *Silva Sánchez* umkreist aus dem objektiven Blickwinkel eines ausländischen Beobachters Hauptthemen der gegenwärtigen deutschen Diskussion über Systematik und Dogmatik des Strafrechts und die Funktion der Strafe überhaupt. Er bemüht sich insbesondere, den Ort zu bestimmen, den meine Konzeption von „Kriminalpolitik und Strafrechtssystem“[1] in der neueren Debatte über Funktionalismus und „alteuropäisches“ Prinzipiendenken[2], aber auch zwischen Sollen und Sein[3] einnimmt. Es ist in diesem Rahmen nicht möglich, die Thematik in aller Breite aufzurollen. Doch scheint es mir sinnvoll – auch gleichsam als Antwort auf manche von *Silva Sánchez* gestellte Frage –, meine eigene Position noch einmal zu verdeutlichen und von anderen Auffassungen abzugrenzen.

---

[1] So der Titel meiner kleinen Programmschrift aus dem Jahre 1970, 2. Aufl. 1973; sie ist auch in spanischer (1972), japanischer (1972), englischer (1973) und italienischer Sprache (1986) erschienen; die italienische Übersetzung wurde 1998 neu aufgelegt. Auf neuerem Stand wird die Problematik in § 7 meines Lehrbuches zum Allgemeinen Teil I, 3. Aufl. 1997, behandelt. Vgl. ferner aus neuester Zeit *Roxin*, Zur kriminalpolitischen Fundierung des Strafrechtssystems, Festschrift für Kaiser, 1998, S. 885 ff.

[2] Dies war das Thema der Vorträge von *Jakobs* und *Lüderssen* auf der Strafrechtslehrertagung 1995, ZStW 107 (1995), 843 ff., 877 ff.; vgl. dazu auch die inhaltsreiche Diskussion über die Vorträge, ZStW 107 (1995), 922 ff. und den die Alternative kritisch hinterfragenden Aufsatz von *Schünemann*, GA 1995, 201 ff., mit dem ich tendenziell weitgehend übereinstimme.

[3] Vgl. dazu *Moccia*, Il Diritto penale tra essere e valore, 1992.

Mein Ausgangspunkt ist, wie *Silva Sánchez* ganz richtig sagt, das Bemühen, „die Verbrechenslehre aus der Perspektive der Kriminalpolitik zu konstruieren“ (oben S. 1). Die für das System im ganzen und die Ausarbeitung der einzelnen Rechtsinstitute leitenden Zwecksetzungen sollen also kriminalpolitischer Art sein. Dabei verstehe ich unter Kriminalpolitik anders als etwa *Liszt*[4] nicht nur die Wahl der zur Deliktsvorbeugung effektivsten spezialpräventiven (oder auch, bei anderer Grundkonzeption, generalpräventiven) Sanktionen, sondern die Gesamtheit der für die Festlegung und Ausgestaltung der Strafbarkeitsvoraussetzungen wie der Sanktionen nach unserer Verfassung und Strafgesetzgebung maßgebenden Wertungsaspekte. Auch die strafbegrenzenden Elemente unserer Strafrechtsordnung, wie der nullumcrimen-Satz oder das Schuldprinzip, sind also Bestandteile rechtsstaatlicher Kriminalpolitik. Wie sich ein den Rechtsstoff unter dem leitenden Gesichtspunkt solcher Wertungen strukturierendes Denken auf die dogmatische Arbeit auswirkt, will ich nachstehend in einigen mir besonders wichtig erscheinenden Hinsichten (und in Auseinandersetzung vor allem mit dem systemtheoretischen Ansatz) skizzieren.

B. Die Bedeutung der Straftheorien

I. Die eigene Position

Geht man, was ernstlich nicht bestritten werden kann, davon aus, daß das Strafrecht ein gesichertes und freies Zusammenleben in der Gesellschaft gewährleisten soll, so bestimmen die Straftheorien die Wege, auf denen dieses Ziel erreicht werden kann: durch Einwirkung auf den einzelnen Delinquenten (Spezialprävention) oder auf alle

---

[4] Vgl. näher *Roxin*, Kriminalpolitik und Strafrechtssystem, 2. Aufl. 1973, S. 1 ff., 45 f.

Gesellschaftsmitglieder (Generalprävention), am besten durch beides zugleich. Daraus folgt eine präventive Straftheorie, die das Ausmaß, in dem die beiden in den Ergebnissen vielfach divergierenden Einwirkungsmöglichkeiten verfolgt werden dürfen, in ein Verhältnis bringt, das nach den Maßstäben des sozialen Rechtsstaates für die Gesellschaft, das etwaige Opfer und den Täter gleichermaßen nützlich oder doch akzeptabel ist. Wie ich mir eine solche Synthese vorstelle, habe ich an anderer Stelle dargelegt, auf die ich hier verweisen kann[5].

Es ist klar, daß eine solche präventive Vereinigungstheorie einen Schwerpunkt im Sanktionen- und Vollzugsrecht hat. So erklärt sich z.B. mein Engagement für den Wiedergutmachungsgedanken[6] daraus, daß der Einbau der freiwilligen Wiedergutmachung in das Sanktionensystem bei kleinen und mittelschweren Delikten general- und spezialpräventive Effekte mit der Befriedigung der Opferinteressen in glücklicher Weise verbindet. Ähnliches gilt für meine legislatorischen Bemühungen um den Strafvollzug[7]. Wie wenig eine sozial konstruktive Straftheorie auch auf das augenblicklich zu wenig beachtete Prinzip der Spezialprävention verzichten kann, zeigt nicht nur seine gesetzliche Festschreibung in §§ 46 I 2 StGB, 2 StVollzG. Auch das BVerfG hat es erst jüngst wieder[8] am Beispiel der vom AE-StVollzG so nachdrücklich geforderten Entlohnung von Strafgefangenen in eindrucksvoller Weise auf das Grundgesetz zurückgeführt.

Die Straftheorien können aber auch bei den Strafbarkeitsvoraussetzungen, also im Einzugsgebiet der Strafrechtsdogmatik, nicht folgenlos bleiben. Denn wenn die

---

[5] Zuletzt in § 3 meines Lehrbuches zum Allgemeinen Teil I, 3. Aufl. 1997: Zweck und Rechtfertigung von Strafe und Maßregeln.

[6] Vgl. unter meinen zahlreichen einschlägigen Arbeiten nur *Roxin*, Die Wiedergutmachung im System der Strafzwecke, in: Schöch (Hrsg.), Wiedergutmachung und Strafrecht, 1987, S. 37 ff.

[7] Ich habe den „Alternativ-Entwurf eines Strafvollzugsgesetzes", 1973, mitverfaßt (AE-StVollzG).

Strafe einen präventiven Zweck hat, kann die Schuld des Täters zu ihrer Verhängung allein nicht genügen. Eine Strafe muß auch präventiv erforderlich sein. Die nach der Beurteilung des Gesetzgebers anzunehmende präventive Bestrafungsnotwendigkeit ergibt sich zwar für den Regelfall in einer den Interpreten bindenden Weise aus der Aufstellung der Tatbestände, obwohl auch hier die teleologische Auslegung den Gesichtspunkt der Strafbedürftigkeit stets zu berücksichtigen hat. Vor allem aber ist die Frage nach der präventiven Bestrafungsnotwendigkeit bei den Exkulpationsgründen, exakter formuliert: bei den Gründen ausgeschlossener strafrechtlicher Verantwortlichkeit, neben der Frage nach der Schuld immer auch zu stellen. Wenn weder unter spezial- noch unter generalpräventiven Gesichtspunkten ein Strafbedürfnis besteht, fehlt einer Strafe die straftheoretische Rechtfertigung. Sie hat dann keine soziale Legitimation und darf nicht verhängt werden.

Der Gesetzgeber hat dies sehr wohl erkannt und berücksichtigt. Die Straffreistellung in den Fällen der §§ 35, 33 StGB läßt sich nur so erklären, daß trotz einer in diesen Notsituationen bestehenden, wenn auch wesentlich verminderten, Schuld auf eine Bestrafung verzichtet wird, weil sie dem Gesetzgeber weder spezial- noch generalpräventiv notwendig erschien[9]. Darüber hinaus liefert der Gedanke eine wertvolle Interpretationsrichtlinie für die vom Gesetzgeber offengelassene oder von der Ausstrahlungswirkung der Grundrechte erfaßten Grenzbereiche des Verantwortungsausschlusses: beim übergesetzlichen entschuldigenden Notstand[10], für die Unzumutbarkeit als sog. Schuldausschließungsgrund bei der Fahrlässigkeit[11] sowie für

---

[8] NJW 1998, 3337.

[9] Dieser ziemlich eindeutige Befund wird manchmal bestritten. Zur Auseinandersetzung mit meinen Kritikern und zur näheren Begründung der hier vertretenen Position *Roxin*, Strafrecht AT I, 3. Aufl. 1997, § 19 Rdn. 3-9.

[10] *Roxin* (Fn. 9), § 22 Rdn. 146 ff.

[11] *Roxin* (Fn. 9), § 24 Rdn. 115 f.

nicht strafbedürftige Taten aus Gewissensnot[12] und zivilem Ungehorsam[13]. Ebenso kann die Strafbefreiung beim freiwilligen Rücktritt nur aus der Strafzwecklehre, d.h. daraus erklärt werden, daß dem Gesetzgeber die Strafe nicht nötig erschien, „um den Täter für die Zukunft von Straftaten abzuhalten, um andere abzuschrecken und die verletzte Rechtsordnung wiederherzustellen"[14], eine Erkenntnis, die für die gesamte Rücktrittslehre maßstabgebende Bedeutung hat. Ich habe alle diese Thesen an anderen Orten gründlich ausgeführt und kann auf diese Darlegungen verweisen. Hier kommt es mir nur darauf an, in stichwortartiger Zusammenfassung zu zeigen, wie außerordentlich fruchtbar die Straftheorie auch für die Dogmatik und Systematik des Strafrechts ist. Sie verhilft zur kriminalpolitisch befriedigenden Lösung zahlreicher Sachprobleme und führt zu einer neuartigen Konzeption der herkömmlich als „Schuld" bezeichneten Deliktskategorie.

Aus dem Geschilderten ergibt sich auch die Reformorientiertheit einer solchen Konzeption[15]. Denn die Praxis und auch die praxisorientierte Wissenschaft neigen dazu, im Banne der Überlieferung hinter den kriminalpolitischen Vorgaben von Gesetz und Verfassung zurückzubleiben. In deren Ausarbeitung aber liegt nach meinem Verständnis der Fortschritt der Dogmatik. Da der Gesetzgeber weite Bereiche – vor allem im Allgemeinen Teil – der konkretisierenden Auslegung durch Wissenschaft und Rechtsprechung überlassen hat (und notwendig überlassen muß), hat die Dogmatik viele Entwicklungsmöglichkeiten, wie sie z.B. ein ontologisches, auf

---

12 *Roxin*, Festschrift für Maihofer, 1988, S. 389 ff.; zusammenfassend *ders.* (Fn. 9), § 22 Rdn. 10-129.

13 *Roxin*, Festschrift für Schüler-Springorum, 1993, S. 441 ff.; zusammenfassend *ders.*, Fn. 9, § 22 Rdn. 130-133.

14 BGHSt 9, 48 ff. (52). Näher dazu und auch zu den Korrekturen, die an der Strafzweckkonzeption des BGH anzubringen sind, *Roxin*, Festschrift für Frias-Caballero, 1998 (Buenos Aires), S. 299 ff.

15 *Silva Sánchez* (oben S. 3) spricht von der Betonung der „schöpferisch-kreativen Aspekte" dogmatischer Arbeit.

vermeintlich ewige Sachgesetzlichkeiten gestütztes oder ein den status quo beschreibendes systemtheoretisches Modell nicht hat.

Wo aber die gesetzlichen Zielvorstellungen die Verwirklichung des kriminalpolitisch als richtig und wünschenswert Erkannten nicht gestatten, muß das de lege lata nicht Verwirklichte dem Gesetzgeber als Reformentwurf angeboten werden. Daraus erklärt sich meine Arbeit und Mitverfasserschaft an zahlreichen Alternativ-Entwürfen. Diese reformpolitische Tätigkeit hat mich vom Anfang bis zum Ende meiner aktiven Professorentätigkeit begleitet und ist nach meinem Selbstverständnis ein notwendiger Bestandteil juristisch-wissenschaftlicher Arbeit.

Noch ein weiterer Aspekt sei erwähnt. Eine kriminalpolitisch orientierte Dogmatik, wie ich sie bisher nur für den Einzugsbereich der Strafzwecklehre skizziert habe, muß zwar den Bedürfnissen der Generalprävention Genüge tun, aber sie darf dabei die konkrete Situation und Individualität des Täters nicht außer acht lassen. Der deutsche Strafgesetzgeber nimmt – was nicht alle Rechtsordnungen tun, was aber dem liberalen Selbstverständnis unserer Verfassung entspricht – Rücksicht auf persönliche Sonderlagen, wie § 33 StGB und die sehr differenzierte Regelung des § 35 StGB zeigen. Daß sonstige, unter dem Gesichtspunkt der Täterbeurteilung eigenartige Sachgestaltungen, wie die höchstpersönliche Gewissenstat oder der gemeinwohlorientierte Regelverstoß eines Bürgers nicht gänzlich unbeachtet bleiben können, ergibt sich zwar nicht unmittelbar aus dem StGB, wohl aber aus unseren Grundrechten (Art. 4, 5, 8 GG), die in das strafrechtliche Problemlösungspotential zu integrieren ebenfalls zu den vorrangigen Aufgaben einer kriminalpolitisch orientierten Strafrechtsdogmatik gehört[16]. Auch bei fahrlässigen Taten kann, soweit sie

---

[16] Vgl. etwa meine in Fn. 12 und 13 angeführten Abhandlungen sowie zahlreiche Arbeiten meines Schülers *Wolter*; etwa sein Beitrag in: Schünemann/Figueiredo Dias (Hrsg.), Bausteine des europäischen Strafrechts, 1995, S. 3 ff.

an der Grenze der Strafbedürftigkeit liegen, der Individualität des Falles durch eine den Vorgaben unserer Rechtsordnung entsprechende, differenzierende Handhabung des Exkulpationsgrundes der Unzumutbarkeit Rechnung getragen werden.

II. Der systemtheoretische Ansatz

Vergleicht man die hier skizzierte Konzeption, soweit sie die Auswirkungen der Strafzwecklehre betrifft, mit dem auch von *Silva Sánchez* immer wieder zur Illustration und Abgrenzung herangezogenen systemtheoretisch-funktionalistischen Ansatz, wie er in der Lehre von *Jakobs*[17] seine einflußreichste Ausprägung gefunden hat, so stimmen beide überein in ihrem normativen Ausgangspunkt und der damit verbundenen Absage an alle Bemühungen, das Strafrechtssystem auf ontologische Gesetzmäßigkeiten zu gründen: „Die ontologisierende Strafrechtsdogmatik zerbricht, und zwar gründlicher, als sie überhaupt je bewußt etabliert worden ist." Statt dessen ist – auch strafrechtsdogmatisch – „bei der Aufgabe des Strafrechts" anzusetzen[18].

Sehr viel weiter geht aber die Übereinstimmung im Grundansatz nicht. *Jakobs* vertritt bekanntlich eine „Theorie der positiven Generalprävention"[19], derzufolge die wesentliche Aufgabe von Strafe und Strafrecht in der systemerhaltenden Gesellschaftsstabilisierung durch „Einübung in Rechtstreue" besteht. Das war zunächst durchweg so verstanden worden, als sei damit eine sozialpsychologisch reale Einwirkung auf das Allgemeinbewußtsein gemeint. *Jakobs* hat aber inzwischen klargestellt, daß dies nicht so ist, sondern daß die Strafe ihren Zweck unabhängig von al-

---

17 Es sei an dieser Stelle nur auf *Jakobs*' Allgemeinen Teil, 2. Aufl. 1991, und auf die jüngste Zusammenfassung seiner Lehre in ZStW 107 (1993), 843 ff., verwiesen.

18 Beide Zitate stammen aus dem Vorwort zur ersten Auflage des Lehrbuchs von *Jakobs*.

19 *Jakobs* (Fn. 17), S. 6 ff.

len empirischen Wirkungen in sich selbst trägt[20]: „Die Leistung des Strafrechts besteht darin, dem Widerspruch gegen identitätsbestimmende Normen der Gesellschaft seinerseits zu widersprechen.“ Die Strafe sei „nicht nur ein Mittel der Erhaltung gesellschaftlicher Identität, sondern sie ist bereits diese Erhaltung selbst.“ Die Wiederherstellung gesellschaftlicher Identität sei keine Folge der Bestrafung, sondern ihre Bedeutung. Deshalb seien empirische Untersuchungen zur positiven Generalprävention „stets ein wenig deplaziert“; es kommt ja auf deren Ergebnis nicht an. Das entspricht einer absoluten Theorie im Sinne von *Kant* und *Hegel*[21]; allerdings liegt ihre empirieunabhängige Bedeutung in der gesellschaftlichen Selbstbestätigung und nicht darin, den Delinquenten „als Vernünftigen“ zu ehren. *Puppe* hat hier vom „Zirkel des systemtheoretischen Denkansatzes“ gesprochen. Sie sieht ihn darin, daß die Institutionen und Dogmen, die damit gerechtfertigt werden, daß sie das System stabilisieren, selbst das System bilden.

Ein derartiger Ansatz ist oberhalb einer Konzeption angesiedelt, die ihre dogmatische Aufgabe in der Umsetzung der Leitvorstellungen eines liberalen und sozialen Rechtsstaates erblickt. Er ist inhaltlich indifferent und offen[22]: „... die funktionale Sicht ist auf kein bestimmtes Modell festgelegt ... Wer nur weiß, daß eine Gesellschaft funktional organisiert ist, weiß nichts über ihre konkrete Gestalt.“ Nur auf die „Selbsterhaltungskraft“ des Systems „kommt es bei funktionaler Sicht an“. Die Funktion von Strafe und Dogmatik ist also unabhängig von der konkreten Verfassung und Gesetzgebung und läßt sich mit einem liberalen, kollektivistischen oder totalitären Sozialsystem gleichermaßen verbinden. Jedes von ihnen kann, wenn auch in verschiedener Weise, durch das Strafrecht stabilisiert werden.

---

20 *Jakobs*, ZStW 107 (1995), 844 f.

21 So denn auch *Puppe*, ZStW 17 (1995), 925 (hier auch das nachfolgende Zitat), und *Schünemann*, ebenda, 926.

22 *Puppe*, ZStW 107 (1995), 853.

Damit büßen Systematik und Dogmatik ihre strafrechtstheoretische Fundierung in den Strafzwecken eines liberalen und sozialen Rechtsstaates weitgehend ein, weil die Bestätigung des auf keine bestimmten Inhalte festgelegten Systems der einzige Zweck der Strafe ist. Mit *Jakobs'* „realer Dogmatik" verhält es sich freilich doch wieder anders. Denn auch er muß und will natürlich unser Strafrecht nicht auf der Basis eines beliebigen Systems, sondern anhand der Zielvorgaben der deutschen Gesetzgebung unserer Zeit auslegen[23]. Das führt seine Wege dann vielfach mit den von mir begangenen wieder zusammen. So erklärt er z.B. den entschuldigenden Notstand (§ 35 StGB) und den Notwehrexzeß (§ 33 StGB) in fast derselben Weise und mit denselben Ergebnissen wie ich[24]. Denn auch für *Jakobs* entfällt die Notwendigkeit der Bestrafung, „wenn anderweitige Verarbeitung der Erwartungsenttäuschung möglich ist"; und dies ist bei den Notlagen im Rahmen der gesetzlich gewährten Exkulpation der Fall. *Jakobs* sieht also viel schärfer als die heute noch überwiegende Lehre, in welchem Maße Gesichtspunkte präventiver Bestrafungsnotwendigkeit die sog. Entschuldigungsgründe mitbestimmen.

Aber es bleibt doch der Vorbehalt, daß bei *Jakobs* alles aus der Perspektive des gerade herrschenden Systems betrachtet wird. Daher fehlt *Jakobs'* Lehre auch der kriminalpolitisch-reformerische Zug, und an seine Stelle tritt die systematisierende Deskription der jeweiligen Verhältnisse. Das wird oft leidenschaftlich kritisiert[25],

---

23 Vgl. das Vorwort zur ersten Auflage des Lehrbuchs, wo *Jakobs* „die optimale ... Systematisierung des geltenden Strafrechts" als sein Ziel nennt und ausschließlich praktikable Lösungsvorschläge verspricht.

24 Vgl. nur „Schuld und Prävention", 1976, S. 20 ff., wo auf die Parallelität der Lösungsvorschläge wiederholt hingewiesen wird.

25 So spricht *Schünemann* (GA 1995, 203) davon, daß *Jakobs'* Konzeption „auf eine Kapitulation vor der gerade in Gesetzgebung und Rechtsprechung herrschenden politischen Praxis" hinauslaufe. *Fabricius* („Was ein Lehrbuch lehrt ...", 1998, S. 111) resümiert seine Funktionalismus-Kritik in dem Satz: „Der legitime Widerstand gegen *Jakobs* liegt darin, daß er seine Aussagen über das Funktionieren des Systems normativ wendet, d.h. vom Erkennen zum Anerkennen übergeht."

und *Jakobs* sagt selbst[26]: „Wahrscheinlich ist diese anteilnahmslose Beschreibung, dieser Ausschluß von Utopie, das praktisch Anstößigste an der ganzen funktionalen Lehre.“ Nun muß aber die engagierte Arbeit an der Verbesserung der gesellschaftlichen Verhältnisse auf der Grundlage der Wertvorstellungen eines sozialen Rechtsstaates nicht gleich eine Utopie sein. Mit Recht meint *Burgstaller*[27], daß *Jakobs* von seiner Position her darauf verzichten müsse, „Aussagen darüber zu machen, wie Strafrecht gestaltet werden solle“. Als „Beschreibung des Ist-Zustandes“ vermöge „der Ansatz *Jakobs* prinzipiell in hohem Maße zu befriedigen. Für die Lösung konkreter Probleme reiche dieser Ansatz jedoch infolge seines hohen Abstraktionsgrades nicht aus ...“

Und es bleibt der mit dem vorstehend Bemerkten zusammenhängende Einwand, daß jede inhaltliche Aussage über die Vorzugswürdigkeit des einen oder des anderen Systems vermieden wird. So meint *Jakobs*, das Rechtsgebot, daß man den anderen als Person respektieren müsse, sei „mit einer funktionalen Sicht sehr wohl verträglich, obgleich auch andere Sichtweisen möglich bleiben“ (was dann am Beispiel der Sklaverei in der amerikanischen Kolonialzeit und der Mauerschützen in der DDR demonstriert wird)[28]. Verglichen damit beruht die von mir verfolgte und dogmatisch fruchtbar gemachte Kriminalpolitik auf den konkreten Inhalten der „alteuropäischen“ Aufklärung, soweit diese in die Wertordnung des Grundgesetzes und unserer Strafgesetzgebung Eingang gefunden haben. Soweit also der Funktionalismus über ein kriminalpolitisch-zweckrationales Denken auf der Grundlage des

---

26 *Jakobs* (Fn. 20), 867.

27 *Burgstaller*, ZStW 107 (1995), 925.

28 *Jakobs* (Fn. 20), 854 f.

sozialen Rechtsstaates hinaus als eine von allen Inhalten abstrahierende reine Systemtheorie auftritt, kann ich ihm nicht mehr folgen[29].

C. Strafbegrenzende Elemente der Kriminalpolitik

I. Die eigene Position

Kriminalpolitik bezweckt nach der heutigen Rechts- und Verfassungslage nicht Verbrechensbekämpfung um jeden Preis, sondern rechtsstaatliche Verbrechensbekämpfung. Eingriffsbegrenzende Komponenten gehören also, wie schon anfangs betont, zur Kriminalpolitik dazu und müssen dogmatisch genauso fruchtbar gemacht werden wie ihre präventiven Zielsetzungen[30]. Im Rahmen der von mir befürworteten Konzeption wirkt sich das in fünffacher Weise aus, wie hier nur andeutend skizziert werden kann.

Erstens ist für die Kategorie des Tatbestandes der Grundsatz nullum crimen sine lege ein bei der Auslegung und Systematisierung leitender Gesichtspunkt mit erheblichen Konsequenzen nicht nur für die Interpretation einzelner Tatbestandsmerkmale, sondern auch für die Unterscheidung von Handlungs- und Pflichtdelikten sowie für die Lehren von Unterlassung, Täterschaft, Teilnahme und Vorsatz. Ich habe das schon in „Kriminalpolitik und Strafrechtssystem" näher dargelegt[31].

---

[29] Eine prinzipielle Hinterfragung der Leistungsfähigkeit systemtheoretischer Fragestellungen für das Strafrecht ist nicht das Thema dieses mehr auf die Klärung der eigenen Position bezogenen Aufsatzes. Immerhin sei auf die sehr objektive Kritik an der „systemtheoretischen Reformulierung des Strafrechts" bei *Jakobs* durch *Stübinger*, Kritische Justiz 1993, S. 33 ff., hingewiesen. Er kommt zu dem Ergebnis (S. 42): „Die systemtheoretische Soziologie ist ... für ein zureichendes Fundament der Begründung des Strafrechts nicht geeignet."

[30] Diese Intention wird bei *Silva Sánchez* (oben S. 10) zutreffend erkannt und hervorgehoben.

[31] *Roxin* (Fn. 4), S. 16 f.

Zweitens ist die Lehre von der objektiven Zurechnung ein kriminalpolitisch gebotenes Mittel der Tatbestandsbegrenzung vornehmlich bei den reinen Erfolgsdelikten (Tötung, Körperverletzung), deren nicht durch weitere Merkmale strukturierter Tatbestandswortlaut erst durch die Zurechnungslehre die gebotene Restriktion erfahren kann. Eine Tötungshandlung ist danach nicht bloß die kausale oder finale Bewirkung eines Todeserfolges, sondern die Schaffung und Verwirklichung eines unerlaubten Lebensrisikos innerhalb der Reichweite des Tatbestandes. Meine „Gedanken zur Problematik der Zurechnung im Strafrecht“[32], die die Renaissance der Lehre von der objektiven Zurechnung und deren späteren Siegeszug in der deutschen Dogmatik mitbegründet haben, waren für mich von vornherein Teilstücke eines normativ-kriminalpolitischen Gegenprogramms zu den ontologischen Systementwürfen, gegen die sich meine „Kritik der finalen Handlungslehre“[33] gewendet hatte. Zugleich wird dadurch der Tatbestand von der Aufgabe des Strafrechts her strukturiert, sozialpolitisch unerträgliche Risiken für den einzelnen und die Gesellschaft abzuwehren[34].

Drittens geht es mir bei den Rechtfertigungsgründen um die Herausarbeitung der sozialen Ordnungsprinzipien, mit Hilfe deren die Interessenkollisionen, die alle Rechtfertigungsgründe konstituieren, in der für die beteiligten einzelnen und das Gemeinwohl zuträglichsten Weise gelöst werden können[35]. Das ist zwar, weil die Rechtfertigungsgründe über das Strafrecht hinaus gelten, eine sozialpolitische Aufgabe; sie ist aber auch kriminalpolitischer Art, soweit es dabei um Straflosigkeit

---

32 *Roxin*, zuerst in Festschrift für Honig, 1970, S. 133 ff. Dann in „Strafrechtliche Grundlagenprobleme“, 1973, S. 123 ff.

33 *Roxin*, ZStW 74 (1962), 515 ff. Dann in „Strafrechtliche Grundlagenprobleme“, 1973, S. 72 ff.

34 Dazu näher mein Beitrag „Zur kriminalpolitischen Fundierung des Strafrechtssystems“, Festschrift für Kaiser, 1998, S. 885 ff.

35 Vgl. dazu Fn. 4, S. 24 ff.; Fn. 9, § 7 Rdn. 62-644; § 14 Rdn. 41.

oder Strafbarkeit tatbestandsmäßigen Verhaltens geht. Insofern ist die Aufgabe der Rechtfertigungsgründe also die sachgerechte Begrenzung der Strafbarkeit von Tatbestandsverwirklichungen.

Viertens ist auf der Deliktsstufe der Verantwortlichkeit das Schuldprinzip das wichtigste kriminalpolitische Instrument der Strafbegrenzung. Zwar wirkt die Schuld, weil ohne sie und über ihr Maß hinaus keine Strafe verhängt werden darf, zugleich auch strafbegründend. Aber die Aufgabe der Strafe ist gleichwohl präventiv, weil sie nicht vergelten, sondern künftige Straftaten verhindern soll. Die Schuld hat demgegenüber kriminalpolitisch lediglich die Funktion, das Ausmaß, in dem präventive Zielsetzungen verfolgt werden dürfen, um der Freiheit des einzelnen willen zu limitieren. Kriminalpolitisch folgt daraus jenes Prinzip der Doppeleinschränkung, das für meine Systematisierung der Verantwortlichkeitskategorie charakteristisch ist: Strafe darf nie ohne präventive Legitimation, aber auch nie ohne Schuld oder über ihr Maß hinaus verhängt werden. Die Schuldstrafe wird durch das präventiv Unerläßliche, die Prävention durch das Schuldprinzip begrenzt.

Fünftens schließlich können auch Grundrechte die Strafbedürftigkeit beeinflussen und im Rahmen des präventiv Tolerablen die Strafbarkeit ausschließen. Sie wirken dann als Gründe ausgeschlossener Verantwortlichkeit. Ich habe das für die Gewissenstat und den zivilen Ungehorsam am Beispiel der Art. 4, 5, 8 GG näher auszuführen versucht[36]. Die Integration der Grundrechte in das Strafrechtssystem, die hier demonstriert werden soll, ist eine von der Strafrechtswissenschaft bisher vernachlässigte kriminalpolitische Aufgabe.

---

[36] Vgl. dazu die Nachweise oben Fn. 12 und 13.

Insgesamt ergibt sich also, daß eine kriminalpolitisch fundierte Strafrechtsdogmatik nicht nur, aber doch wesentlich auch eine „Strafbegrenzungswissenschaft" ist[37].

II. Systemtheoretische Dogmatik und Strafbegrenzung

Wenn *Jakobs* der Strafe die Bedeutung zuweist, gesellschaftliche Identität wiederherzustellen (vgl. oben S. 29), dann scheint darin die strafbegrenzende Aufgabe dogmatischer Arbeit verlorenzugehen. *Naucke* hat denn auch bemängelt[38], er könne bei *Jakobs* das alte Prinzip nicht wiederfinden, „daß es im Strafrecht um das Verhältnis von staatlicher Macht und individueller Freiheit gehe". Dies sei die Fragestellung des Prinzipiendenkens, zu dem er sich gegen den Funktionalismus bekenne.

Darin liegt viel Richtiges, und die oben dargestellte eigene Position steht mit ihrem Beharren auf der Spannung und dem Ausgleich von Eingriffs- und Freiheitsinteressen in der Tradition alteuropäischen Prinzipiendenkens, während der systemtheoretische Ansatz einseitig das gesellschaftliche Stabilisierungsinteresse betont und Freiheitsrechte, die sich gegen die „Macht" wenden, geradezu als Störfaktoren empfinden muß.

Aber das gilt, ähnlich wie bei den straftheoretischen Ableitungen, nur für die höchste, auf keine Inhalte festgelegte Abstraktionsstufe des systemtheoretischen Ansatzes. In der dogmatischen Arbeit am geltenden Strafrecht will *Jakobs* das Recht unserer liberalen Gesellschaft erklären, und darin spielt dann auch das freie Subjekt

37 Wie *Vormbaum*, ZStW 107 (1995), 734 ff. (746), sagt.

38 *Naucke*, ZStW 107 (1995), 927.

eine Rolle, insoweit es „die Selbstbeschreibung der Gesellschaft bestimmt“[39]. Auch *Jakobs* verzichtet also auf die Zurechnung, wenn das System es will (bei einer „gesellschaftlichen Einstellung der Kommunikation auf freie Bürger“[40]) und die gesellschaftlichen Bestandsbedingungen es zulassen. So kommt *Jakobs* denn auch nicht selten zu Lösungen, die mit meinen Vorschlägen weitgehend übereinstimmen[41], z.B. wenn *Jakobs* die Gewissenstat entschuldigt, sofern das beim Täter aus systemtheoretischer Sicht vorliegende „Sozialisationsdefizit“ „ohne Schaden für die Rechtsordnung am Täter vorbei erklärt werden kann“. Auch bei der objektiven Zurechnung erweist sich die Suche nach anderen Erklärungsmöglichkeiten und „Zuständigkeiten“ als fruchtbarer Ansatz für einen Zurechnungsausschluß[42].

Der Unterschied zu dem hier verfolgten Ansatz liegt freilich auch bei der Strafbegrenzung wieder darin, daß *Jakobs* die Entscheidung für freiheitlich-rechtsstaatliche Grenzziehungen ganz von den jeweiligen Verhältnissen abhängig macht. „Wenn die Gesellschaft wirklich zu einer Verminderung der Freiheitsrechte driftet, wird sie das nicht nur im Strafrecht tun ... Ob es dann um unnötige Überkriminalisierung geht oder um nötige Verteidigung eines Kerns, läßt sich nur politisch, aber nicht strafrechtswissenschaftlich ausmachen“[43]. Hier wird der Differenzpunkt klar bezeichnet. Denn wer sich an den rechtspolitischen Vorgaben der Verfassung (Grund- und Menschenrechte, Rechtsstaat und Schuldprinzip) orientiert, wird deren

---

39 *Jakobs* (Fn. 20), 850.

40 *Jakobs* (Fn. 20), 898.

41 Worauf *Jakobs* auch selbst hinweist, etwa: Fn. 19, 20/22.

42 Auch wenn man sich mit der sozialen Systemtheorie als Fundament des Strafrechts und seiner allgemeinen Lehren nicht befreunden kann, ändert das also nichts daran, daß *Jakobs* zu unseren großen Dogmatikern gehört. Es steht insoweit ähnlich wie mit seinem Lehrer und Antipoden *Welzel*: Wer den Versuch, das Strafrechtssystem auf den Begriff der finalen Handlung zu stützen, für gescheitert hält, wird *Welzel* gleichwohl als einen bedeutenden und wirkungsmächtigen Strafrechtsdogmatiker anerkennen müssen.

Prinzipien gegen den gerade herrschenden Trend verteidigen, anstatt sich jeder gerade vorherrschenden politischen Strömung anzupassen[44].

Am häufigsten erörtert worden ist das anhand der von *Jakobs* befürworteten Auflösung des Schuldprinzips in Generalprävention[45]: „Die Autonomie wird als Fähigkeit zugeschrieben, falls das zweckvoll ist, und darf nur fehlen, wenn die Möglichkeit anderweitiger Konfliktverarbeitung besteht." „Es geht nicht um das, was der Delinquent nach allgemeiner Meinung 'verdient' hat, sondern um das zur Erhaltung des Vertrauens Notwendige" – was aber von den herrschenden politischen Instanzen verhältnismäßig beliebig definiert werden kann. Ich hatte *Jakobs* in sehr alteuropäischer Manier unter Berufung auf *Kant* vorgehalten[46], eine solche Instrumentalisierung des einzelnen, die ihn nur noch als Werkzeug gesellschaftlicher Stabilisierungsinteressen benutze, verstoße gegen die Menschenwürde und sei deshalb auch verfassungsrechtlichen Bedenken ausgesetzt. *Jakobs* repliziert darauf[47], der Einwand der Instrumentalisierung verkenne, „daß es überhaupt nur um die Deskription der Funktionsbedingungen von Gesellschaft geht; Deskription funktionalisiert nicht, sondern legt längst vorhandene Instrumentalisierungen offen". Das ist folgerichtig, zeigt aber wieder den Punkt, der eine an leitenden Wertmaßstäben orientierte Dogmatik vom systemtheoretischen Funktionalisismus trennt. Wenn die Praxis tatsächlich ohne Rücksicht auf den realen Befund Schuld überall da zuschreibt, wo sie ein gesellschaftliches Strafbedürfnis zu sehen glaubt, hat die Dog-

---

43 *Jakobs* (Fn. 20), 855.

44 Was *Schünemann*, GA 1995, 201, 217 ff. einen „verkappten Dezisionismus" nennt.

45 Zuerst in der insoweit grundlegenden Schrift von *Jakobs* über „Schuld und Prävention", 1976. Die Zitate finden sich S. 17, 33.

46 *Roxin*, SchwZStr 104 (1987), 356 ff. (365). Diese präventive Umdefinierung des Schuldprinzips, die auf dessen Preisgabe hinausläuft, begegnet auch sonst weitverbreiteter Kritik; vgl. etwa die Nachweise bei *Roxin* (Fn. 9), § 19 Rdn. 34, Fn. 77.

47 *Jakobs*, Das Schuldprinzip, 1993, S. 30.

matik daran festzuhalten, daß die Schuld (im Sinne eines unrechten Handelns trotz normativer Ansprechbarkeit[48]) allen präventiven Zielen um der Freiheitswahrung willen eine Grenze setzt, daß dies von Gesetz und Verfassung gleichermaßen verlangt wird und daß eine davon etwa abweichende Praxis korrigiert werden muß, anstatt – und auch noch in affirmativem Stil – lediglich beschrieben zu werden.

Auch bei der Strafbegrenzung steht also eine zweckrationale, an den kriminalpolitischen Leitprinzipien der Rechtsordnung orientierte Dogmatik trotz vieler konvergierender oder ähnlicher Problemlösungen – die auf der Bedeutung des präventiv Unerläßlichen für beide Konzeptionen beruhen – einem aus den weiterentwickelten Positionen der Aufklärung gespeisten „Prinzipiendenken" näher als einem systemtheoretischen Funktionalismus.

D. Die Bedeutung der Sachen

Ein weiterer Streitpunkt der modernen Strafrechtsdiskussion, dem *Silva Sánchez* (oben S. 16 f.) mit Recht seine Aufmerksamkeit widmet, liegt in der Frage, welche Bedeutung der Empirie für die Strafrechtsdogmatik zukommt. Ich habe immer die Meinung vertreten, daß die Strafrechtsdogmatik die aus Gesetz und Verfassung zu gewinnenden leitenden Wertmaßstäbe am Rechtsstoff zu entfalten habe und daß die konkreten Ergebnisse erst beim Durchgang durch den Rechtsstoff und in einer durch ihn differenzierten substratadäquaten Weise zu Tage treten. In meinem Buch über „Täterschaft und Tatherrschaft"[49] habe ich diese Methode (u.a. unter Berufung auf *Hegel* und *Nicolai Hartmann*) erstmals in großem Stile durchzuführen versucht

---

48 Näher dazu *Roxin* (Fn. 9), § 19 Rdn. 36 ff.

49 *Roxin*, 1963, 7. Aufl. 1999 (zur theoretischen Fundierung daselbst, S. 528 ff.).

und dabei den „Widerstand der Sache“[50] geradezu als „Kriterium inhaltlicher Richtigkeit“ bezeichnet.

Der systemtheoretische Ansatz steht zu dieser Methode in diametralem Widerspruch, indem er jeden Rückgriff auf die Empirie als „Naturalismus“ diskreditiert[51] und keine Vorgegebenheiten anerkennt, die den aus den gesellschaftlichen Stabilisierungsbedürfnissen abgeleiteten Wertungen konkreten Inhalt geben oder ihnen im Wege stehen können. Ein schlagendes Beispiel dafür bildet der schon erwähnte Begriff der Zurechnungsfähigkeit, für die es nach dem funktionalen Ansatz von *Jakobs* nicht auf die psychische Verfassung des Täters, sondern allein auf eine Zuschreibung nach den für maßgebend erachteten Erfordernissen der Systemerhaltung ankommt. Es ist in diesem Rahmen nicht möglich, die sich daraus ergebenden Differenzpunkte umfassend zu belegen (wobei dann auch die Frage zu behandeln wäre, wie weit die Reinigung der Strafrechtsbegriffe von deskriptiven Elementen[52] überhaupt durchführbar ist). Prinzipiell ist es jedenfalls so, daß der hier praktizierte, von *Schünemann*[53] als „dualistisch“ bezeichnete Ansatz die Empirie berücksichtigt, „aber natürlich immer von einem normativen Standpunkt aus beurteilt“, und daß darin „der zentrale und unüberbrückbare Unterschied zur Konzeption von *Jakobs*“ besteht[54].

---

50 *Roxin*, Täterschaft und Tatherrschaft, S. 633 ff.

51 Zum Gebrauch der Begriffe „Naturalismus“ und „naturalistisch“ als „Schimpfwort“ in der „heutigen strafrechtswissenschaftlichen Diskussion“ vgl. *Puppe*, GA 1994, 296 ff.

52 Vgl. dazu *Schünemann*, GA 1995, 219.

53 *Schünemann*, ZStW 107 (1995), 926; hier auch die folgenden Zitate.

54 Vgl. zusammenfassend zur Problematik *Roxin* (Fn. 9), § 7 Rdn. 83/84. Ferner vor allem *Schünemann*, in: Schünemann/Figueiredo Dias (Fn. 16), S. 157 ff.; *ders.*, (Fn. 52), 219 f. *Silva Sánchez* (oben S. 11) sieht richtig, daß die Divergenzen zwischen dem kriminalpolitischen und dem systemtheoretischen Ansatz „mehr als mit der eigentlichen Funktionalisierung ... mit den Grenzen derselben zu tun haben“. *Silva Sánchez* führt auch richtungweisend aus, daß das Wirklichkeitsverständnis schon selbst durch normative Prämissen mitbestimmt ist.

Hier sei nur anhand einiger Beispiele skizziert, wie sich die Empirie auf die dogmatische Arbeit auswirkt[55].

I. Die Begrenzung der Zuschreibung durch Fakten

Zunächst kann die schlichte Faktizität eine noch so erwünschte Zuschreibung verhindern. Das klingt trivial, bedarf aber der Betonung, weil es – z.B. von der systemtheoretischen Dogmatik – bestritten wird und weil selbst der Bundesgerichtshof sich bisweilen über diese Einsicht hinwegsetzt. Ich will das an zwei bekannten Urteilen verdeutlichen.

In dem viel erörterten Hoferben-Fall (BGHSt 37, 214)[56] hatte ein Bauer seinen Sohn durch einen gedungenen Mörder umbringen lassen wollen. Dieser hatte jedoch den Nachbarn erschossen, weil er ihn mit dem Sohn verwechselt hatte. Hier liegt in der Person des Mörders ein unbeachtlicher error in persona vor. Der BGH leitet nun aus einem von ihm angenommenen „Normzusammenhang ... zwischen den Vorschriften über Täterschaft und Teilnahme" (aaO., S. 218) die Unbeachtlichkeit des Irrtums auch für den Bauern ab, der folglich wegen Anstiftung zum Mord bestraft wird. Auf den Einwand, wie der Bauer denn zu bestrafen wäre, wenn der Mörder „nach dem Erkennen seines Irrtums" auch noch auftragsgemäß den Sohn töten würde, meint der BGH, dann seien ihm „in der Regel ... die beiden Tötungen zuzurechnen", so daß er also wegen Anstiftung zu zweifachem Mord zu verurteilen sei.

---

55 Auf diesem Felde liegen die Berührungspunkte mit dem finalistischen Ansatz. Vgl. dazu aus neuerer Zeit das Buch von *Küpper* über „Die Grenzen normativierender Strafrechtsdogmatik", 1990. Eine umfassende Aufarbeitung des Themas hätte vor allem auch das noch nicht ausgeschöpfte Buch von *Lüderssen* über „Erfahrung als Rechtsquelle", 1977, zu berücksichtigen.

56 Näher dazu *Roxin*, Festschrift für Spendel, 1992, S. 289 ff. m.w.N.; *ders.*, JZ 1991, 680.

Hier wird also auf Grund einer normativen Prämisse (wonach der error in persona des Täters auch für den Anstifter unbeachtlich zu sein habe) dem Bauern ein zweifacher Tötungsvorsatz zugeschrieben, obwohl er nur *einen* Menschen töten wollte. Für den zweiten Tötungsvorsatz fehlt jegliches psychische Substrat. Man kann aber die psychischen Vorgänge, die den Vorsatz ausmachen, nicht durch eine Zuschreibung ersetzen. Sonst verliert die Dogmatik die Orientierung an der Realität und löst sich in Fiktionen auf. Vielmehr zwingt der „Widerstand der Sache" zu einer Korrektur der Prämisse in dem Sinne, daß der error in persona des Ausführenden sich beim Anstifter als aberratio ictus darstellt und zu einer Bestrafung wegen versuchter Anstiftung (§ 30 I StGB) führt.

Ein entsprechender Fehler ist dem BGH im Falle einer versuchten Vergewaltigung (BGHSt 39, 244) unterlaufen. Dem Täter war im Versuchsstadium vom Opfer, das auf diese Weise weiteren Gewalttätigkeiten entgehen wollte, glaubhaft sein freudiges Einverständnis vorgespiegelt worden. Er hatte daher den Beischlaf in der Annahme vollzogen, es handele sich um einverständlichen Geschlechtsverkehr. In einem solchen Fall ist der Täter auf Grund seines anfänglich gewaltsamen Vorgehens wegen versuchter Vergewaltigung zu bestrafen. Es handelt sich um einen fehlgeschlagenen Versuch, von dem ein Rücktritt unmöglich ist.

Dagegen nimmt der BGH – bemerkenswerterweise auf Grund einer kriminalpolitischen Wertung – einen unbeendeten Versuch an, weil er dem Täter die Möglichkeit eines strafbefreienden Rücktritts für den Fall offenhalten will, daß er „aus Scham oder Reue über sein bisheriges Verhalten" vom Beischlaf überhaupt Abstand nimmt. „Ihm unter derartigen Umständen die Möglichkeit strafbefreienden Rücktritts abzuschneiden, obwohl er auf den Boden der Rechtstreue zurückgekehrt ist, stünde mit der kriminalpolitischen Zielsetzung des § 24 StGB nicht im Einklang." Wie immer es mit dieser Zielsetzung stehen mag: Ein Rücktritt ist schlechthin unmöglich, wenn der Täter nur einen Beischlafs- und keinen Vergewaltigungsvorsatz mehr hat, der die Voraussetzung jedes nach § 177 II Nr. 1 StGB strafbaren Versuchs ist. Es wird hier also wiederum auf Grund einer normativen Vorgabe (der kriminalpolitischen Erwünschtheit einer Rücktrittsmöglichkeit) ein Versuch zugeschrieben, der realiter nicht existiert. Auch in diesem Fall muß die Prämisse korrigiert werden: Nicht ein Abstandnehmen von einem beabsichtigten einverständlichen Geschlechtsverkehr, sondern das Abstandnehmen von einer weiterhin intendierten Vergewaltigung ist es, was der Gesetzgeber im Falle der Freiwilligkeit mit einer Straflosigkeit des Versuchs honoriert.

Nicht prinzipiell anders steht es mit der vom Funktionalismus vorgenommenen Zuschreibung einer Schuld, die als psychischer Befund nicht existiert (vgl. oben S. 39). Hier werden die angenommenen generalpräventiven Bedürfnisse einfach auf den Namen „Schuld" getauft. Für eine Dogmatik, die Rechtssicherheit und Strafbegrenzung in ihr kriminalpolitisches Programm einbezieht, ist das kein gangbarer Weg.

II. Die Natur der Sache als Konkretisierungsmittel

Die Sachgegebenheiten haben für die Strafrechtsdogmatik auch dadurch große Bedeutung, daß sie den gesetzgeberischen Leitvorstellungen zur Materialisierung verhelfen. Ich will das am Recht der Notwehr verdeutlichen. Dieser Rechtfertigungsgrund beruht nach den legislatorischen Zielsetzungen, die dem Wortlaut des § 32 StGB und den Gesetzesmaterialien zu entnehmen sind, auf den Prinzipien des Individualschutzes und der Rechtsbewährung, d.h. er soll neben dem Schutz individueller Rechtsgüter immer auch der überindividuellen Rechtsdurchsetzung dienen und dadurch präventiv wirken[57]. In Fällen freilich, in denen das generalpräventive Be-

[57] Näher *Roxin* (Fn. 9), § 15 Rdn. 1-3.

dürfnis geringer ist, reduziert sich auch das Rechtsbewährungsinteresse; die sonst nach § 32 II StGB „erforderliche“ Notwehr ist dann nicht mehr „geboten“, wie sich der Gesetzgeber in § 32 I StGB ausdrückt. Die Möglichkeit „sozialethischer Einschränkungen“ des Notwehrrechts läßt sich also aus den gesetzgeberischen Leitvorstellungen zwingend ableiten und ist auch vom Gesetzgeber ausdrücklich gewollt[58].

Dem Gesetzeswortlaut läßt sich aber nicht entnehmen, wann im einzelnen eine Einschränkung der im Regelfall gegebenen Notwehrbefugnisse „geboten“ ist. Wir haben nur den leitenden Maßstab eines signifikant verringerten Rechtsbewährungsinteresses. Hier kann allein der Blick auf die Sachgegebenheiten weiterhelfen. Man muß den Rechtsstoff, also die Lebensrealität der verschiedenen Notwehrsituationen, ins Auge fassen. Dann wird man sehen, daß es vier große Sachbereiche gibt, in denen generalpräventive Erfordernisse und damit das Rechtsbewährungsinteresse gegenüber dem Normalfall erheblich reduziert sind: der schuldlose oder in seiner Schuld wesentlich geminderte Angriff, der rechtswidrig provozierte Angriff, der geringfügige Angriff und der Angriff in sozialen, durch Garantenstellungen abgesicherten Näheverhältnissen. Daß dies so ist, läßt sich aus gesetzlichen Wertungen (u.a. §§ 20, 21, 13 StGB, § 153 StPO) ableiten. Aber es sind erst die Sachverhalte, die dem gesetzlichen Wertmaßstab Konturen verleihen und fallgruppenbezogene Entscheidungen ermöglichen.

Dies meine ich, wenn ich sage, daß die legislatorischen Zielsetzungen am Rechtsstoff entfaltet werden müssen und nur beim Durchgang durch die Empirie konkrete Auslegungsergebnisse liefern. Diese lassen sich erst aus der unterschiedlichen „Natur der Sache“ gewinnen. Erst diese Möglichkeit entkräftet auch den Vorwurf der zu großen Unbestimmtheit, der gegen den gesetzlichen Leitgedanken erhoben

---

[58] Näher *Roxin* (Fn. 9), § 15 Rdn. 53 ff., wo sich auch Auseinandersetzungen mit teilweise abweichenden Meinungen der Literatur finden.

wird. Oberste Maßstäbe sind notwendig abstrakt. Erst die Typik der unter ihrem Blickwinkel betrachteten Lebenssachverhalte ermöglicht hinreichend bestimmte Lösungen.

III. Die strukturbildende Kraft der Lebenssachverhalte

Ganz entsprechend verhält es sich mit der strukturbildenden Kraft der Empirie. Die große Resonanz, die mein Buch über „Täterschaft und Tatherrschaft“ gefunden hat[59], scheint mir im wesentlichen darauf zu beruhen, daß ich dem Begriff der „Tatherrschaft“, der zuvor mehr ein etwas vages Schlagwort gewesen war, eine die Täterlehre systematisierende Struktur verliehen habe. Termini wie Handlungsherrschaft, Willensherrschaft und funktionelle Tatherrschaft haben ebenso wie die Nötigungsherrschaft, die Irrtumsherrschaft (mit ihren verschiedenen Stufen) und die Herrschaft mittels organisatorischer Machtapparate als Erscheinungsformen der mittelbaren Täterschaft weite Verbreitung und zum Teil auch Eingang in die Rechtsprechung gefunden[60]. Nichts davon ist aber aus einem vorher exakt definierten Begriff deduziert worden. Vielmehr ist ein leitender Maßstab (wonach in der Regel[61] Täter ist, wer die Herrschaft über die Tatbestandsverwirklichung innehat) an die realen Erscheinungsformen alleiniger und gemeinschaftlicher Deliktsverwirklichung angelegt worden mit dem Ergebnis, daß sich die genannten Täterschaftsformen, die definitorisch gar nicht auf einen Nenner zu bringen sind, strukturierend

---

[59] 1. Aufl. 1963; 6. Aufl. 1994; 7. Aufl. 1999 erscheinen. Eine Übersetzung der 6. Auflage in die spanische Sprache (von Cuello Contreras und Serrano González de Murillo) ist 1998 im Verlage Pons, Madrid und Barcelona, herausgekommen.

[60] Genaue Nachweise liefert der umfassend bearbeitete Anhang der 7. Auflage des Buches.

[61] Auch die Pflichtdelikte, die die Ausnahme von der Regel bilden, sind unter dem obersten normativen Blickwinkel der „Zentralgestalt“ aus dem tatbestandlichen Rechtsstoff gewissermaßen abgelesen worden. Eine erste Monographie über die Pflichtdelikte liefert jetzt Sánchez-Vera, „Pflichtdelikt und Beteiligung“, 1999.

herausheben und eine realitätsorientierte Systematisierung – eine Landkarte der Täterlehre gewissermaßen – ermöglichen.

IV. Die Aufnahmefähigkeit dogmatischer Kategorien für die Empirie

Vom hier vertretenen Standpunkt aus muß sich schon die Strafzwecklehre an der Empirie messen lassen. Generalpräventive Überlegungen zur Begründung und zum Maß der Strafe wären illegitim, wenn man davon ausgehen dürfte, daß das Strafrecht und die Strafe überhaupt keine generalpräventiven Wirkungen haben. Denn eine vernünftige Kriminalpolitik ist von den realen Wirkungen sozialer Steuerungsmaßnahmen abhängig. Auch hier liegt ein Differenzpunkt im Verhältnis zum systemtheoretischen Funktionalismus, für den empirische Untersuchungen zur Wirksamkeit des Strafrechts „deplaziert" sind, weil die Strafe eine Wiederherstellung gesellschaftlicher Identität „bedeutet", auch wenn sie empirisch niohts bewirkt.

Die straftheoretische Konzeption, der ich das Wort rede, kann demgegenüber der Generalprävention eine wesentliche Bedeutung für die Rechtfertigung der Strafe nur deshalb zugestehen, weil es trotz mancher Skepsis doch weitaus überwiegende Gründe für die Annahme gibt, daß das Strafrecht wesentlich dazu beiträgt, „Straftaten zu verhindern" und „das Vertrauen der Bürger in die Bestands- und Durchsetzungskraft der Rechtsordnung zu stärken"[62].

---

[62] So *Schöch*, in: Jehle (Hrsg.), Kriminalprävention und Strafjustiz", 1996, S. 326. Eine nähere Begründung für diese Annahme kann hier nicht gegeben werden; vgl. aber die Nachweise zum Streitstand bei *Roxin* (Fn. 9), § 3 Rdn. 30, Fn. 35. Zu einem Teilaspekt jetzt: *Schünemann/von Hirsch/Jareborg* (Hrsg.), Positive Generalprävention. Kritische Analysen im deutsch-englischen Dialog, Uppsala-Symposium 1996, 1998.

Aber auch die Strafrechtsdogmatik darf den Kontakt zur Realität nicht verlieren, sondern muß ihre Begriffe so bilden, daß sie für neue empirische Erkenntnisse offen sind. Ich will das an nur zwei Beispielen aus dem Bereich der Unrechtslehre und der Lehre von der Verantwortlichkeit in aller Kürze verdeutlichen.

In einem kriminalpolitisch konzipierten Strafrechtssystem ist der Begriff des unerlaubten Risikos ein Zentralbegriff der Unrechtslehre. Denn Unrecht ist nichts anderes als die Verwirklichung eines unerlaubten Risikos im Rahmen der Reichweite des Tatbestandes[63]. Was aber ein unerlaubtes Risiko ist, kann nur unter Heranziehung sämtlicher – und gerade auch der jeweils neuesten – empirischen Erkenntnisse über die Gefahrenträchtigkeit bestimmter Verhaltensweisen und unter sorgfältigster Abwägung sozial nützlicher und schädlicher Effekte entschieden werden. Das gilt z.B. auch für das moderne Umweltstrafrecht, wo sich das formaljuristische Prinzip der Verwaltungsakzessorietät zur Bestimmung der sozial intolerablen Risiken als untauglich erweist und durch andere realitätsnähere Kriterien ersetzt werden muß[64].

Was die Kategorie der Verantwortlichkeit betrifft, so begnüge ich mich mit einem kurzen Hinweis auf die geringfügige Fahrlässigkeit, die durchweg für strafbar gehalten wird, obwohl ihre Strafbedürftigkeit überwiegend verneint wird[65]. Tatsächlich wird man sagen müssen, daß die Schuld bei geringfügiger Fahrlässigkeit an der untersten Grenze liegt und daß – was freilich empirischer Untersuchung und Bestätigung bedarf – präventive Wirkungen von einer Bestrafung in diesem Bereich nicht zu erwarten sind. Denn geringfügige Unaufmerksamkeiten sind zwar im Einzelfall bei angespannter Konzentration, nicht aber auf die Dauer zu vermeiden, so

---

[63] Vgl. darüber, wie dies aus der sozialen Aufgabe des Strafrechts herzuleiten ist, näher *Roxin* (Fn. 34), S. 885 ff.

[64] Vgl. dazu nur *Schünemann* (Fn. 52), 209 f. m.w.N.

[65] Vgl. *Roxin* (Fn. 9), § 24 Rdn. 85, Fn. 107.

daß mit einer Bestrafung hier nichts zu bewirken ist. Und auch aus generalpräventiven Gründen bedürfen sie keiner strafrechtlichen Ahndung, weil jeder weiß, daß niemand gegen kleine Unaufmerksamkeiten gefeit ist, so daß deren Bestrafung weder abschrecken noch das allgemeine Rechtsbewußtsein stärken kann. Das Zivilrecht genügt hier für den Ausgleich der Schadensfolgen.

Dem sollte das Strafrecht mit Hilfe des schon seit den Zeiten des Reichsgerichts anerkannten Regulativs der Unzumutbarkeit Rechnung tragen. Denn „das Verlangen nach einer lebenslänglichen maschinenhaften Präzision ist unzumutbar"[66]. Es widerspricht der empirischen Natur des Menschen. Hinter dem Begriff der Fahrlässigkeit verbirgt sich also ein breites Spektrum empirisch sehr unterschiedlicher und auch sozial sehr verschieden zu beurteilender Verhaltensweisen. Diesem Umstand sollte auch die Dogmatik, anstatt alle diese Lebenssachverhalte über denselben normativen Leisten zu schlagen, durch eine sachgerecht differenzierende Behandlung Rechnung tragen.

D. Zur Minimalismus-Debatte

Der von der Frankfurter Schule unternommene Versuch, die Kriminalgesetzgebung auf ein mit den Mitteln der „klassischen" Dogmatik zu bewältigendes, vorwiegend an Individualschutz gewährenden Verletzungsdelikten orientiertes „Kernstrafrecht" einzuschränken[67], ist aus dem Geiste alteuropäischen Prinzipiendenkens erwachsen. Er beruht auf dem anerkennenswerten Bestreben, die rechtsstaatlichen, strafbegren-

---

66 *Roxin* (Fn. 9), § 24 Rdn. 119.

67 Diese Strömung kann hier natürlich nicht im einzelnen geschildert werden; zur ersten Orientierung vgl. die Darstellung bei *Roxin* (Fn. 9), § 2 Rdn. 25-33, auf die auch *Silva Sánchez* sich bezieht.

zenden Elemente unseres überlieferten dogmatischen Instrumentariums gegen die uferlosen Vorfeldkriminalisierungen zu verteidigen, mit denen der Gesetzgeber den aus den modernen Technologien erwachsenden gesellschaftlichen Risiken zu begegnen versucht[68].

Die Frankfurter Thesen haben lebhafte Kritik gefunden[69], die in der wissenschaftlichen Auseinandersetzung voraussichtlich die Oberhand behalten wird. Der Kritik ist auch in dem zentralen Punkt recht zu geben, daß das Strafrecht sich nicht prinzipiell von der Aufgabe zurückziehen darf, Gefahren zu bekämpfen, die für die Gesellschaft und den einzelnen bedrohlicher sind als die Erscheinungsformen der „klassischen" Kriminalität. Abstrakte Gefährdungsdelikte, gegen die sich die Frankfurter Schule vor allem wendet, sind nicht schon als solche zu verwerfen. Darin sind sich kriminalpolitisch orientierte Dogmatiker wie *Schünemann* und ein systemtheoretischer Funktionalist wie *Jakobs* einig[70], und ich stimme ihnen zu[71]. Ein Straftatbestand wie die Trunkenheit im Verkehr (§ 316 StGB) – um nur diesen häufigsten und einfachsten Fall herauszugreifen – ist notwendig und sachgerecht. Denn gegen alkoholisierte Autofahrer kann man erfolgreich nur in einem Stadium einschreiten, in dem noch nichts passiert ist. Die Tatbestandshandlung ist eindeutig umschrieben, der Rechtsgutsbezug (Schutz von Leib, Leben und bedeutenden

---

68 *Silva Sánchez* (oben S. 6) spricht von einer „Ableitung aus der kritischen Kraft der liberalen Rechtsprinzipien".

69 Vgl. nur *Kuhlen*, GA 1994, 362 ff.; *Schünemann* (Fn. 52), 210 ff.; *Hirsch*, in: Kühne/Miyazawa (Hrsg.), Strafrecht als Mittel zur Bekämpfung neuer Kriminalitätsformen, 1995, S. 11 ff.; zuletzt wieder *Schünemann* in seinem beim 3. deutsch-japanischen Strafrechtssymposium 12.-15. Oktober 1997 in Trier gehaltenen Grundsatzreferat „Vom Unterschichts- zum Oberschichtsstrafrecht", jetzt in: Kühne/ Miyazawa (Hrsg.), Alte Strafrechtsstrukturen und neue gesellschaftliche Herausforderungen in Japan und Deutschland, 2000, S.15 ff.

70 Vgl. nur etwa *Schünemann* (Fn. 52), 210 ff.; *Jakobs* (Fn. 20), 858.

71 *Silva Sánchez* hat mithin recht mit seiner Feststellung (oben S. 14): „Das kriminalpolitische Modell ist also nicht minimalistisch."

Sachwerten) für jedermann erkennbar und die Gefahr von der Art, daß sie sich jederzeit realisieren kann.

Freilich – und darin liegt das relative Recht der Frankfurter Kritik – ist unsere Gesetzgebung, soweit sie sich außerhalb des „Kernstrafrechts“ bewegt, weithin wenig befriedigend. Ihr fehlt eine hinreichende gesetzgebungspolitische und strafrechtsdogmatische Beratung. Gesetzgebungspolitisch müßte viel sorgfältiger geprüft werden, ob nicht der Verzicht auf bestimmte Möglichkeiten oder der Einsatz außerstrafrechtlicher Steuerungsmittel drohenden Schäden wirksamer begegnen kann als eine Strafvorschrift. Der Ausstieg aus der Atomenergie ist effektiver als eine strafrechtliche Bekämpfung atomarer Gefahren, und eine präventive Kontrolle kann wirksamer sein als eine strafrechtliche Ahndung.

Um aber auf das Thema dieses Beitrages zurückzukommen: Auch die Dogmatik der abstrakten Gefährdungsdelikte und vieler von ihnen dominierter neuer Rechtsgebiete (wie des Umweltstrafrechts) ist lange Zeit so unentwickelt geblieben, daß sie weder dem Gesetzgeber noch dem Richter das Rüstzeug zur Bewahrung klassischer rechtsstaatlicher Standards haben liefern können. So hat sich das geschützte Rechtsgut, das doch eine präzise Auslegung erst ermöglichen kann, unter der Feder des unberatenen Gesetzgebers oft zu vagen Allgemeinbegriffen verflüchtigt, und auch die Rechtsprechung hat in rechtsstaatlich ungebremstem Übereifer – etwa im Drogenstrafrecht – dogmatische Differenzierungen wie die zwischen Vorbereitung, Versuch und Vollendung oder zwischen Täterschaft und Teilnahme nicht selten eingeebnet[72].

Solchen Mißständen ist aber nicht durch den Rückzug des Strafrechts aus diesen Gebieten, sondern im Gegenteil durch deren dogmatische „Urbarmachung“ zu be-

---

[72] Vgl. dazu nur etwa *Roxin*, StV 1992, 517 zu der dort S. 516 abgedruckten BGH-Entscheidung.

gegnen. Deren Notwendigkeit leugnen auch die Gegner der Frankfurter Schule nicht[73], während diese voreiliger Resignation anheimgefallen ist, wenn sie es für unmöglich hält, den Gefährdungen der „Risikogesellschaft" mit einem Strafrecht beizukommen, das notwendige Kriminalisierungen mit den rechtsstaatlich gebotenen Strafbegrenzungen verbindet.

Auch die Fahrlässigkeitsdelikte etwa waren – wegen ihrer ehedem weitaus geringeren Bedeutung – noch in der frühen Nachkriegszeit ein wenig betreutes Stiefkind der Strafrechtsdogmatik, und doch hat ihre dogmatische Durcharbeitung heute – vor allem durch die Lehre von der objektiven Zurechnung – das Niveau erreicht, das sie bei den vorsätzlichen Begehungsdelikten schon seit langem hatte. So sind auch die kollektiven Rechtsgüter und die Gefährdungsdelikte inzwischen Gegenstand umfassender und tiefdringender Untersuchungen geworden – ich erinnere nur an die neuesten Habilitationsschriften von *Zieschang*[74], *Wohlers*[75] und *Hefendehl*[76]; sie werden dazu beitragen, daß die Dogmatik dem Gesetzgeber wie dem Richter in absehbarer Zeit Lösungen anbieten kann, die den Geboten effektiven Rechtsgüterschutzes und rechtsstaatlich angemessener Strafbegrenzung gleichermaßen gerecht werden.

Was die von mir verfochtene Konzeption vom Minimalismus der Frankfurter Schule trennt, ist also weniger ein grundsätzlicher Richtungsstreit als eine unterschiedliche Einschätzung der Leistungsfähigkeit unserer Strafrechtsdogmatik. Es ist das auf unbegründeter Skepsis beruhende mangelnde Engagement für eine auf

73 Vgl. nur die Fn. 70 angegebenen Bezugsstellen bei *Schünemann* und *Jakobs*.

74 *Zieschang*, Die Gefährdungsdelikte, 1998.

75 *Wohlers*, Deliktstypen des Präventionsstrafrechts – Zur Dogmatik moderner Gefährdungsdelikte, 1999.

rechtsstaatliche Kriminalpolitik gegründete Strafrechtsdogmatik, das die Frankfurter Schule in die Sackgasse eines minimalistischen „Kernstrafrechts“ getrieben hat[77].

---

[76] *Hefendehl*, Grund und Grenzen des Schutzes kollektiver Rechtsgüter im Strafrecht, 2002.

[77] Vgl. dazu schon meinen Tagungsbericht über das in Fn. 69 erwähnte Trierer Symposium, in: ZStW 110 (1998), 806 ff. (807-809).

Das System des strafrechtlichen Unrechts: Rechtsgutsbegriff und Viktimodogmatik als Brücke zwischen dem System des Allgemeinen Teils und dem Besonderen Teil

Bernd Schünemann

A. Die Bedeutung des Rechtsgutsbegriffs für das Strafrechtssystem

I.

Es ist so gut wie unbestritten, daß das Strafrechtssystem des Allgemeinen Teils zu den größten Leistungen der europäischen Rechtswissenschaft gehört. Dagegen ist es mit dem systematischen Niveau der Strafrechtsdogmatik im Besonderen Teil schlecht bestellt. Die in den einleitenden Beiträgen von *Silva Sánchez* und *Roxin*[1] noch einmal auf ihre letzten Prinzipien zurückgeführte, geradezu grandiose Ausarbeitung und Ausdifferenzierung der allgemeinen Zurechnungsvoraussetzungen der Straftat hat geradezu etwas Geisterhaftes an sich, solange man von der objektiven und der subjektiven Tatbestandsmäßigkeit nur wie von einer black box redet, über deren Inhalt eigentlich nichts bekannt ist. Der Grund dafür ist zweifellos zunächst in der Tradition zu suchen, nämlich in *Belings* lange Zeit akzeptierter These von der „Wertfreiheit des Tatbestandes“[2]. Zwar steht heute außer Frage, daß es im Tat-

---

[1] Oben S. 1 ff. und 23 ff.

[2] Vgl. *Beling*, Die Lehre vom Verbrechen, 1906, S. 112: Der Tatbestand ist rein von allen Rechtswidrigkeitsmomenten, in ihm ist „eine rechtliche Bedeutung nicht erkennbar“.

bestand um die Beschreibung der Verbotsmaterie geht, also der (bei den Rechtfertigungsgründen nur noch auf Ausnahmekonstellationen hin zu überprüfenden) Sozialschädlichkeit, aber die scheinbar naheliegende Konsequenz, den Kern der Tatbestandsmäßigkeit in einer Rechtsgutsverletzung zu sehen, und zwar in einem inhaltserfüllten, den einzelnen Tatbeständen vorausliegenden Sinne wie bei den geistesgeschichtlichen Ahnherren *Beccaria* und *Birnbaum*[3], wird von der heute ganz überwiegenden Auffassung nicht bzw. nicht mehr gezogen. Angeblich soll es nämlich nicht möglich sein, ein den einfachen Gesetzgeber bindendes, inhaltliches Konzept des Rechtsguts als verfassungsrechtliche Grundlage des Strafrechts zu entwickeln[4]. Als Rechtsgut wird dementsprechend nur, wie seinerzeit in der gesetzespositivistischen Theorie vor 1933[5], die „Abbreviatur des Zweckgedankens" der einzelnen Gesetzesnorm verstanden. Daß daraus oberhalb der Ebene des einzelnen Tatbestandes kein System errichtet werden kann, versteht sich von selbst. Und auch der Einsatz dieses „systemimmanten Rechtsgutsbegriffs"[6] als Hilfsmittel auf der Ebene der einzelnen Tatbestandsauslegung ist problematisch, weil ja ein Zirkel-

---

[3] Wobei *Beccaria* auf den „der Gesellschaft zugefügten Schaden" abhob, vgl. *Beccaria*, Von Verbrechen und Strafen, 1764, zitiert nach der deutschen Ausgabe von *Alff*, 1766, S. 65; in Deutschland darauf aufbauend Hommel in seiner Vorrede zu dem von ihm herausgegebenen „Des Herrn Marquis von Beccaria unsterbliches Werk von Verbrechen und Strafe", 1778, S. 2 ff.; *ders.*, Über Belohnung und Strafe nach türkischen Gesetzen, 1778, §§ 128, 133. Der Rechtsgutsbegriff wurde bekanntlich von *Birnbaum* geprägt, Archiv des Kriminalrechts Neue Folge 15 (1834), 149 ff.; 17 (1836), 560 f. Er hat zwar nicht der Bezeichnung, aber der Sache nach die Kontinuität zur Verbrechenstheorie der Aufklärung wiederhergestellt, siehe *Schünemann*, Festschrift für Roxin, 2001, S. 1, 27, Fn. 105.

[4] Vgl. nur aus der fast uferlosen Diskussion zuletzt *Stratenwerth*, Festschrift für Lenckner, 1998, S. 377 ff.; *Koriath*, GA 1999, 561 ff. Noch weitergehend und praktisch jegliche ernsthafte Strafrechtsbegrenzung durch die Verfassung ablehnend *Lagodny*, Strafrecht vor den Schranken der Grundrechte, 1996, S. 64 ff., 130 ff., 247 ff., 455 ff.; *Vogel* StV 1996, 110; *Sternberg-Lieben*, Die objektiven Schranken der Einwilligung im Strafrecht, 1997, S. 508 f.; *Appel*, Verfassung und Strafe, 1998 (in den Fußstapfen von Lagodny); w.N.b. *Lackner/Kühl*, Strafgesetzbuch, 24. Aufl. 2001, Rdn. 4 vor § 13.

[5] *Honig*, Die Einwilligung des Verletzten, S. 94; *Schwinge*, Teleologische Begriffsbildung im Strafrecht, 1930, S. 22 und dazu die Darstellung bei *Amelung*, Rechtsgüterschutz und Schutz der Gesellschaft, 1972, S. 125 ff., 130 ff.

[6] Zur Unterscheidung zwischen einem systemimmanenten und einem systemtranszendenten Rechtsgutsbegriff s. *Hassemer*, Theorie und Soziologie des Verbrechens, 1973, S. 19 ff.

schluß droht, wenn man den Zweck des Gesetzes der Interpretationsarbeit voranstellt, obwohl er ja auch von ihrem Ergebnis abhängt.

II.

Aber hiervon ganz abgesehen, ist schon der Prämisse zu widersprechen, daß es nicht möglich sei, auf der Ebene der Verfassung einen Begriff des Rechtsguts zu entwickeln, der den Gesetzgeber bei der Ausgestaltung der einzelnen Tatbestände leitet und dessen Entfaltung und Ordnung also erst das Strafrechtssystem zur Vollendung bringen wird. Denn die Grundvoraussetzung, daß es sich bei der Straftat um ein *sozialschädliches Verhalten* handeln muß, ist – wie erwähnt – in der für unser modernes Strafrecht fundamentalen Epoche der Aufklärung erarbeitet worden und hat damit tiefere historische Wurzeln als alle heutigen Staatsverfassungen, und sie hat in der Metamorphose zur Theorie des *Rechtsgüterschutzes* trotz mancherlei Anfechtungen und Marginalisierungen zwei Jahrhunderte überdauert. Als Angelpunkt für alle teleologischen Argumentationen im Bereich des strafrechtlichen Unrechts ist das Sozialschadensprinzips oder das Prinzip des Rechtsgüterschutzes auch unentbehrlich, weshalb ich es geradezu als eine Katastrophe für die deutsche Strafrechtswissenschaft empfinde, daß es vom Bundesverfassungsgericht in dem Cannabis-Urteil BVerfGE 90, 145 mit einer mich teilweise fast frivol anmutenden Argumentation beiseite geschoben worden ist und daß das Schrifttum dieser De-facto-Abschaffung einer verfassungsrechtlichen Strafrechtsbegrenzung sogar zum großen Teil gefolgt ist.

1. Hierbei möchte ich auf die interessante methodologische Bewandtnis aufmerksam machen, daß das Werturteil der Sozialschädlichkeit als Ausdruck des strafrechtsspezifischen Unrechts von Anfang an eine starke empirische Komponente besessen hat, weil man sich nämlich seit der Aufklärung darüber im klaren war, daß die bloße Moralwidrigkeit einer Handlung, namentlich im Bereich der geschlechtlichen Sitten, dieses Unwerturteil niemals zu begründen vermag, sondern

daß dafür äußerlich fixierbare Beeinträchtigungen von deskriptiv faßbaren Gütern vorausgesetzt werden. Dabei versteht es sich von selbst, daß der Rechtsgutsbegriff erst nach einer langen und mit vielen Kontroversen gepflasterten dogmatischen Konkretisierungsarbeit extensional bestimmt werden kann, denn weil es sich hierbei um einen dogmatischen Fachausdruck ohne vorgängigen umgangssprachlichen Bedeutungskern handelt, gibt es keine außerhalb des Strafrechtssystems schon existierende und nur aufzufindende Bedeutung. Und die Ergebnisse dieser Konkretisierungsarbeit hängen selbstverständlich auch vom technischen und kulturellen Niveau einer Gesellschaft ab, dazu zwei triviale und zwei brisante Beispiele: Die Beweiskraft von Urkunden oder die Verfügungsmacht über EDV-gespeicherte Daten können in einer schrift- oder computerlosen Gesellschaft keine Rechtsgüter sein; die Intaktheit der Umwelt als eigentumsähnliches Rechtsgut künftiger Generationen[7] kann erst mit der Fähigkeit der Gesellschaft zu deren Zerstörung ins Bewußtsein treten;[8] und während in einer Kultur, die geschlechtliche Vorgänge in einen quasisakralen Intimbereich verweist, die Freiheit der Öffentlichkeit von sexuellen Vorgängen ein Rechtsgut darstellt und dementsprechend die Bestrafung der öffentlichen Erregung eines geschlechtlichen Ärgernisses in § 183 (a) StGB bzw. Art. 185 Código Penal im 19. Jahrhundert durchaus legitim war, bedeutet das gleiche Verhalten im vollständig durchsexualisierten Alltag der Postmoderne nur noch eine je nach dem sozialen Kontext zu beurteilende Geschmacklosigkeit, die die Höhenmarke der Sozialschädlichkeit nicht erreicht und deren fortdauernde Kriminalisierung deshalb außerhalb des engeren Bereiches einer Beleidigung einzelner Personen oder eines bedrohlich wirkenden Exhibitionismus nicht mehr aufrecht erhalten

---

[7] Auf die anhaltende und vielfältig verästelte Kontroverse über das Rechtsgut der Umweltdelikte kann und will ich hier nicht weiter eingehen. Meinen eigenen Standpunkt, daß der über den Generationenanteil hinausgehende Verzehr an ökologischen Ressourcen das Urgestein des Verbrechens darstellt und unsere gegenwärtige Gesellschaft deshalb im innersten Kern kriminell ist, habe ich in Festschrift für Triffterer, 1996, S. 437, 452 ff.; GA 1995, 201, 205 ff.; Buffalo Criminal Law Review 1 (1997), 175, 180 ff., 190 ff., entwickelt.

[8] Was allerdings schon in sehr frühen Epochen der Menschheitsgeschichte der Fall gewesen sein dürfte, vgl. nur *Heine*, GA 1989, 116 ff.

werden kann[9]. Dieses Erfordernis einer erst noch herzustellenden „normativen Verständigung“ (*Hassemer*) macht den Rechtsgutsbegriff als zentralen Fluchtpunkt der dogmatischen Arbeit aber nicht etwa entbehrlich, denn erstens erfolgt diese Verständigung ja nicht nach Lust und Laune oder mit den Mitteln des politischen Aushandelns, sondern auf der Basis einer Analyse der vorhandenen Gesellschaftsstruktur und ihrer aufweisbaren Schutzbedürfnisse. Und zweitens besitzt die Notwendigkeit, ein Rechtsgut in faßbarer Weise zu beschreiben und abzugrenzen, für den dogmatischen Diskurs eine wichtige Kanalisierungs- und Disziplinierungsfunktion, wie gerade die Cannabis-Entscheidung des BVerfG drastisch vor Augen führt: Wenn die Kriminalisierung des Cannabisverkehrs an diesem (vom BVerfG offenbar gezielt nur am Rande erwähnten)[10] Maßstab geprüft wird, so ergibt sich auf der Stelle, daß das allein in Betracht kommende Rechtsgut der Volksgesundheit ja in Wahrheit kein Kollektivrechtsgut, sondern nur die durch einen Klassenbegriff zusammengefaßte Gesundheit der je einzelnen Bürger und damit ein Individualrechtsgut ist, das durch den freiverantwortlichen Cannabiskonsum des Individuums so wenig verletzt werden kann wie durch den Genuß fetten Schweinebratens oder durch Reiten als Freizeitbeschäftigung, so daß eine Kriminalisierung nur im Rahmen und unter den Notwendigkeiten des Jugendschutzes legitim sein könnte. Durch das geradezu raffinierte Manöver, das strenge Prüfungskriterium der „ultima ratio zum Rechtsgüterschutz“, das noch in den Abtreibungsentscheidungen eine zentrale Rolle gespielt hat,[11] praktisch ohne Begründung fallen zu lassen, die verfassungsrechtliche Prüfung in zwei Portionen aufzuteilen und zunächst die bloße Verbotsnorm vor der schwachen Garantie des Art. 2 Abs. 1 GG zu rechtfertigen, um anschließend die hinzugefügte Strafandrohung nur an dem isoliert gesehen ebenfalls schwachen Verhältnismäßigkeitsgrundsatz zu messen,[12] hat das BVerfG

---

[9] Vgl. *Hörnle* im Münchener Kommentar zum Strafgesetzbuch, i. Vorb. f. 2002, § 183 a Rdn. 1.
[10] BVerfGE 90, 145, 185 - 187, 195 (anders im Sondervotum S. 200 ff.!).
[11] BVerfGE 39, 1, 47, 51; 88, 203, 257 f.
[12] BVerfGE 90, 145, 171 ff.

in der Cannabis-Entscheidung also den Schutz des Bürgers vor dem brutalen Eingriffsmittel „Strafrecht" auf ein voraufklärerisches Niveau zurückgeschraubt und mit dieser Demontage der jeder geschriebenen Verfassung seit 250 Jahren vorausliegenden und deshalb für eine verfassungspositivistische Betrachtungsweise jedenfalls im Rechtsstaatsprinzip verankerten Grenzen des Strafrechts nicht etwa einen Aufschrei der Strafrechtswissenschaft, sondern überwiegend Beifall geerntet[13]. *Lagodny* hat in der seither umfangreichsten Monographie zu den verfassungsrechtlichen Grenzen des Strafrechts daraus sogar die Folgerung gezogen, daß der Gesetzgeber eigentlich alles bestrafen dürfe, was er bestrafen wolle, mit Ausnahme des bloßen Erbenbesitzes etwa an Betäubungsmitteln[14] – pariuntur montes, nascetur ridiculus mus!

2. Demgegenüber ist mit allem Nachdruck inhaltlich darauf zu insistieren, daß das Rechtsgüterschutzprinzip (Sozialschadensprinzip) durch seine direkte Verankerung im Gesellschaftsvertrag als Basis jeder Verfassungstheorie nicht zugunsten jener schwachen Kautelen preisgegeben werden darf, die das BVerfG etwa aus Art. 2 Abs. 1 GG gegenüber staatlichen Eingriffspetitessen entwickelt hat, und daß die Schwierigkeiten seiner Abgrenzung erstens nicht das Prinzip als solches kompromittieren können und zweitens in erster Linie eine Folge der kleinmütigen und stiefmütterlichen Behandlung sind, die die Grenzen des Strafrechts bisher in der Judikatur des BVerfG erfahren haben[15] und die dazu geführt hat, daß die Kontrolldichte ausgerechnet im Bereich der destruktivsten Eingriffe des Staates in die bürgerliche Existenz weitaus geringer ist als etwa im Bereich des Steuer- oder Familienrechts. Und in methodologischer Hinsicht würde sich die Strafrechtsdogmatik als eigenständige Wissenschaft verabschieden, wenn sie das Rechtsgüterschutzprinzip (Sozialschadensprinzip) als ihr – die gesetzgeberische Willkür limitierendes und

---

[13] Vgl. die Nachweise in Fn. 4, aber auch die durchschlagende Kritik an der Cannabis-Entscheidung von *Nestler,* in: Kreuzer (Hrsg.), Handbuch des Betäubungsmittelstrafrechts, 1998, S. 732 ff.

[14] *Lagodny* (Fn. 4), S. 318 ff., inbes. 335.

deshalb auch bei der Interpretationsarbeit als oberste Richtlinie dienendes – Fundament preisgeben würde. *Roxin* hat deshalb mit Recht in seinem Lehrbuch an der Formel der ultima ratio zum Rechtsgüterschutz als limitierendem Fundament des Strafrechts festgehalten,[16] und *Hefendehl* hat soeben überzeugend demonstriert, daß auch das jahrzehntelang über Allgemeinplätze nicht hinausgekommene Feld der *kollektiven* Rechtsgüter sehr wohl einer präzisen Analyse und damit auch einer hinreichend exakten Grenzziehung zugänglich ist.[17]

B. Die „Schachbrettsystematik" des Besonderen Teils

I.

Freilich muß man sich davor hüten, den Gesetzeszweck mit dem Schutz des jeweiligen Rechtsgutes zu identifizieren, wie es von *Schwinge* und *Grünhut* propagiert wurde[18] und heute einer verbreiteten Auffassung in der deutschen Standardliteratur entspricht[19]. Dabei wird nämlich verkannt, daß das Rechtsgüteschutzprinzip nur eine notwendige, aber keine hinreichende Bedingung für den Einsatz des Strafrechts ist, der nur als ultima ratio in Betracht kommt und deshalb unter den Bedingungen der Geeignetheit, Erforderlichkeit und Verhältnismäßigkeit besteht, die selbstverständlich im Rahmen einer umfassenden teleologischen Auslegung ebenfalls berücksichtigt werden müssen[20]. Erst diese Ableitung des strafrechtlichen Un-

---

15 Dazu die vorzügliche Übersicht von *Tiedemann,* in: 40 Jahre Grundgesetz, 1990, S. 155 ff.

16 Strafrecht AT I, 3. Aufl. 1997, § 2 Rdn. 38 u.ö.

17 *Hefendehl*, Kollektive Rechtsgüter im Strafrecht, 2002, passim, wodurch m. E. auch die Bedenken von *Stratenwerth*, Festschrift für Lenckner (Fn. 4), S. 377 ff. entkräftet werden.

18 *Schwinge*, Teleologische Begriffsbildung (Fn. 5), S. 22 f.; *Grünhut*, Festgabe für Frank I, 1930, S. 8.

19 Besonders deutlich bei *Schönke/Schröder/Eser*, StGB, 26. Aufl., § 1 Rdn. 48; *Baumann/Weber/Mitsch*, Strafrecht AT, 10. Aufl. 1995, § 9 Rdn. 68.

20 Deshalb in der Kritik an einer reinen Auslegung vom geschützten Rechtsgut her bereits grundlegend *Schaffstein*, Leipziger Festgabe für Richard Schmidt, 1936, S. 47 ff.; zur Verbindung mit der

rechtsbegriffs im Sinne einer gesteigerten, qualifizierten Rechtswidrigkeit[21] aus der Kombination von Rechtsgüterschutzprinzip und ultima-ratio-Prinzip liefert eine methodische Richtschnur für die Auslegung der Straftatbestände des Besonderen Teils und holt dadurch die dogmatischen Fragen, die sich in der Kasuistik der Rechtsprechung in der Unübersichtlichkeit und Beliebigkeit des Einzelfalles verlieren, in das Strafrechtssystem zurück.

II.

Die weitere systematische Entfaltung dieser Prinzipien hat gewissermaßen schachbrettartig zu erfolgen, indem einerseits generelle Richtlinien etwa für die Geeignetheit oder die Erforderlichkeit des spezifisch strafrechtlichen Rechtsgüterschutzes entwickelt werden, die dann auf die jeweiligen einzelnen Straftatbestände des Besonderen Teils projiziert werden müssen und dabei, je nach der konkreten kriminalpolitischen Konstellation, zu unterschiedlichen Konsequenzen führen. Diese schachbrettartige Systematisierung des ultima-ratio-Prinzips kann sich nun entweder auf ein kompaktes, umfassend geschütztes Rechtsgut wie das menschliche Leben beziehen – das ist die einfachere Alternative – oder aber auf ein in seinem Schutzbereich selbst vielfältig limitiertes, im Zuweisungsgehalt unklares Rechtsgut, dessen „Einbuchtungen“ nicht erst auf der systematischen Ebene des ultima-ratio-Prinzips, sondern schon auf der logisch vorausliegenden Ebene der gegenseitigen Abgrenzung von individuellen Freiheits- und Herrschaftsräumen zu bestimmen sind, was vielfach bereits durch das Zivilrecht geleistet wird. Am Beispiel des Rechtsguts des *Vermögens*: Die Unmöglichkeit eines umfassenden Vermögens-

---

ultima-ratio-Formel vgl. bereits *Schünemann*, Festschrift für Bockelmann, 1979, S. 117 f., 129 ff.; Festschrift für Faller, 1984, S. 357 ff.; Festschrift für R. Schmitt, 1992, S. 117, 127 ff.

[21] Zu einem darauf gegründeten Begriff des Unrechts und der daraus resultierenden Stellung im Strafrechtssystem eingehend *Schünemann*, in: Schünemann/Figueiredo Dias (Hrsg.), Bausteine des europäischen Strafrechts, 1995, S. 149 ff. = in: Silva Sánchez (ed.), Fundamentos de un sistema europeo del Derecho penal, 1995, S. 205 ff.

schutzes ergibt sich nicht erst aus spezifisch strafrechtlichen Kriterien, sondern folgt bereits aus der im Verfassungsrecht getroffenen Grundentscheidung für eine Wettbewerbswirtschaft und aus deren näherer Ausformung im Zivilrecht. Einen reinen „wirtschaftlichen Vermögensbegriff", wie ihn die deutsche Rechtsprechung jedenfalls verbal immer noch verwendet[22], kann es deshalb im Strafrecht auch nicht geben, weil der bloße Geldeswert als solcher, also die ökonomische Situation, in einer Wettbewerbswirtschaft noch keinen rechtlichen Zuweisungsgehalt besitzt. Dabei wird zweitens übersehen, daß der strafrechtliche Rechtsgutsbegriff und damit auch der strafrechtliche Vermögensbegriff nur vom Recht positiv bewertete Interessen erfaßt, so daß die reine Faktizität im Sinne einer bloßen Machtposition abseits rechtlich gebilligter Nutzungsinteressen auch strafrechtlich nicht schutzwürdig sein kann. Und drittens wird, wenn man den ökonomischen Vermögensbegriff wörtlich nimmt, dabei außer Acht gelassen, daß das ökonomische System ja seinerseits ganz massiv durch die Rechtsordnung geprägt wird, so daß die Frage des Geldeswertes zwar nicht von der zivilrechtlichen Konstruktion des subjektiven privaten Rechts im dogmatischen Sinne, aber doch entscheidend von der Gesamtheit der rechtlichen Handlungsmöglichkeiten abhängt, weil nur rechtlich garantierte Handlungsmöglichkeiten einen Zuweisungsgehalt ergeben können[23]. Aus diesem Grunde muß schon bei der Bestimmung des Rechtsguts der Geldeswert mit der rechtlich garantierten Zuweisung kombiniert und das Vermögen deshalb im Sinne des von mir sog. „integrierten Vermögensbegriffs" als eine in Geldeswert ausdrückbare, rechtliche konstituierte Herrschaft über Gegenstände oder soziale Interaktionen verstanden werden[24].

---

[22] Grundlegend RGSt 44, 230, 233; in der Terminologie bis heute unverändert, vgl. BGHSt 16, 220, 221; BGH NJW 1975, 1234 f.; BGH NStZ 1986, 455; BGH wistra 1986, 24.

[23] Vgl. *Schünemann* Leipziger Kommentar zum StGB (LK), 11. Aufl., § 266 Rdn. 133; vgl. im übrigen aus der modernen Kritik am wirtschaftlichen Vermögensbegriff *Hefendehl*, Vermögensgefährdung und Exspektanz, 1994, S. 100 ff.; *Pawlik*, Das unerlaubte Verhalten beim Betrug, 1999, S. 255 f.; *Tiedemann* LK, 11. Aufl., § 263 Rdn. 131.

[24] *Schünemann* LK (Fn. 23), § 266 Rdn. 134, dort auch zu der ähnlichen Grundidee der „juristisch-ökonomischen Vermittlungslehre", die das Zivilrecht jedoch erst zur Begrenzung und nicht schon

Mit der Feststellung des rechtlichen Zuweisungsgehaltes und damit der Schutzwürdigkeit ist aber natürlich noch nicht gesagt, daß der Schutz durch das Strafrecht als ultima ratio geleistet werden muß. So wird ein zivilrechtlicher Anspruch im Prinzip nicht mit den Mitteln des Strafrechts, sondern nur mit den Mitteln des Zivilrechts und Zivilprozeßrechts geschützt, und das Strafrecht tritt erst auf den Plan, wenn der Täter besonders gefährliche Mittel anwendet, für deren Bekämpfung die Ressourcen des Zivilrechts und Zivilprozeßrechts nicht ausreichen, oder wenn der Täter den Schutzmechanismus des Zivilprozeßrechts selbst ausmanövriert: Gegenüber Täuschung und Zwang sind die zivilrechtlichen Schutzmechanismen zumindest partiell wirkungslos, weil der Vermögensinhaber nach dem Plan des Täters die Schädigung gar nicht bemerkt hat (deshalb greift hier der Betrugstatbestand ein) oder in seiner Zwangslage von den normalen Rechtsschutzmöglichkeiten keinen Gebrauch macht (deshalb greift hier der Erpressungstatbestand ein). Ebenso verhält es sich in den Fällen, in denen der Täter das Vermögen von innen heraus schädigt, weil ihm von dem Vermögensinhaber eine Vertrauensstellung eingeräumt worden ist, gegenüber deren Mißbrauch zivilrechtlicher Schutz zu spät kommt – hier greift dann nach deutschem Strafrecht der allgemeine Untreuetatbestand des § 266 StGB ein[25], dessen bloß partielle Ausprägung im spanischen Código Penal[26] m.M. nach eine nicht gerechtfertigte Strafbarkeitslücke bedeutet. Besonders interessant sind die Zwangsvollstreckungsdelikte, also § 288 StGB bzw. Art. 257 Código Penal und das gesamte Konkursstrafrecht: Diese Tatbestände haben im Gesamtsystem des Vermögensstrafrechts eine wichtige Auffang- oder Plombierungsfunktion, die gerade aus der Aufgabe des Strafrechts als ultima ratio des Rechtsgüterschutzes

---

zur Begründung des Vermögensbegriffs einführt; ähnlich *Hefendehl* (Fn. 23), S. 115 ff., 166 ff.; *Tiedemann* LK (Fn. 23), Rdn. 31 vor § 263 und § 263 Rdn. 132. Eingehend dazu die Beiträge von *Hagenbucher* und *Hefendehl* in diesem Band, unten S. ..

[25] Zu dieser Schutzrichtung des Untreuetatbestandes eingehend *Schünemann* LK (Fn. 23), § 266 Rdn. 2, 17 ff.

[26] Vgl. dazu *Bacigalupo*, in: Hacia un Derecho penal económico europeo, 1995, S. 385 ff. = Schünemann/Suárez González (Hrsg.), Bausteine des europäischen Wirtschaftsstrafrechts, 1994, S. 201 ff.; *Bajo/S. Bacigalupo*, Derecho penal económico, Madrid, 2001, S. 590 ff.

resultiert, denn wenn der Gläubiger alle zivilprozessualen Schutzmechanismen ergreift, der Schuldner aber deren Wirksamkeit vereitelt, wird erst durch die Strafbarkeit derartiger Vereitelungshandlungen der Schlußstein in den rechtsstaatlichen Vermögensschutz primär durch das Zivilrecht und erst sekundär durch das Strafrecht gesetzt[27].

C. Die Funktion der Viktimodogmatik

Es versteht sich, daß ich die „Schachbrettsystematik" des Besonderen Teils in dieser kleinen Studie nur exemplarisch behandeln kann. Als weiteres Beispiel greife ich die Rolle der *Opfermitwirkung* heraus, deren Bedeutung im Besonderen Teil erst durch die wenig mehr als 20 Jahre alte „Viktimodogmatik" auf einer die einzelnen Straftatbestände übergreifenden, systematisch allgemeineren Ebene behandelt worden ist und deren in den letzten Jahren in Spanien wie in Deutschland oft diskutierter dogmatischer Zwilling im Allgemeinen Teil das in der Theorie der objektiven Zurechnung reklamierte *Selbstverantwortungsprinzip* darstellt. Paradoxerweise sieht sich der viktimodogmatische Ansatz im Besonderen Teil nach wie vor vielfältiger Kritik ausgesetzt, während das Selbstverantwortungsprinzip im Allgemeinen Teil geradezu zu einem rechtsphilosophischen Grundprinzip hochstilisiert wird, obwohl eine strafrechtsspezifische Analyse eher ein differenzierteres Bild ergibt.

I.

Das *viktimodogmatische Prinzip* ist 1977 ziemlich gleichzeitig von *Amelung* für den Irrtumsbegriff beim Betrugstatbestand und von mir für die Abgrenzung der Täterqualifikation beim Geheimnisverrat gemäß § 203 StGB aus der Taufe geho-

---

[27] Näher *Schünemann* LK, 11. Aufl., § 288 Rdn. 1.

ben worden, und zwar als eine direkte Ableitung aus dem ultima-ratio-Prinzip und der daraus resultierenden Anforderung, daß der Einsatz des Strafrechts zum Rechtsgüterschutz notwendig sein muß[28]. In der Folgezeit habe ich die (übrigens von ihren Gegnern sog.) Viktimodogmatik als die „Auslegungsmaxime" formuliert, alle diejenigen Verhaltensweisen im Rahmen zulässiger Tatbestandsauslegung aus dem Strafbarkeitsbereich zu eliminieren, gegenüber denen das Opfer (aus im einzelnen noch zu entwickelnden Gründen) eines Schutzes weder würdig noch bedürftig ist[29]. Recht verstanden, soll die Viktimodogmatik also nicht etwa die methodengerechte Auslegung der Straftatbestände konterkarieren, sondern komplettieren, wie ich auf denjenigen Feldern, auf denen sie erstmals entwickelt und bis heute am detailliertesten entfaltet worden ist[30], durch zwei m.E. schlagende Beispiele demonstrieren möchte: Nach wie vor bereitet die Subsumtion des *Spenden- und Bettelbetruges* unter den Betrugstatbestand der deutschen Strafrechtsdogmatik enorme Schwierigkeiten, weil es hierbei ja an der von der Theorie des funktionalen Zusammenhanges zwischen Irrtum und Schaden geforderten unbewußten Selbstschädigung fehlt, weil die als Aushilfe ersonnene „Theorie der sozialen Zweckverfehlung" die Maßgeblichkeit der ökonomischen Saldierung von Leistung und Gegenleistung und damit den Vermögensbegriff verkennt und weil man, wenn sich mit der bloßen Kausalität irgendeines Motivirrtums für eine (sei es auch bewußt selbstschädigende) Vermögensverfügung begnügt, in kriminalpolitisch deplazierter Weise auch dann wegen Betruges bestrafen muß, wenn die Täu-

---

[28] *Amelung*, GA 1977, 6 ff.; mein Vortrag auf der Gießener Strafrechtslehrertagung 1977, veröffentlicht in: ZStW 90 (1978), 54 ff.

[29] In: Festschrift für Bockelmann (Fn. 20), S. 117, 130 f.; in: Schneider (Hrsg.) (Fn. 28), S. 407 ff.; Festschrift für Faller (Fn. 20), S. 357, 362 ff.; NStZ 1986, 193, 439 ff.

[30] Der Betrugstatbestand ist mittlerweile in drei viktimodogmatisch inspirierten Monographien analysiert worden, s. *R. Hassemer*, Schutzbedürftigkeit des Opfers und Strafrechtsdogmatik, 1981; *Ellmer*, Betrug und Opfermitverantwortung, 1986, S. 232 ff. und passim; *Kurth*, Das Mitverschulden des Opfers beim Betrug, 1984, S. 169 ff. Den viktimodogmatischen Ansatz bei den Delikten gegen den persönlichen Lebens- und Geheimbereich habe ich mittlerweile in meiner Kommentierung des Leipziger Kommentars ausgebaut, s. *Schünemann* LK, 11. Aufl., Rdn. 7 vor § 201; § 201 Rdn. 13, 24; § 202 Rdn. 2, 13; § 202 a Rdn. 14 f.; § 203 Rdn. 16 f.

schung eine völlig außerhalb des Geschäfts liegende Randtatsache betrifft wie etwa die Höhe der vom Nachbarn (den der Getäuschte unbedingt übertrumpfen möchte) geleisteten Spende[31]. Es führt in diesen Fällen auch nicht zu einer kriminalpolitisch vernünftigen Lösung, wenn man auf allgemeine Strukturen oder Begriffe wie die mittelbare Täterschaft, den in Wahrheit ganz unbestimmten Gedanken der „Autonomie" oder ein (außerhalb des Strafrechts auch nicht genauer geregeltes) „Recht auf Wahrheit" zurückzugreifen versucht[32]. Dagegen kommt man zu einer sowohl elastischen als auch kriminalpolitisch überzeugenden Lösung, wenn man aus der viktimodogmatischen Maxime die Anforderung ableitet, daß sich Täuschung und Irrtum auf den (aus den Umständen folgenden oder zwischen den Beteiligten implizit vereinbarten) Geschäftszweck beziehen müssen, so daß der Irrtum nicht notwendig die ökonomische Dimension, aber doch eine nach dem Geschäftszweck relevante Dimension betreffen muß[33]. Und das zweite Beispiel: Bei dem Verrat der sog. *Drittgeheimnisse*, die dem Schweigepflichtigen von einer anderen Person als vom Geheimnisträger anvertraut werden, ist es äußerst umstritten, ob eine sei es die Tatbestandsmäßigkeit, sei es die Rechtswidrigkeit ausschließende[34] Zustimmung von dem Anvertrauenden oder vom Geheimnisträger erteilt werden muß[35]. Die überzeugende Lösung wird auch hier von der viktimodogmatischen Ausdeutung der Beschränkung des strafbaren Geheimnisverrats auf bestimmte Vertrauenspersonen geliefert: Weil dritte Personen das Geheimnis straflos ausplaudern dürfen (denn der Geheimnisträger ist nur bestimmten Personen gegenüber schutzbedürftig, denen er sich zwangsläufig anvertrauen muß), kann der Dritte die Offenbarung auch über von ihm beauftragte Personen straflos vornehmen und folglich auch die von ihm eingeweihte Person von der Schweigepflicht dispensieren, ebenso wie dies

[31] Dazu m.z.w.N. *Tiedemann* LK (Fn. 23), § 263 Rdn. 181 ff., 185.

[32] Vgl. zu diesen Ansätzen *Herzberg*, GA 1977, 295 ff.; *Kindhäuser*, ZStW 103 (1991), 398 ff.; *Pawlik* (Fn. 23), S. 74 ff.; w.N.b. *Tiedemann* LK (Fn. 23), Rdn. 25 vor § 263, § 263 Rdn. 5.

[33] Vgl. bereits *Schünemann*, Festschrift für Faller (Fn. 20), S. 357, 363 f.

[34] Zu dieser Frage m.z.w.N. *Schünemann* LK (Fn. 30), § 203 Rdn. 92 f.

[35] Dazu ebenfalls *Schünemann* LK (Fn. 30), § 203 Rdn. 99 m.w.N. in Fn. 161 ff.

der Geheimnisträger selbst bei einem nur ihn betreffenden Geheimnis sowieso tun kann, weil der Geheimhaltungswille des Betroffenen zum Begriff des Geheimnisses gehört[36].

II.

Obwohl die Thesen der Viktimodogmatik, wie man sieht, eher moderat als revolutionär sind, hat sie sich im Schrifttum heftiger Attacken zu erwehren, die aus vier Richtungen vorgetragen werden:

1. Der Ableitung des viktimodogmatischen Gedankens aus dem ultima-ratio-Prinzip wird entgegengehalten, daß es dabei nur um die Subsidiarität des Strafrechts gegenüber anderen staatlichen Maßnahmen, nicht aber gegenüber den Selbstschutzmöglichkeiten des Bürgers gehe[37]. Aber anstelle dieser Einschränkung ist eher ein argumentum a fortiori angebracht, denn da es keinen historisch exakt definierten Anwendungsbereich des ultima-ratio-Prinzips gibt, ist dessen innere Logik entscheidend. Und in dieser Hinsicht kann kein Zweifel bestehen, daß der von mir apostrophierte „ohne weiteres mögliche und zumutbare Selbstschutz" eine weitaus wirksamere Alternative zum Strafrecht als etwa das Zivilrecht darstellt, dessen Erzwingungsapparat ja immer erst nachträglich angerufen werden kann und damit strenggenommen zu spät kommt, während ein vernünftiger Selbstschutz für die gänzliche Unversehrtheit des Rechtsgutes sorgt. Pointiert formuliert, steigert hier eine Einschränkung des Strafrechts sogar den Rechtsgüterschutz, denn wenn der Sozialschaden nur durch ein bestimmtes, die eigenen Interessen preisgebendes Verhalten des Opfers selbst verursacht werden kann, muß gewissermaßen das Op-

---

[36] Dazu näher *Schünemann* ZStW 90 (1978), 58; *ders.*, LK (Fn. 30),§ 203 Rdn. 99.
[37] Grundlegend *Hillenkamp*, Vorsatztat und Opferverhalten, S. 177 ff.; ihm zustimmend *Roxin* (Fn. 16), § 14 Rdn. 20; *Günther* (Fn. 4), S. 78 f., der statt dessen das unspezifischere Verhältnismäßigkeitsprinzip vorziehen will; *Jescheck/Weigend*, Strafrecht AT, 5. Aufl. 1996, S. 254; *Schönke/ Schröder/Lenckner* (Fn. 19), Rdn. 70 b vor § 13.

fer von seinem Verhalten dadurch abgeschreckt werden, daß ihm bei einer Negierung seiner eigenen Interessen der Schutz durch das Strafrecht verweigert wird. Zwar wird man, solange der Tatbeitrag des Opfers noch nicht als rechtfertigende Einwilligung qualifiziert werden muß, dem Täter kein verbrieftes Recht auf straflose Rechtsgüterverletzungen zuerkennen können und deshalb dem Gesetzgeber bei der Konkretisierung des ultima-ratio-Prinzips einen weitgespannten Ermessensspielraum zubilligen müssen. Aber genau das geschieht ja auch bei dem Verständnis des viktimodogmatischen Prinzips als einer Auslegungsrichtlinie, bei der es ja nicht darum geht, den Gesetzgeber zu korrigieren, sondern seine relativ unbestimmte Entscheidung in kriminalpolitisch vernünftiger Weise zu konkretisieren.

Im übrigen trifft es auch nicht zu, daß der Subsidiaritätsgedanke von seinem Ausgangspunkt her darauf beschränkt wäre, daß der Staat selbst mildere Mittel zum Rechtsgüterschutz zur Verfügung hat. Denn nach dem allgemeinen Subsidiaritätsprinzip, wie es in der Staatsphilosophie und im Verfassungsrecht thematisiert wird, hat der Staat dort keine Funktionen, wo die Gesellschaft die betreffenden Aufgaben besser erledigen kann[38], und dies muß natürlich auch dann gelten, wenn das Individuum als der kleinste Teil der Gesellschaft seinen Rechtsgüterschutz am einfachsten selbst besorgen kann. Deshalb möchte ich auch dem Satz von *Roxin*[39], die Bürger hätten die Strafgewalt eingesetzt, um sich selbst von Schutzaufgaben zu entlasten und sich der Entfaltung ihrer Persönlichkeit zuzuwenden, in dieser Allgemeinheit widersprechen. Das Subsidiaritätsprinzip wurzelt letztlich in der Idee des Gesellschaftsvertrages, wonach jeder Bürger nur soviel Freiheit aufgeben möchte, wie es im Hinblick auf den notwendigen Freiheitsschutz untereinander ge-

---

[38] *Zippelius*, Rechtsphilosophie, 3. Aufl. 1994, § 31 II 4; Süsterhenn, Das Subsidiaritätsprinzipals Grundlage der vertikalen Gewaltenteilung, in: Festschrift für Nawiasky, 1956, S. 141 ff.; Maunz/ Dürig, Grundgesetz Kommentar, 39. Ergänzungslieferung 2001, Art. 1 Rdn. 54.
[39] A.a.O. (Fn. 16), § 14 Rdn. 20.

boten ist[40], was übrigens von *Beccaria* fast wörtlich auf das Strafrecht angewendet worden ist[41]. Primär muß der Bürger also selbst die Disposition über seine Rechtsgüter behalten, und den Staat braucht er erst dort, wo seine Kräfte dafür nicht ohne weiteres ausreichen.

Die angebliche Überdehnung des Subsidiaritätsprinzips durch die Viktimodogmatik offenbart deshalb in Wahrheit nur das eigene Mißverständnis der Kritiker: Die Entfaltung von Fundamentalprinzipien nach Art des Subsidiaritätsprinzips oder der ultima-ratio-Formel betrifft keine begriffliche oder historische Frage, sondern eine solche der praktischen Vernunft; und es ist bei der Reflexion auf die letzten Grundsätze des Staates vernünftig, daß dem Staat nur diejenigen Bereiche überantwortet werden, über die die Gesellschaft nicht in eigener Freiheit verfügen will und kann; und daraus läßt sich wiederum ableiten, daß der ultima-ratio-Charakter des Strafrechts auf zwei selbständigen Säulen steht, nämlich als ultima ratio gegenüber milderen staatlichen Schutzmitteln wie auch als ultima ratio gegenüber einem ohne weiteres möglichen und zumutbaren Selbstschutz des Rechtsgutsträgers.

2. Der nächste prinzipielle Einwand bestreitet die kriminalpolitische Weisheit der viktimodogmatischen Maxime, die angeblich zu der nicht akzeptablen Konsequenz einer „Einigelung" der Gesellschaft führen müsse, weil sie zu einem strafrechtsfreien Raum führe, in dem das Faustrecht gelte[42]. Aber dieses Argument wird ausschließlich mit Szenarien aus dem Bereich der Gewaltdelikte untermauert, für die jedoch bei eindeutiger Gewaltanwendung niemand je eine viktimodogmatische

---

[40] Vgl. nur die neueste und umfassende Darstellung bei *Kersting*, Die politische Philosophie des Gesellschaftsvertrags, 1994.

[41] A.a.O. (Fn. 3), S. 53: „Demnach ist es gewiß, daß ein jeder nur den geringst möglichen Teil seiner Freiheit in das öffentliche Verwahrnis einbringen will, nur soviel, wie hinreicht, um die anderen dazu zu bringen, auch ihn zu schützen. Die Gesamtheit dieser geringst möglichen Teile macht das Recht zum Strafen aus; alles darüber hinaus ist Mißbrauch und nicht Gerechtigkeit, ist bloße Tatsache, aber nicht schon Recht."

[42] *Hillenkamp* (Fn. 38), S. 205 ff.; *ders.*, Der Einfluß des Opferverhaltens auf die dogmatische Beurteilung der Tat, 1983, S. 7 f., 15 f.; zustimmend *Günther* (Fn. 4), S. 79.

Einschränkung des Tatbestandes gefordert hat[43], während gerade im kritischen Grenzbereich der Nötigungshandlung viktimodogmatische Gesichtspunkte einen Ausweg aus dem Interpretationsdilemma versprechen, in das die deutsche wie übrigens auch die spanische Rechtsprechung durch die jüngsten Verschärfungen des Sexualstrafrecht gestürzt worden sind: In Spanien wird seit der Verschärfung durch Gesetz 11/99 vom 30.4.1999 in Art. 181 Abs. 3 Código Penal als sexueller Mißbrauch bestraft, wenn jemand eine Position offensichtlicher Überlegenheit, die die Freiheit des Opfers einschränkt, zu sexuellen Handlungen ausnutzt, während in Deutschland durch das 33. Strafrechtsänderungsgesetz vom 1.7.1997[44] gemäß § 177 Abs. 1 Nr. 3 StGB nunmehr auch wegen sexueller Nötigung bestraft wird, wer eine andere Person unter Ausnutzung einer Lage, in der das Opfer der Einwirkung des Täters schutzlos ausgeliefert ist, nötigt, sexuelle Handlungen vorzunehmen oder an sich zu dulden. Bei Art. 181 Abs. 3 CP stellt sich etwa die nach dem Wortlaut der Vorschrift kaum zu entscheidende Frage, ob auch das Überlegenheitsverhältnis des Fahrlehrers zum Fahrschüler ausreichen soll, während gemäß Abs. 1, der jede sexuelle Handlung ohne Einverständnis des Betroffenen bestraft, bereits das überraschende Betasten von Geschlechtsteilen im Autobus mit Freiheitsstrafe von 1 bis 3 Jahren oder Geldstrafe von 18 bis 24 Monaten zu bestrafen wäre[45]. Ähnliche Probleme stellen sich auch nach § 177 Abs. 1 Nr. 3 StGB, auch wenn der Tatbestand durch die Forderung der „Schutzlosigkeit“ insgesamt deutlich enger als Art. 181 CP ist[46]. Eine vernünftige Eingrenzung dieser Tatbestände wird nur in der Form zu erreichen sein, daß diejenigen Fälle einer nur geringfügigen Überlegenheit des Täters oder Schutzlosigkeit des Opfers ausgeschieden werden, in

---

[43] Siehe *Schünemann*, NStZ 1986, 440.

[44] BGBl. I S. 1607.

[45] Vgl. *Morales,* in: Olivares/Morales Prats (Hrsg.), Kommentar zum Besonderen Teil des Strafrecht, 2. Aufl. 1999, S. 258.

[46] Das ist auch an den bisher vom Bundesgerichtshof darunter subsumierten Fällen zu erkennen, siehe BGH NStZ 2000, 140 mit ablehnender Anmerkung *Fischer,* S. 142; BGHSt 45, 253; *Tröndle/ Fischer*, StGB, 50. Aufl., § 177 Rdn. 12 ff.; *Lackner/Kühl* (Fn. 4), § 177 Rdn. 6; *Schönke/Schröder/ Eser/Perron* (Fn. 19), § 177 Rdn. 11, alle m.w.N.

denen vom Opfer eine ohne weiteres zumutbare „Blockadehaltung" erwartet werden kann, zu deren Überwindung der Täter dann zum eindeutig tatbestandsmäßigen Mittel der Gewaltanwendung greifen müßte.

3. Weil die Berücksichtigung der viktimodogmatischen Maxime somit bei der Tatbestandsauslegung geradezu die Regel darstellt, geht die von *Eser* und *Lenckner* im Kommentar von *Schönke/Schröder* zu findende Polemik, die ihr neben der teleologischen Auslegung jede Bedeutung abspricht[47], am Problem durchaus vorbei: Wenn man teleologisch, also nach dem Zweck des Gesetzes, auslegt, muß man den oder die Gesetzeszwecke ja auch namhaft machen, und genau das geschieht (erst) durch die Verbindung von Rechtsgüterschutzprinzip und Viktimodogmatik[48]. Hierbei ist es selbstverständlich, daß das Auslegungsergebnis auch zu dem Ergebnis führen kann und sogar sehr häufig dazu führen wird, daß aus der Opferperspektive kein Grund ersichtlich ist, den strafrechtlichen Schutzbereich einzuschränken. Die ausdrückliche Hervorhebung dieses Gesichtspunktes durch *Günther*[49] rennt also offene Türen ein und ist deshalb mitnichten eine „harsche Kritik" der Viktimodogmatik[50], sondern akzentuiert nur eine in der Viktimodogmatik immer schon implizit enthaltene Selbstverständlichkeit.

4. Damit bleibt nur ein letzter grundsätzlicher Einwand übrig, der gerade an diese Offenheit der Viktimodogmatik hinsichtlich des konkreten Auslegungsergebnisses anknüpft und ihr vorwirft, daß sie nicht im allgemeinen dogmatischen System verankert sei und damit ohne materiell-normative Begründung bleibe[51]. Diese Kritik beruht jedoch auf einem Mißverständnis der methodologischen Struktur der Geset-

---

[47] *Schönke/Schröder/Eser* (Fn. 19), § 1 Rdn. 48; *Schönke/Schröder/Lenckner* (Fn. 19), Rdn. 70 b vor § 13.

[48] Vgl. bereits meine Antikritik in: Festschrift für Rudolf Schmitt (Fn. 20), S. 128 f.

[49] Festschrift für Lenckner (Fn. 4), S. 69 ff.

[50] So wörtlich *Günther* (Fn. 4), S. 80.

[51] Am intensivsten ausgearbeitet von *Cancio Meliá*, Conducta de la víctima e imputación objetiva en Derecho penal, Barcelona, 1998, S. 235 ff. sowie in Kurzfassung in: ZStW 111 (1999), 357, 370 ff. Die angebliche „Maßstablosigkeit" kritisiert auch *Pawlik* (Fn. 23), S. 52 ff.

zesinterpretation, indem sie diese letztlich ebenso wie die traditionelle Auslegung vom geschützten Rechtsgut her auf ein einziges Prinzip reduzieren und damit verkrüppeln will. Indem das Auslegungsproblem auf diese Weise vollständig in die Lehre von der objektiven Zurechnung und damit in den Allgemeinen Teil verlagert wird, wird nämlich der Eindruck erweckt, als sei jeder objektiv zurechenbare Kausalprozeß allein deshalb schon straftatbestandsmäßig, was praktisch auf die Abschaffung einer Dogmatik des Besonderen Teils hinausläuft. Um das am Beispiel der Sexualdelikte zu zeigen: *Cancio* will im Einklang mit zahlreichen Anhängern der Theorie der objektiven Zurechnung den sog. Selbstverantwortungsgrundsatz für maßgeblich erklären, der bei einem mitwirkenden Opferverhalten zur ausschließlichen Zurechnung des Schadens in den Verantwortungsbereich des Opfers führe, wenn die Tätigkeit im Rahmen des vom Opfer und Täter gemeinsam Organisierten bleibe, das Verhalten des Opfers nicht durch den Täter instrumentalisiert worden sei und der Täter gegenüber den Gütern des Opfern keine besondere Schutzpflicht innehabe[52]. Nun findet in den vorstehend für die Sexualdelikte gebildeten Beispielsfällen in Bezug auf die sexuelle Handlung selbst fraglos keine „gemeinsame Organisation" von Opfer und Täter statt, so daß die sexuelle Handlung des Fahrlehrers oder Fahrgasts selbstverständlich ihm und nicht dem abgetasteten Fahrschüler oder anderen Fahrgast zugerechnet werden muß. Ob dadurch die Schwelle zum sexuellen Mißbrauch gemäß Art. 181 CP oder zur sexuellen Nötigung gemäß § 177 StGB überschritten ist, kann aber nicht allein aufgrund der objektiven Zurechnung des Geschehens, sondern nur kraft einer Interpretation der im Straftatbestand festgelegten „Strafbarkeitsschwelle" ermittelt werden. Und diese Interpretation kann wiederum nicht aus irgendeinem vorgefaßten allgemeinen Prinzip abgeleitet werden, sondern muß genau auf den jeweiligen Tatbestand abgestellt werden, wobei allerdings das Ziel des Rechtsgüterschutzes wie auch der Gedanke der Opfermit-

---

[52] Conducta de la víctima (Fn. 52), S. 264 ff. zum Prinzip der Selbstverantwortung allgemein, S. 284 speziell zum gemeinsamen Organisation; sowie in: ZStW 111 (1999), 375 m.w.N. in Fn. 59-61.

verantwortung als gegenläufige Prinzipien im Rahmen der gesamten Interpretation zu berücksichtigen sind. Hier ein einziges, angeblich schon das konkrete Ergebnis antizipierendes generelles Prinzip zu behaupten, würde einen schweren Fehler bedeuten, weil dadurch die Vielfalt der Unrechtsmaterien im Besonderen Teil ignoriert und die vom Grundsatz „nulla poena sine lege" vorgeschriebene Tatbestandsauslegung durch eine Ableitung aus strafrechtsdogmatischen Theorien des AT ersetzt würde, die überdies (wie ich unter IV. darlegen werde) nicht einmal dort überzeugen. Es bleibt deshalb dabei, daß die viktimodogmatische Maxime aus guten Gründen nicht schon das Ergebnis vorwegnimmt, sondern nur eine wichtige leitende Hinsicht benennt, die bei der Interpretationsarbeit an den einzelnen Straftatbeständen berücksichtigt werden muß. Das ist für einen Strafrechtstheoretiker, der am liebsten die Ergebnisse nicht dem Gesetz, sondern dogmatischen Lehrsätzen entnimmt, kein großartiges Dogma; aber es ist das methodisch allein richtige Vorgehen bei der Rechtsanwendung im Strafrecht.

III.

Damit sind meiner Meinung nach auch die einzelnen Einwendungen entkräftet, die *Roxin* in seiner Kritik der Viktimodogmatik vorträgt, wobei sich deren Ergebnisse im übrigen von meinem eigenen Standpunkt nur unwesentlich unterscheiden[53]. Denn wenn *Roxin* meint, es gebe keine Anhaltspunkte dafür, daß der Gesetzgeber die Strafbedürftigkeit generell von zumutbaren Selbstschutzmaßnahmen des Opfers hätte abhängig machen wollen (Rdn. 19), dann steht das in keinem Gegensatz zu meiner eigenen Konzeption, wonach die viktimodogmatische Maxime ja immer nur im Rahmen der Tatbestandsauslegung zur Geltung zu bringen ist, eben als eine Konkretisierung des allgemeinen ultima-ratio-Prinzips. Weil dieses Prinzip bereits in der Verfassung angelegt ist, braucht der einfache Gesetzgeber darüber nichts

[53] A.a.O. (Fn. 16), § 14 Rdn. 15 - 18.

auszusagen und trifft darüber natürlich auch keine generellen Aussagen, denn er schafft ja immer nur konkrete Straftatbestände und befaßt sich auf der Ebene des Besonderen Teils nicht mit der Formulierung allgemeiner Prinzipien. Im Rahmen der konkreten Straftatbestände ist es dann aber eine Frage der korrekten Interpretation der einzelnen Tatbestandsmerkmale, welche Bedeutung das viktimodogmatische Prinzip im einzelnen hat. Natürlich bleibt ein Diebstahl ein Diebstahl, wenn das Opfer sorglos war, denn im Tatbestand des § 242 StGB ist das Mitverschulden des Opfers nirgendwo relevant. Aber diese triviale Feststellung ändert nichts daran, daß in der gesamten Systematik der Eigentumsdelikte durchaus auch viktimodogmatische Prinzipien vom Gesetzgeber verarbeitet worden sind, und zwar in einer offensichtlichen Weise: Es werden nämlich verschiedene Stufen der Strafbarkeit unterschieden, die von der Unterschlagung über den einfachen Diebstahl zum Diebstahl in einem besonders schweren Falle gehen (§ 246 – § 242 – § 243 StGB). Und der Unterschied liegt immer darin, daß das Opfer von Stufe zu Stufe sein Eigentum intensiver geschützt hat – bis hin zu den Fällen des § 243 StGB, bei denen der Täter in eine besonders gut geschützte Sphäre des Opfers eindringen muß. Bereits bei der Interpretation des Gewahrsamsbegriffs im Rahmen der Tathandlung der „Wegnahme" in § 242 StGB wird übrigens bei der dritten Säule, der sog. *sozialen Zuordnung*[54], allenthalben darauf Rücksicht genommen, ob eine enorme Lockerung der Herrschaftsstellung aus der Typizität des sozialen Lebens, ihren Notwendigkeiten und Üblichkeiten, resultiert und deshalb immer noch eine von allen zu respektierende Herrschaft des Berechtigten (=Gewahrsam) übrig läßt, was eindeutig ein viktimodogmatisches Kriterium ist. Erst recht gilt das für diejenigen Regelbeispiele des § 243 StGB, bei denen besondere Schutzmaßnahmen des Opfers (Abs. 1 Nr. 1 und 2) oder eine besondere Schutzbedürftigkeit (Nr. 6) zum Grund für eine Verstärkung des Strafrechtsschutzes genommen werden. Das gleiche gilt

---

[54] *Schönke/Schröder/Eser* (Fn. 19), § 242 Rdn. 26; *Keller*, ZStW 107 (1995), S. 478; *Ling*, ZStW 110 (1998), S. 919; *Tröndle/Fischer* (Fn. 46), § 242 Rdn. 11 m.w.N.

auch für den Betrugstatbestand, wo nicht die Vertrauensseligkeit des Opfers als solche den Tatbestand ausschließt (worauf *Roxin* Rdn. 19 nur eingeht), sondern (worauf unter V. näher einzugehen ist) erst der konkrete Zweifel, der eben den Irrtum des Opfers als tatbestandliche Voraussetzung entfallen läßt und deshalb aufgrund einer viktimodogmatischen Interpretation zu einer angemessenen Eingrenzung der Betrugsstrafbarkeit führt.

Was die *kriminalpolitische Vernunft* des viktimodogmatischen Prinzips anbetrifft, so wird ihr von *Roxin* entgegengehalten, daß sich der Staat aus allgemeinen gesellschaftspolitischen Gründen im Regelfall auf die Seite des Opfers und nicht diejenige des Täters stellen sollte (Rdn. 21). Aber das läuft auf einen Zirkelschluß hinaus: In Bezug auf den Betrugstatbestand gibt es ja überhaupt keinen Täter, wenn das Opfer keinem Irrtum erliegt, sondern ein Spekulationsgeschäfts tätigt, so daß es sich hier dann schlicht um gesellschaftlichen Kontakt im üblichen Sinne und nicht etwa um einen zu Unrecht straflos gelassenen Täter handelt. Dass es schließlich immer um eine *Gesamtabwägung* geht, ob ein Handeln bei Strafe verboten sein soll oder nicht, wie *Roxin* in Rdn. 22/23 betont, deckt sich schließlich genau mit meiner eigenen Ausgestaltung der Viktimodogmatik – im Gegensatz zu der neuerdings in der Dogmatik des Allgemeinen Teils beliebten Propagierung des Prinzips der „Selbstverantwortung“ als eines angeblich kategorischen, d.h. keine zusätzlichen Abwägungen erfordernden Grundsatzes der objektiven Zurechnung. Darin und nicht in der Viktimodogmatik liegt also der eigentlich rigide Standpunkt, dessen Kritik ich mich nunmehr zuwenden möchte.

D. Elastische Viktimodogmatik versus starres Selbstverantwortungsprinzip

Der viktimodogmatische Ansatz ist in der im Allgemeinen Teil geführten Zurechnungsdiskussion von einer Reihe von Autoren in die starre Doktrin der *Selbstverantwortung* als eines angeblich übergeordneten Prinzips transformiert worden, wobei zur Begründung bald auf eine im deutschen Idealismus wurzelnde Freiheitsphilosophie zurückgegriffen wird, bald auf eine bestimmte Gesellschaftsphilosophie wie von der *Jakobs*-Schule mit den Leitbegriffen der „Zuständigkeit“ und der „gemeinsamen Organisation von Opfer und Täter“.[55] Dem muß sowohl in methodologischer als auch in inhaltlicher Hinsicht widersprochen werden. Wenn man das „Selbstverantwortungsprinzip“ als eine abschließend fixierte Norm formuliert, unter die lediglich subsumiert zu werden braucht, so übersieht man, daß eine kriminalpolitisch angemessene Lösung weitaus differenziertere Zurechnungsfiguren erfordert. Darüber hinaus muß sogar bestritten werden, daß ein die Verantwortlichkeit des Täters kategorisch ausschließendes Prinzip der Selbstverantwortung dem geltenden Recht überhaupt zugrunde liegt.

I.

Das in den *gesetzlichen* Zurechnungsvorschriften des Allgemeinen Teils *nirgendwo* enthaltene, angebliche Prinzip der Selbstverantwortung wird vor allem dazu benutzt, um die im Gesetz tatsächlich geregelten Zurechnungsprinzipien der Tatherrschaft und des Vorsatzes beiseite zu schieben. Sowohl nach § 25 StGB als auch nach Art. 28 CP gründet sich die Täterschaft als der Zentralbegriff für die Zurechnung zu einer Person auf das Kriterium der Tatherrschaft, wobei auf Feinheiten und Ausnahmen im vorliegenden Zusammenhang nicht eingegangen zu werden braucht[56]. Die Tatherrschaft setzt wiederum prinzipiell Tatbestandsvorsatz voraus (wobei auf neuere deutsche Ansätze sowie die in Spanien h.M., auch eine fahrläs-

---

[55] *Schumann*, Strafrechtliches Handlungsunrecht und das Prinzip der Selbstverantwortung der Anderen, 1986; *Walther*, Eigenverantwortlichkeit und strafrechtliche Zurechnung, 1991, S. 78 ff.; *Zaczyk*, Strafrechtliches Unrecht und die Selbstverantwortung des Verletzten, 1993; *Cancio*, ZStW 111 (1999), 373 m. w. N., 377 ff. in Anknüpfung an *Jakobs*, Strafrecht AT, 21/78.

[56] Für das deutsche Recht vgl. nur *Roxin*, Täterschaft und Tatherrschaft, 7. Aufl. 2000, S. 60 ff., 643 ff.; *ders.*, LK, 11. Aufl., § 25, Rdn. 7 ff., 34 ff.; für das spanische Recht vgl. nur *Cerezo Mir* und *Luzón Peña/Díaz y García Conlledo*, Festschrift für Roxin, 2001, S. 549, 551, 575, 585; *Cerezo Mir*, Curso de Derecho Penal Español, Parte General III, Madrid 2001, S. 210 ff.

sige Mittäterschaft zuzulassen[57], vorliegend nicht eingegangen zu werden braucht). Die deutsche Rechtsprechung hat hieraus die Konsequenz gezogen, daß eine Mitwirkungshandlung des Opfers jedenfalls dann die Erfolgszurechnung beim Täter nicht hindert, wenn der Täter das Ausmaß des Risikos besser überblickt als das Opfer[58]. Diese Lösung halte ich zunächst einmal bei Vorsatzdelikten für zutreffend, weil die überlegene Risikokenntnis eine überlegene Tatherrschaft begründet, was dann auch für die Fahrlässigkeitsdelikte cum grano salis gilt. Der Einwand von *Jakobs*[59], dabei werde das psychische Faktum mit einer normativen Regelung („Wer ist zuständig?") verwechselt, verkennt, dass das Kriterium des überlegenen Wissens der vom *Gesetz* in § 25 StGB für maßgeblich erklärten Tatherrschaft korrespondiert, während das Blankett der „Zuständigkeit" weder einen psychischen noch einen normativen Gehalt hat, sondern schlicht inhaltslos ist.[60]

Der Bundesgerichtshof hat deshalb mit vollem Recht die Tötung eines arglosen Diebes durch Einfüllen einer giftigen Substanz in eine Likörflasche als Totschlag oder Mord qualifiziert und lediglich im konkreten Fall den Versuchsbeginn verneint[61]. Mit der Theorie vom Selbstverantwortungsprinzip und der daraus angeblich folgenden Zurechnung allein zum Opfer bei gemeinsamer Organisation von

---

[57] *Weißer*, Jura 1998, 230; *Renzikowski*, Restriktiver Täterbegriff und fahrlässige Beteiligung, 1997, S. 288; *Kamm*, Die fahrlässige Mittäterschaft, 1999; zu Spanien: *Luzón Peña*, Curso de Derecho Penal, Parte General I, Madrid 1996, S. 510; *Mir Puig*, Derecho penal, Parte General, Barcelona, 1998, S. 392; w.N., auch der Rechtsprechung, in *Cerezo Mir*, Curso de Derecho Penal Español (Fn. 56), S. 226 f.

[58] So bereits in der Heroinabgabe-Entscheidung BGHSt 32, 262, die übrigens im Anschluß an *meine* Kritik (und unter deren ausdrücklicher Anerkennung) an der vorangegangenen Rechtsprechung erging, die die Zurechnung auch in Bezug auf die in voller Risikokenntnis erfolgende Selbstgefährdung des Opfers bejaht hatte, s. *Schünemann*, NStZ 1982, 60, 62 f. und BGHSt. 32, 264 f.; ebenso später bei der Infizierung des Geschlechtspartners mit HIV, wenn nur der Infizierende, nicht aber der Infizierte die vorhandene HIV-Infektion kannte, s. BGHSt 36, 1 ff. und dazu *Schünemann*, JR 1989, 89 ff.; *ders.*, in: Szwarc (Hrsg.), AIDS und Strafrecht, 1996, S. 9, 11 ff.

[59] Strafrecht AT, 21/78 Fn. 142h.

[60] Zur Kritik s. *Schünemann*, in: Gimbernat/Schünemann/Wolter, Internationale Dogmatik der objektiven Zurechnung und der Unterlassungsdelikte, 1995, S. 49, 50 f., 57 ff.; *ders.*, in : Festschrift für Roxin (Fn. 3), S. 1, 17 ff.

[61] BGHSt 43, 177, 182 (sog. Bärwurzfall).

Opfer und Täter soll nun gerade im AIDS-Fall wie auch im Bärwurzfall ein Erfolgszurechnung völlig unabhängig davon ausgeschlossen werden, ob der Infizierende oder der das Gift in die Likörflasche Einfüllende im Vergleich zum Opfer über ein überlegenes oder möglicherweise sogar alleiniges Risikowissen verfügt[62]. Ich halte das schon vom Ergebnis her für verfehlt, aber noch mehr in der Methode für unrichtig, weil einfach dem Gesetz fremde dogmatische Begriffe kreiert werden, unter die dann schlicht subsumiert wird, so daß das ganze letztlich auf einen Zirkelschluß hinausläuft. Bei methodisch korrektem Vorgehen muß und kann man nur von der einzigen klaren legislatorischen Entscheidung ausgehen, nämlich der Straflosigkeit der *Selbstmordteilnahme*, kann von dort aus a fortiori auf die allgemeine Straflosigkeit der Mitwirkung (=ohne eigene Tatherrschaft) an einer fremden, freiverantwortlich und sehenden Auges erfolgenden *Selbstgefährdung* schließen und sieht sich dann bereits bei der nächsten Fallgruppe, der einverständlichen *Fremdgefährdung* (=bei geteilter Tatherrschaft) bei beiderseits gleicher Risikokenntnis, einem offenen Problem gegenüber, das nicht durch schlichte Subsumtion unter ein vorgegebenes Prinzip, sondern nur durch sorgfältige kriminalpolitische Abwägung gelöst werden kann.[63] Benutzt aber der vorsätzlich handelnde Täter einen anderen als *unvorsätzliches Werkzeug zur Selbstverletzung oder Tötung* wie in der krassen Variante des AIDS-Falles und im Bärwurzfall, so liegt ein klarer Fall *mittelbarer Täterschaft* vor, den unter Berufung auf ein angebliches, aber nirgendwo positiviertes, inhaltlich zudem völlig unbestimmtes Prinzip der Selbstverantwortung zu leugnen, auf eine *inakzeptable Strafrechtsdogmatik contra legem* hinausläuft.

---

[62] So ausdrücklich *Cancio* (Fn. 52), S. 288 m.w.N., sowie in: ZStW 111 (1999), S. 387 m.w.N.

[63] Zu der analytisch wichtigen, namentlich in der AIDS-Diskussion aber von den meisten Autoren verwischten Unterscheidung zwischen Mitwirkung an fremder Selbstgefährdung und einverständlicher Fremdgefährdung s. *Roxin*, Festschrift für Gallas, 1973, S. 241, 243 ff.; *Schünemann*, JA 1975, 720 ff.; *ders.*, in: Schünemann/Pfeiffer (Hrsg.), Die Rechtsprobleme von AIDS, 1988, S. 373, 474 f.; *ders.*, JR 1989, 89, 90; *ders.*, in : Szwarc (Fn. 59), S. 11 ff.

Ganz anders die Viktimodogmatik. Zwar ist sie nicht nur (wo freilich ihre Domäne liegt) eine Auslegungsmaxime für den Besonderen Teil, die dort nicht weniger wichtig ist als die Auslegung vom geschützten Rechtsgut her[64], vielmehr ist viktimodogmatisches Gedankengut auch in die Zurechnungsfiguren des Allgemeinen Teils einzuführen, wobei man sich jedoch abermals davor hüten muß, gesetzesfremde Kategorien wie das „Selbstverantwortungsprinzip" oder die „gemeinsame Organisation von Täter und Opfer" als zur Subsumtion geeignete Oberbegriffe zu behandeln und dadurch einem Zirkelschluß zu erliegen. Dementsprechend hat das viktimodogmatische Prinzip im AT auch keinen exklusiven dogmatischen Standort etwa im Bereich der objektiven Zurechnung, sondern kann sich von seinem kriminalpolitischen Gehalt her auf allen Ebenen des *strafrechtlichen Unrechts* zur Geltung bringen. Um das an einigen Beispielen zu demonstrieren: Viktimodogmatische Erwägungen können bereits bei der Konstituierung des *Rechtsguts* zu berücksichtigen sein, so wenn etwa bei § 146 StGB das Rechtsgut in dem Allgemeininteresse an der Sicherheit und Zuverlässigkeit des Geldverkehrs gesehen[65] und dessen Verletzung durch „Nachmachen" unter der Voraussetzung bejaht wird, daß das hergestellte Falschgeld geeignet ist, im gewöhnlichen Verkehr den Arglosen zu täuschen[66]. Wegen der enormen Umlaufgeschwindigkeit des Bargeldes, die eine genaue Prüfung im Wirtschaftsverkehr praktisch unmöglich, jedenfalls unzumutbar macht, wird das Rechtsgut des Geldverkehrs hier also einerseits extensiv bestimmt und andererseits für den Fall einer geradezu „sträflichen" Oberflächlichkeit des Verkehrsteilnehmers limitiert. Die Abgrenzung des Schutzbereichs erfolgt somit ganz offensichtlich nicht anhand formaler außerstrafrechtlicher Kriterien, sondern

[64] So auch im Ergebnis *Roxin* (Fn. 16), § 14 Rdn. 22 ff., dessen Position sich damit im Ergebnis mit der von mir entwickelten Funktion der Viktimodogmatik weitestgehend deckt.
[65] BGH NJW 1976, 2802; *Hefendehl*, JR 1996, 353; beide m.w.N.
[66] BGH NJW 1995, 1844; NK/*Puppe*, § 146 Rdn. 4; *Lackner/Kühl*, StGB, 24. Aufl., § 146 Rdn. 4.

anhand einer (hier aus guten Gründen extensiven) Bestimmung der Schutzwürdigkeit und Schutzbedürftigkeit des Geldverkehrs.

Die nächste Systemstufe im Allgemeinen Teil, auf der das viktimodogmatische Prinzip eine Rolle spielt, ist die schon mehrfach angesprochene *objektive Zurechnung* des Geschehens an den Täter, für deren auf mehreren Stufen stattfindende Entfaltung[67] das Opferverhalten jedenfalls beim *Fahrlässigkeitsdelikt*[68] unstreitig eine ganz zentrale Rolle spielt, die schon vor der „Geburtsstunde" der Viktimodogmatik von *Rudolphi* und *Roxin* unter der dogmatischen Figur des „Schutzbereiches der Norm" erfaßt und der Sache nach auch von denjenigen Autoren anerkannt wird, die die erfolgsbezogene Perspektive der objektiven Zurechnung durch die handlungsbezogene Perspektive des tatbestandsmäßigen Verhaltens ersetzen wollen[69].

Die letzte Stufe ist diejenige der *Rechtfertigungsgründe*. Ein instruktives Beispiel bietet die Rechtsfigur der *provozierten Notwehrlage* mitsamt der hierzu vom BGH entwickelten, ingeniösen *Dreistufentheorie*[70], die gerade keine starre Entweder-oder-Entscheidung trifft (wie es einer ausschließlichen Einordnung in die Theorie der objektiven Zurechnung entsprechen würde), sondern mit der Idee, daß die Provokation nach einer geraume Zeit anhaltenden, mäßigenden Schutzwehr des Provokateurs gewissermaßen kompensiert wird und ein gleichwohl weiterhin fortge-

---

[67] Zu vier unterschiedlichen Stufen (Kausal-, Adäquanz-, Risiko- und Schutzzweckzusammenhang) *Schünemann*, JA 1975, 575 ff.; gegen die beliebten Versuche, den Risiko- und den Schutzzweckzusammenhang in einer einzigen Formel der „Verwirklichung des missbilligten Risikos" zusammenzufassen, *ders.*, StV 1985, 229 ff.

[68] Zur Frage, ob die Zurechnungsgrundsätze beim Vorsatz- und beim Fahrlässigkeitsdelikt identisch sind, *Schünemann*, GA 1999, 207, 219 ff.

[69] Grundlegend *Rudolphi*, JuS 1969, 549 ff.; *Roxin*, Festschrift für Gallas (Fn. 64), S. 241 ff.; weiter ausgearbeitet bei *Schünemann*, JA 1975, 715 ff.; in der Begründung anders, im Ergebnis aber nicht notwendig unterschiedlich *Frisch*, Tatbestandsmäßiges Verhalten und Zurechnung des Erfolgs, 1988, S. 148 ff..

[70] Den grundlegenden Ansatz von *Roxin* in ZStW 75 (1963), 541 ff. hat der BGH in durchaus schöpferischer Weiterentwicklung ausgebaut, s. BGHSt. 24, 356; 26, 145, 256; *Roxin*, ZStW 93 (1981), 85 ff.

setzt Angreifender nunmehr keine Schonung mehr beanspruchen kann, eine direkte Anwendung der elastischen viktimodogmatischen Maxime bedeutet, die, wie dieses Beispiel sehr schön zeigt, einerseits unverzichtbar ist und andererseits nicht etwa schon auf rein logisch-deduktivem Wege die Ableitung eines bestimmten Ergebnisses gestattet: Im Unterschied zur Figur der *actio illicita in causa*, bei der es sich um eine formale gedankliche Konstruktion handelt, aus der man ein intrasystematisch eindeutiges Ergebnis deduzieren kann, die aber seit der durchschlagenden Kritik von *Roxin* heute nur noch ganz vereinzelt für angemessen gehalten wird[71], liefert der viktimodogmatische Ansatz noch kein endgültiges Ergebnis, gibt aber die *maßgebliche Überlegung* an, daß man nämlich bei der Konkretisierung der beschränkten Generalklausel der „Gebotenheit" der Notwehr[72] dieselbe versagen muß, wenn der Angegriffene weder schutzwürdig noch schutzbedürftig ist.

III.

Damit kann nunmehr auch der methodologische und sytematische Standort des viktimodogmatischen Prinzips unter Bekräftigung des von mir schon 1977 entwickelten Standpunkt wie folgt zusammengefaßt werden: Es gibt einen entscheidenden Gesichtspunkt zur Bestimmung der Schutzwürdigkeit und Schutzbedürftigkeit des Rechtsguts an und ist deshalb auf die Ebene des strafrechtlichen Unrechts einzuordnen, wo es als regulatives Prinzip für die Auslegung zu berücksichtigen ist. Darüber hinaus gibt es als Ausfluß des ultima-ratio-Prinzips auch eine Maxime für den Gesetzgeber, deren eindeutige Mißachtung zur Verfassungswidrigkeit einer Strafrechtsnorm führen würde. Es spielt bereits bei den für die Unrechtsbestimmung einschlägigen Prinzipien des Allgemeinen Teils eine Rolle, seine Domäne

---

[71] Vgl. gegen *Lenckner*, GA 1961, 300 ff. durchschlagend *Roxin*, ZStW 75 (1963), 545 ff. und zum heutigen Meinungsstand *Roxin* (Fn. 16), § 15 Rn. 64.

[72] Die der Gesetzgeber in der Strafrechtsreform nämlich bewußt beibehalten hatte, um Raum für eine Einschränkung des Notwehrrechts aus normativen Gründen zu lassen, s. *Schünemann*, JuS 1979, 279.

liegt aber im Besonderen Teil. Insoweit kann man es als ein „Brückenprinzip" zwischen dem Allgemeinen und dem Besonderen Teil ansehen. Neben den eingangs angeführten Beispielen aus dem Bereich der Sexualstraftaten könnte man im BT zahlreiche andere anführen, etwa die Interpretation der „Empfindlichkeit" der Drohung in § 240 StGB, bei der gerade nicht auf den besonders empfindlichen, sondern auf den besonnenen Adressaten abzustellen ist[73], was sich übrigens nicht erst als eine Präzisierung des Handlungsunwertes, sondern bereits als eine Einschränkung des strafrechtlichen Schutzbereichs der menschlichen Handlungsfreiheit und damit als eine Präzisierung des strafrechtlichen Rechtsgutes begreifen läßt: Drohungen, denen ein besonnener Mensch keine Bedeutung beimißt, muß jeder Mensch im sozialen Kontakt ohne weiteres hinnehmen, und wer sich dadurch gleichwohl in seiner Freiheit beeinträchtigt fühlt, kann wegen dieser Überempfindlichkeit keinen strafrechtlichen Schutz beanspruchen.

Die „Brückenfunktion" des viktimodogmatischen Prinzips zwischen AT und BT besteht, analytisch betrachtet, darin, daß es als Auslegungsrichtlinie für alle Straftatbestände gilt und in diesem Sinn „allgemein" ist, daß es sich dabei aber nicht wie beim Vorsatz um einen klassifikatorischen Begriff handelt, unter dessen (freilich ebenfalls erst noch durch Auslegung zu präzisierende)[74] Merkmale die unterschiedlichen Sachverhalte dann gleichermaßen zu subsumieren sind, sondern um ein noch offenes, für jeden im Straftatbestand je nach seinen Besonderheiten in spezifischer Weise zu konkretisierendes Prinzip. Dies soll abschließend noch einmal am Musterbeispiel der Viktimodogmatik, dem Betrugstatbestand, demonstriert werden, der überhaupt mit seiner enorm ausdifferenzierten Binnensystematik das Paradebeispiel dafür abgibt, daß das System des strafrechtlichen Unrechts den BT

[73] Vgl. BGHSt 31, 201; 32, 174; NStZ 1992, 278; 1997, 494; *Schönke/Schröder/Eser* (Fn. 19), § 240 Rdn. 9.

[74] Dazu, daß die bisherigen Vorsatzdefinitionen nur scheinbar zur Identifizierung eines bestimmten psychologischen Sachverhalts geführt haben und in Wahrheit nicht ohne eine typologische Konkretisierung auskommen, s. *Schünemann*, Festschrift für Hirsch, 1999, S. 363 ff.

notwendig einbeziehen, daß man dabei aber immer der Versuchung widerstehen muß, aus abstrakten, angeblich für alle Tatbestände gültigen Zurechnungsgrundsätzen auf eine Lösung der spezifischen Probleme der einzelnen Straftatbestände „kurzzuschließen".

E. Der Betrugstatbestand als Prüf- und Exerzierfeld

Der Betrugstatbestand bietet sich abschließend deshalb für eine vertiefte Probe aufs Exempel der Leistungsfähigkeit und auch der Leistungsgrenzen der Viktimodogmatik an, weil diese, wie bereits oben bemerkt, am Tatbestand des § 263 StGB bisher am detailliertesten entfaltet und bis in die jüngste Zeit hinein kontrovers diskutiert worden ist, zuletzt in der Monographie von *Pawlik* und der Kommentierung von *Tiedemann* im Leipziger Kommentar[75].

I.

Obwohl *Tiedemann* der Viktimodogmatik von der Tendenz her eher kritisch gegenübersteht, deckt sich sein allgemeines Ergebnis weitgehend mit dem von mir vertretenen Standpunkt: Er erklärt es nämlich ausdrücklich für nicht ausgeschlossen, die Opfermitverantwortung „bezogen auf einzelne Tatbestandsmerkmale und Konstellationen des Betruges mit zu berücksichtigen"[76]. Wenn er dagegen eine generelle teleologische Reduktion des Betrugstatbestandes bei Opfermitverantwortung, also vor allem bei Leichtgläubigkeit des Opfers, ablehnt und hierbei die „für generelle teleologische Reduktion des § 263 erforderliche planwidrige Lücke"

---

[75] *Pawlik* (Fn. 23), S. 52 ff.; *Tiedemann* LK (Fn. 23), Rdn. 34 ff. vor § 263.
[76] *Tiedemann* LK (Fn. 23), Rdn. 39 vor § 263.

vermißt[77], so deckt sich auch dies völlig mit meiner Konzeption, die viktimologische Maxime nur im Rahmen der Tatbestandsauslegung einzusetzen, nicht aber, wie es vor allem von *Kurth* vertreten worden ist[78], zu einer „Unterschreitung" des Wortlauts in Gestalt der Eliminierung des leichtgläubigen Opfers aus dem Tatbestand.

II.

Allerdings hat diese Übereinstimmung im grundsätzlichen methodologischen Ausgangspunkt nicht ohne weiteres zur Folge, daß auch die einzelnen Auslegungsprobleme identisch beurteilt würden. Bei dem bereits von *Amelung* thematisierten[79], Standardproblem des Betruges, ob der Zweifel des Opfers, ob die vom Täter aufgestellte Behauptung wahr oder falsch ist, unter das Tatbestandsmerkmal des „Irrtums" subsumiert werden kann, folgt meiner Meinung nach aus der viktimodogmatischen Maxime, daß es darauf ankommt, ob das Opfer trotz eines *konkreten Zweifels* handelt und damit sehenden Auges ein Spekulationsgeschäft eingeht, bei der seine Spekulationserwartungen weder schutzwürdig noch schutzbedürftig sind[80], was dann bis in die einzelnen Geschehenstypen hin konkretisiert werden kann[81] und auf der Irrtumsseite diejenige Tatbestandseingrenzung sicherstellt, die etwa in Art. 248 des spanischen Codigo Penal über das ausdrückliche Erfordernis

---

77 *Tiedemann* LK (Fn. 23), Rdn. 36 - 38 vor § 263.

78 Dies trifft die Einschränkungsbemühungen von *Kurth* (Fn. 30), S. 169 ff., der das „leichtgläubige Opfer" aus dem Schutzbereich eliminieren will, und von *Ellmer* (Fn. 30), S. 232 ff., der die Fälle grober Fahrlässigkeit ausscheiden will – womit beide eine im Wortlaut des § 263 StGB nicht mehr zu verankernde und deshalb im Wege der Auslegung nicht zu bewerkstelligende Reduktion des Tatbestandes propagieren.

79 *Amelung*, GA 1977, 6 ff.

80 *Schünemann*, in: Schneider (Hrsg.), Das Verbrechensopfer in der Strafrechtspflege 1982, S. 407 ff., 415 = in englischer Sprache in: Miyazawa/Ohya (ed.), Victimology in Comparative Perspective, 1986, S. 150 ff.

81 Näher *R. Hassemer* (Fn. 30), S. 127 ff.

einer „hinreichenden“ (bastante) Täuschung vermittelt wird[82]. Obwohl *Tiedemann*, wie dargelegt, von seinem allgemeinen Ausgangspunkt aus für eine viktimodogmatische Interpretation der einzelnen Tatbestandsmerkmale offen ist, will er mit der h. M. den gesamten Bereich des Zweifels unter den Begriff des Irrtums subsumieren, wobei er zwar zunächst konzediert, daß der Sprachgebrauch keinen sicheren Anhalt biete, sondern nach beiden Seiten hin offen sei, dann aber als Hauptargument anführt, daß auch der Zweifelnde irre, nämlich eine Fehlvorstellung von den behaupteten Tatsachen habe[83]. Ich halte das in der Begründung für widersprüchlich und auch in der Sache nach wie vor nicht für überzeugend, weil nun einmal der Zweifel des Individuums in der Terminologie der Entscheidungstheorie bedeutet, daß das Individuum nicht auf Grund einer Fehlvorstellung, sondern bewusst *unter Unsicherheit* entscheidet und damit in einer Standardsituation, der sich der homo öconomicus unabhängig von jeglicher Täuschung bei seinen wirtschaftlichen Entscheidungen permanent gegenübersieht. Auch das von *Tiedemann* im Einklang mit einer verbreiteten Auffassung als letztentscheidend bezeichnete Kriterium, daß der Getäuschte der Wahrheit der vorgespiegelten Tatsache gegenüber nicht gleichgültig ist, sondern zu ihr innerlich Stellung bezieht[84], bedeutet dementsprechend nur, daß die Unsicherheit einen für die Vermögensverfügung an sich relevanten Punkt betrifft, ändert aber nichts daran, daß sie nach wie vor „Kenntnis der Möglichkeit beider Alternativen“ bedeutet und an der Entscheidungsstruktur also nichts ändert. *Tiedemann* beruft sich schließlich in dieser Allgemeinheit auch zu Unrecht auf die neuere BGH-Rechtsprechung,[85] die nämlich nicht jeden Zweifel als Irrtum ausreichen läßt, sondern für die Subsumtion unter § 263 StGB fordert, daß das Opfer die Richtigkeit der vom Täter behaupteten Tatsache für wahrscheinlich hält. Im übrigen bleibt in den meisten Fällen, worauf *Arzt/Weber* und *Samson/Günther*

---

[82] *Perez Manzano*, in: Schünemann/Suárez González (Fn. 26), S. 226; *Tiedemann* LK (Fn. 23), Rdn. 73 vor § 263 und eingehend *Suárez González*, in diesem Band unten S. 121 ff.
[83] *Tiedemann* LK (Fn. 23), § 263 Rdn. 86 a.A. und Mitte.
[84] *Tiedemann* LK (Fn. 23), § 263 Rdn. 86 a.E. m.w.N.

mit Recht hingewiesen haben[86], auch nach der viktimodogmatischen Interpretation ein strafbarer Betrugs*versuch* übrig, weil der Täter in der Regel die Zweifel des Opfers zu beschwichtigen und zu überwinden versucht, so daß die viktimodogmatische Interpretation nicht etwa einen hartgesottenen Betrüger in kriminalpolitisch unhaltbarer Weise gänzlich straffrei stellen würde. Entgegen *Samson/Günther*[87] kann man aber deshalb nicht den ganzen dogmatischen Aufwand für übertrieben erklären, denn der entscheidende Unterschied ergibt sich in denjenigen Fällen, in denen der Täter selbst nur einen Zweifel und keinen echten Irrtum erwecken und also nicht die kognitive Fehlsteuerung, sondern die Spekulationslust seines Partners ausnützen will. Diese Konstellation war offensichtlich im „Haarverdickungsfall" gegeben, in dem ein das Haar angeblich binnen 10 Minuten verdoppelndes Wundermittel verkauft wurde, worin *Arzt* einen straflosen Verkauf von Illusionen erblickt[88], während der BGH die Annahme eines Betruges u.a. auf die schlichte Begründung stützt: „Denn es ist anzunehmen, daß (die Besteller) aufgrund der Angabe des Angeklagten in den Werbeanzeigen glaubten, die Präparate hätten im Kern die versprochene – wenn vielleicht auch übertrieben geschilderte – Wirkung"[89]. Dagegen erscheint es weitaus plausibler, daß die Besteller mehr einer Art Spieltrieb freien Lauf ließen, nach dem Motto „Wenn es nicht wirkt, lasse ich mir (wie in der Werbung zugesagt) den Kaufpreis erstatten, wenn es doch wirkt, um so besser", und dann später aus Bequemlichkeit die Rücksendung unterließen. Instruktiv ist als Pendant der Fall, daß ein Galerist es gegenüber einem Kunden für möglich erklärt, ein bestimmtes Bild stamme von der Hand des berühmten Malers X (obwohl er weiß, daß die Möglichkeit ausscheidet), hierfür aber keine Garantie übernehmen will. Durch diesen Fall wird man nämlich auf ein Differenzierungskriterium gesto-

---

[85] Wistra 1990, 305; 1992, 95, 97.
[86] *Arzt/Weber*, Strafrecht Besonderer Teil, 2000, § 20 Rdn. 68; *Samson/Günther* Systematischer Kommentar zum StGB, § 263 Rdn. 57 f.
[87] *Samson/Günther* SK (Fn. 36), § 263 Rdn. 58.
[88] Festschrift für Hirsch, 1999, S. 431 ff., 444.
[89] BGHSt 34, 199, 201.

ßen, das in der bisherigen Diskussion übersehen worden zu sein scheint, nämlich ob die beim Opfer erregte Unsicherheit im Wirtschaftsverkehr als eine Chance gesehen und dementsprechend als eigener wertbildender Faktor wirkt oder ob die Bewertung mit einer Ja-oder-Nein-Entscheidung vor sich geht. Bei Gemälden ist – wegen der häufigen Unsicherheit, sie einem bestimmten Maler zuzuschreiben – allein schon die Möglichkeit, daß das Gemälde von der Hand eines prominenten Malers stammt, ein wertbildender Faktor, so daß die Annahme der Möglichkeit einen klaren und insoweit auch nicht von Zweifel beeinflußten Irrtum über *diesen* Wertfaktor darstellt (denn es gibt keinen Zweifel am Zweifel). Anders ist es dagegen, wenn bezweifelt wird, ob ein Ring aus Gold oder Messing ist: Hier ist die bloße Möglichkeit nichts wert, so daß derjenige, der unter Unsicherheit einen Ring unklaren Metalls kauft, bewußt ein Spekulationsgeschäft tätigt und von dem Verkäufer, der die bloße Möglichkeit von Edelmetall behauptet, nicht in einer relevanten Weise getäuscht worden ist.

Das sind unbestreitbar diffizile Erwägungen, bei denen man mit *Samson/Günther* die Frage aufwerfen könnte, ob der Begründungsaufwand gerechtfertigt sei. Aber ich möchte diese Frage klar bejahen, weil nur auf diese Weise eine gerechte Abstufung zwischen den unterschiedlichen Fallkonstellationen möglich ist: Wenn der Verkäufer wider besseres Wissen klar behauptet, das Gemälde stamme von dem berühmten Maler X bzw. der Ring sei aus Gold, dann begeht er einen vollendeten Betrug, wenn sein Kunde ihm glaubt und auch keine konkreten Zweifel mehr zurückbehält. Bezüglich des Gemäldes liegt auch dann ein vollendeter Betrug vor, wenn der Kunde zweifelt, aber immerhin die Möglichkeit der Herkunft des Bildes als solche als einen wertbestimmenden Faktor für gegeben hält. Im Fall des Ringes liegt hingegen in diesem Fall nur ein versuchter Betrug vor, weil derjenige, der einen Ring bewußt unter Unsicherheit hinsichtlich der Metallbeschaffenheit kauft, ein aleatorisches Geschäft tätigt, für das er keinen strafrechtlichen Schutz beanspruchen kann. Wenn schließlich der Verkäufer die Herkunft des Bildes bzw. die Metallbeschaffenheit des Rings ausdrücklich für ungewiß erklärt, aber die Möglichkeit der Urheberschaft des X bzw. der Goldbeschaffenheit des Rings behauptet, so liegt bezüglich des Ringes nicht einmal ein versuchter Betrug vor, hinsichtlich des Bildes dagegen (unter der Voraussetzung der Wertbeeinflussung durch die bloße Herkunftsmöglichkeit) sogar ein vollendeter Betrug.

III.

Eine außerordentlich vertiefte und auch verschärfte Kritik an dem viktimodogmatischen Ansatz im Betrugstatbestand hat zuletzt *Pawlik* vorgelegt[90], der die „Maßstabslosigkeit" der Viktimodogmatik rügt (S. 54) und der Anknüpfung an den konkreten Zweifel „offenkundige normative Ungereimtheiten" attestiert, weil dadurch das überobligationsmäßig skrupulöse Opfer mit Rechtsnachteilen belastet, das leichtsinnige Opfer dagegen privilegiert werde (S. 55). Was den Vorwurf der „Maßstabslosigkeit" anbetrifft, so dürfte *Pawlik* jedoch verkennen, welche Leistung die viktimodogmatische Maxime erbringt und wo ihre sozusagen natürlichen, von ihr selbst ohne weiteres akzeptierten Leistungsgrenzen liegen: Sie komplettiert, wie oben zum wiederholten Male festgestellt, die teleologische Auslegung, die zuvor allein vom geschützten Rechtsgut und deshalb gewissermaßen einäugig praktiziert worden war. Wenn sie prätendieren würde, auch schon eine Lösung der von ihr überhaupt erst in den Blick gerückten Abgrenzungsprobleme bereit zu halten, so wäre das schlechte Begriffsjurisprudenz; und ich werde sogleich noch darlegen, daß gerade der eigene Versuch *Pawliks*, die Lösung der konkreten Rechtsprobleme aus einer bestimmten Philosophie zu entwickeln, die nirgendwo den Rang einer Rechtsquelle erlangt hat, genau in diese Falle hineingeht. Zuvor ist noch zu unterstreichen, daß *Pawliks* zweiter Vorwurf der „offenkundigen normativen Ungereimtheiten" wegen der primären Anknüpfung an die Bewußtseinslage des indivi-

---

[90] In seiner Monographie „Das unerlaubte Verhalten beim Betrug" (Fn. 23), daraus auch die nachfolgend im Text zitierten Seiten.

duellen Opfers an den Gesetzgeber adressiert werden müßte, der nun einmal allgemein auf den (subjektiven) Irrtum und nicht auf (objektiv) leichtfertiges Verhalten abstellt, weshalb sich die als Auslegungsrichtlinie konzipierte Viktimodogmatik auch nur um eine Interpretation in diesem Rahmen bemüht und nicht etwa die legislatorische Wertentscheidung selbst beiseite schieben will.

Genau das unternimmt nun aber *Pawlik*, dessen eigene Lösung die Interpretation des Betrugstatbestandes mit Hilfe einer bestimmten Philosophie in Angriff nimmt, die nichts weniger prätendiert als die Erfindung des Strafrechts bis in die feinsten Verästelungen der Tatbestandsbildung aus einem aus der idealistischen, vorwiegend der Hegelianischen Philosophie unter Anreicherung mit funktionaler Systemtheorie entwickelten Naturrecht. An Stelle der Methode des Gesetzgebers, unter Benutzung der Umgangssprache Realität zu beschreiben, sublimiert *Pawlik* in den Fußstapfen von *Jakobs*[91] die real existierenden Rechtsgüter zum bloßen „Anerkanntsein" (scil. der Idee des Rechtsguts), und aus dem das rechtsgutsverletzende Geschehen beherrschenden Individuum wird derjenige, der „nach Maßgabe des allgemeinen Rechtsgesetzes (worunter *Pawlik* ein philosophisches Konstrukt und keine staatliche Rechtsnorm versteht) für die Gewährleistung der Integrität eines Rechtsguts des Opfers zuständig ist" (S. 47). Dementsprechend wird die Täuschung in § 263 StGB in den rein normativen Begriff der „Verletzung der Wahrheitspflicht" verwandelt (S. 65 ff., 103 ff. im Anschluß an *Jakobs* und *Kindhäuser*[92]). Da dementsprechend nicht die Täuschung die Rechtswidrigkeit, sondern die Rechtswidrigkeit die Täuschung begründen soll, gerät *Pawlik* freilich in die Schwierigkeit, Rechtswidrigkeitskriterien philosophisch erfinden zu müssen, weil es ja kein „Wahrheitsgesetzbuch" gibt. Und bei dieser Arbeit mit den konkreten Sachproblemen muß nun allerdings der Kothurn der Freiheitsphilosophie bald ver-

---

[91] Grundlegend *Jakobs*, Norm – Person – Gesellschaft, 2. Aufl. 1999, S. 35 ff., 98 ff.; zur Kritik *Schünemann*, Festschrift für Roxin (Fn. 3), S. 14 ff.
[92] Jakobs, Festschrift für Peters, 1974, S. 69 ff.; Kindhäuser, ZStW 103 (1991), 402 ff.

lassen werden, so wenn *Pawlik* etwa zu dem von mir oben (bei Fn. 31) behandelten Problemfall aus dem Bereich des Spendenbetruges darauf abhebt, daß eine Obliegenheit des Opfers darin bestehe, sich selbst in der Hand zu haben und ein gewisses Maß an Objektivität gegenüber dem eigenen Begehren an den Tag zu legen (S. 157). Die Viktimodogmatik argumentiert an dieser Stelle ganz offen, daß es kriminalpolitisch unvernünftig sei, jemanden in seinen Vorstellungen über nebensächliche Fragen außerhalb der zwischen den Parteien kommunizierten Geschäftszwecke strafrechtlich zu schützen, und ist auch durchaus bereit, darüber mit Gründen diskutieren zu lassen. Wenn diesem Vorgehen „Maßstabslosigkeit" vorgeworfen, statt dessen zunächst ein großes freiheitsphilosophisches Gebäude errichtet und dann von einer offenbar allgemein gedachten, nicht spezifisch strafrechtlichen Obliegenheit des Opfers gesprochen wird, Objektivität gegenüber dem eigenen Begehren an den Tag zu legen, dann muß sich freilich der Vertreter der Viktimodogmatik an das Bibelwort vom Splitter im Auge des einen und vom Balken im Auge des anderen erinnert fühlen. Jedenfalls führt es nicht weiter, genuin kriminalpolitische Probleme zunächst hinter einem ja nirgendwo rechtlich positivierten Philosophiegebäude unkenntlich zu machen und dann doch wiederum mit nirgendwo stringent abgeleiteten ad-hoc-Annahmen die in Wahrheit philosophisch gerade nicht lösbaren strafrechtsdogmatischen Fragen einer schein-deduktiven Lösung zuzuführen.

IV.

Auch die moderne Kritik an der Viktimodogmatik greift deshalb nicht durch. Vielmehr macht sie umgekehrt noch klarer, daß der viktimodogmatische Ansatz bei der interpretatorischen Arbeit unverzichtbar ist, weil er im Gegensatz zu seinen einem Inversionsschluß erliegenden Kritikern keine Ergebnisse vorab zu wissen behauptet, sondern die kriminalpolitischen Probleme ebenso wie das einschlägige Topoimaterial überhaupt erst vollständig in den Blick rückt und dadurch deren endgültige Lösung ermöglicht.

Legitimationsprobleme beim Betrug: Eine entstehungszeitliche Analyse

Joachim Vogel

A.

Wissenschaftliche Untersuchungen zum Betrug waren seit je her in besonderer Weise durch Geschichtsbewußtsein und rechtsgeschichtliche Quellenarbeit geprägt[1]. Dies verwundert für das 19. Jahrhundert kaum, hatte doch die Historische Rechtsschule in der Entstehungszeit des Betrugs[2] ihren Höhepunkt und ist der mo-

---

[1] Bis heute grundlegend *Merkel*, Kriminalistische Abhandlungen, Teil 1: Die Lehre vom strafbaren Betruge, 1867, S. 1 ff.

[2] Nach gängiger Auffassung ist der Betrug in seiner heutigen Form als Delikt der Vermögensbeschädigung durch Täuschung in Bereicherungsabsicht ein Werk der *Mitte des 19. Jahrhunderts* (*Arzt/Weber*, Strafrecht Besonderer Teil, Lehrheft 3, 2. Aufl. 1986, Rdn. 378; *Lackner*, in: Leipziger Kommentar StGB (LK), 10. Aufl., § 263 Rdn. 1; *Maurach/Schroeder/Maiwald*, Strafrecht Besonderer Teil Bd. 1, 8. Aufl. 1995, § 41 Rdn. 1; *Schaffstein*, Abhandlungen zur Strafrechtsgeschichte, 1986, S. 11 ff.; 171 ff.; *Schütz*, Die Entwicklung des Betrugsbegriffs in der Strafgesetzgebung (...), 1988, S. XXXIII; *Tiedemann* LK, 11. Aufl., Vor §§ 263 ff. Rdn. 12 ff.). *Lackner* (aaO. Rdn. 3) urteilt, der Durchbruch zum modernen Betrugsverständnis sei im Bereich der Gesetzgebung erst in den Vorarbeiten zum prStGB (1851) gelungen; auch in der wissenschaftlichen Auseinandersetzung lasse sich der Durchbruch kaum früher datieren, und erst die Arbeiten von *Temme*, *Köstlin* und *Merkel* (1841, 1858 und 1867) hätten Ausgangspunkt und Grundlage der ganzen modernen Diskussion zum Betrug als Vermögensdelikt gebildet (ebenso *Cramer*, Vermögensbegriff und Vermögensschaden im Strafrecht, 1968, S. 26: „entscheidende Monographien"). Auch *Naucke,* der gelegentlich für eine weiter in die Vergangenheit zurückgehende, insbesondere das prALR (1794) betonende Perspektive in Anspruch genommen wird (*Cramer* aaO. S. 23; *Schlüchter*, in: Trusen-FS, 1994, S. 573 [589 in Fn. 130]), ist nicht wirklich anderer Auffassung, da er nur annimmt, das prALR sei allein „Ausgangspunkt der Diskussion" gewesen (*Naucke*, Zur Lehre vom strafbaren Betrug, 1964, S. 62 sowie S. 65 f.).

derne Betrugstatbestand doch wesentlich in Auseinandersetzung mit den römisch- und gemeinrechtlichen Quellen zu den crimina falsi, dem crimen falsum und dem stellionatus entwickelt worden. Bemerkenswert ist aber, daß das rechtshistorische Interesse am Betrug bis heute in besonderer Weise fortbesteht, und zwar auch in dogmatisch orientierten Untersuchungen[3]. Es griffe zu kurz, dies durch die Intensität der entstehungszeitlichen Diskurse und deren besonderer Zugänglichkeit zu erklären. Vielmehr, so lautet die im folgenden zu belegende These, bestimmen diejenigen Legitimationsprobleme, welche sich in der Entstehungszeit des modernen Betrugs aus der Perspektive der lex ferenda stellten, bis heute maßgeblich die Diskussionen um die lex lata des § 263 StGB, und Rechtsgeschichte kann insoweit, wie *Schlüchter* treffend formuliert, als „Lehrmeisterin“[4] angesehen werden. Dieses Bild bedarf freilich der Verdeutlichung: Mit welchem Ziel und in welcher Weise können Lehren aus der Rechtsgeschichte gezogen werden?

In die *Strafrechtsdogmatik* können rechtsgeschichtliche Erkenntnisse vor allem über die historische Auslegung eingebracht werden. Allerdings ist dann zum einen die Grenze des noch vorhandenen Bezugs zum geltenden Recht zu beachten, was nach *Cramer* die Berücksichtigung nahezu aller gesetzlichen Regelungen vor dem prStGB (1851) und weitgehend auch der gemeinrechtlichen Doktrin bis 1820 aus-

---

Richtigerweise ist die Entstehungzeit des Betrugs früher anzusiedeln und beginnt mit dem (für sich allerdings ganz rückständigen) Codex Juris Bavarici Criminalis 1751. Wichtige Schritte hin zum modernen Betrugsverständnis enthalten die Strafrechtskodifikationen der Spätaufklärung, und bereits die Partikularstrafgesetze der ersten Hälfte des 19. Jahrhunderts gelangen im wesentlichen zum modernen Betrugstatbestand. Auch in der Theorie ist das Erfordernis einer Eigentumsverletzung – also einer Vermögensrechtsverletzung – für die Betrugsstrafbarkeit weit vor *Temme*, *Köstlin* und *Merkel* anerkannt. Deshalb ist es auch nicht zutreffend anzunehmen, der Betrug sei ein Kind des Wirtschaftsliberalismus und einer „materialistischen“ Denkweise (statt aller *Lackner* aaO. Rdn. 1); vielmehr wurzelt er in der Spätaufklärung und in einem allgemeinen Liberalismus. Eingehend hierzu *J. Vogel*, Betrugsstrafrecht, 2000.

[3] siehe *Cramer* (Fn. 2), S. 23 ff.; *Ellmer*, Betrug und Opfermitverantwortung, 1986, S. 22 ff.; *Naucke* (Fn. 2), S. 62 ff.; *Schütz* (Fn. 2), passim.

[4] *Schlüchter* (Fn. 2), S. 573, 590.

schließen soll[5]. Zum anderen stellt sich die Frage des Gewichts historischer Argumente. Hierzu hat bekanntlich *Naucke*[6] die Auffassung vertreten, Art. 103 Abs. 2 GG verpflichte dazu, einen Straftatbestand nur in der vom Gesetzgeber wirklich gewollten Form anzuwenden, also historisch oder subjektiv auszulegen; hingegen sei die objektiv-teleologische Auslegung von Verfassungs wegen ausgeschlossen. Für den Betrug bedeute dies, daß der Tatbestand nach den Vorstellungen des Reichsstrafgesetzgebers aus dem Jahre 1871 und, weil dieser sich im wesentlichen auf das prStGB (1851) bezogen habe, nach den Vorstellungen des preußischen Strafgesetzgebers auszulegen sei. Diese Auffassung steht weder mit der Rechtsprechung des Bundesverfassungsgerichts noch mit der ganz überwiegenden Lehre im Einklang[7]. Hiernach sind die subjektiven Vorstellungen der am Gesetzgebungsverfahren beteiligten Organe oder einzelner ihrer Mitglieder nicht maßgeblich, und die historische Auslegung ist nur nachrangig, indem sie eine grammatische, systematische oder objektiv-teleologische Auslegung bestätigen oder verbliebene Zweifel beseitigen kann; zudem kann das Gesetz infolge gewandelter tatsächlicher Umstände oder infolge eines Wertewandels einen anderen Sinn als vom historischen Gesetzgeber intendiert erhalten, und zwar auch im Strafrecht, soweit der noch mögliche Wortsinn nicht entgegensteht.

Das somit relativ geringe Gewicht der Strafrechtsgeschichte für die Strafrechtsdogmatik im engeren Sinne darf aber nicht zu dem Schluß verführen, Strafrechtsgeschichte sei für die *strafrechtswissenschaftliche* Durchdringung des geltenden Rechts überhaupt unbedeutsam. Dieser eignet nämlich ein transpositiver Zug, und Legitimationsfragen sind durchaus Gegenstand strafrechtswissenschaftlicher Erörterung. Unter diesem Gesichtspunkt gewinnt die historische Dimension bei § 263

---

5 *Cramer* (Fn. 2), S. 23.

6 (Fn. 2), S. 182 ff., 202 ff.

7 näher *J. Vogel*, Juristische Methodik, 1998, S. 128 ff. mit Nachweisen; speziell zum Betrug *Cramer* (Fn. 2), S. 28 ff.

StGB durchaus Gewicht, und die historische Analyse kann durchaus über 1851 hinaus in die Vergangenheit zurückgreifen und hat praktischen Wert für die Bewältigung von Gegenwarts- und Zukunftsaufgaben[8]. Dieser Wert ergibt sich insbesondere daraus, daß einmal aufgeworfene Argumente, Figuren und Metaphern eines juristischen Diskurses durch den Machtspruch des Gesetzgebers nicht schlechthin abgeschnitten werden können und nicht schlechthin verlorengehen: Im Recht gibt es „nur selten ... wirklich Vergangenes“[9]. Vielmehr kann der rechts- und kriminalpolitische Diskurs des Rechtsetzungsprozesses auch nach erfolgter Rechtsetzung als dogmatischer Diskurs im Rechtsanwendungsprozeß fortgeführt werden; dieser ist weder strukturell noch inhaltlich prinzipiell verschieden von jenem[10].

B.

Bekanntlich hat sich der moderne Betrugstatbestand in bewußter Abwendung vom crimen falsum des gemeinen Rechts herausgebildet, welches wiederum aus den tradierten crimina falsi einerseits und dem stellionatus andererseits entstanden war. Kern des falsum war die Wahrheitsentstellung zum (nicht notwendig: Vermögens-) Schaden eines anderen, in der Interpretation der spätaufklärerischen Rechts- und Strafrechtstheorie: die Verletzung des Rechts eines anderen auf Wahrheit. Ungeachtet aller zeitgenössischen Polemik gegen das Recht auf Wahrheit bleibt festzuhalten, daß der Betrug ursprünglich von seiner Handlungsseite, der Täuschung, her konstruiert und legitimiert wurde. Diese handlungsorientierte Legitimation auf eine erfolgsorientierte umzustellen und den Vermögensschaden als entscheidendes Kri-

---

[8] siehe allgemein *Ebert*, ZStW 90 (1978), 377, 410 und zum Betrug *Schütz* (Fn. 2), S. 210; auch *Wolter*, JZ 1976, 469, 473 (– zum Ladendiebstahl und zur „actio furti„).
[9] *Mayer-Maly*, JZ 1971, 1, 3.
[10] näher hierzu *J. Vogel*, Strafgesetz und Diskurs, 2000.

terium der Konstruktion und Legitimation auszuweisen, ist das *Leitmotiv* des entstehungszeitlichen Diskurses um den Betrug. Um diesen viel behandelten Problemkreis soll es im folgenden nicht gehen. Vielmehr sollen drei, sit venia verbo, *Nebenmotive* behandelt werden, mit denen Einwände auch gegen das moderne Konzept des strafbaren Betrugs als einer durch Täuschung bewirkten dolosen Vermögensbeschädigung vorgebracht wurden: erstens die Grenzlinie zwischen dem „civilrechtlichen" und dem „criminell zu ahndenden Betrug"; zweitens die möglichen Folgerungen aus der römisch-rechtlichen Parömie „vigilantibus iura scripta sunt"; und drittens das Problem der „naturalis licentia decipiendi". Modern gesprochen geht es erstens um die Subsidiarität des Strafrechts im Verhältnis zum Zivilrecht[11]; zweitens um das Problem der Opfermitverantwortung und der Subsidiarität des Strafrechts im Verhältnis zu zumutbarem Opferselbstschutz; und drittens um das Verhältnis von Strafrecht und Wirtschaftsmoral, welche Täuschungen, mögen sie auch zu Vermögensschäden führen, in weitem Umfange für erlaubt hält und überhaupt List als legitimes Mittel des Wirtschaftens anerkennt.

I.

Abgesehen von dem Übergang von einer handlungs- zu einer erfolgsorientierten Legitimation war eines der zentralen kriminalpolitischen Probleme der Entstehungszeit des modernen Betrugs, die „Grenzlinie zwischen den, bloß privatrechtli-

[11] In der Entstehungszeit des modernen Betrugstatbestandes geriet das Verhältnis zwischen Betrug und *Polizei- und Polizeistrafrecht* – modern gesprochen: Ordnungs- und Ordnungswidrigkeitenrecht – nur am Rande in den Blick. Immerhin spricht bereits *Merkel* (Fn. 1), S. 85, 108 ff. die Frage an: Ausgehend von der klassischen Konzeption, wonach Polizeistrafrecht weder eine Verletzung noch (relevante) Gefährdung von Rechten, sondern einen bloß „formalen" Widerspruch zu Ver- oder Geboten der öffentlichen Sicherheit oder Ordnung und damit keine materielle Schuld beinhalte, verweist er beispielsweise den polizeistrafbewehrten Verstoß gegen Meldepflichten aus dem Kriminalstrafrecht (S. 85). Auch sei die „Defraudation" von Steuern und Zöllen wesenhaft Nichterfüllung der

che Folgen nach sich ziehenden und zwischen den criminell zu ahndenden Fällen des Betruges"[12] zu ziehen.

1. Der gemeinrechtliche Ausgangspunkt bestand in einer weitgehenden Annäherung der Voraussetzungen des zivil- und des strafrechtlichen Betrugs[13], welche an die Parallelisierung von actio de dolo malo und stellionatus in den römischen Quellen anknüpfen konnte, sich wegen des bei beiden gegebenen Arglistmerkmals freilich keineswegs zwingend als Überdehnung des Strafrechts auswirkte. Gleichwohl war es das überwiegende Bestreben von Gesetzgebung und Wissenschaft in der Entstehungszeit, den strafbaren Betrug enger als den zivilrechtlichen zu fassen. Freilich ist die Behauptung, zu Beginn des 19. Jahrhunderts habe man zivilrechtliche Sanktionen für einen im wesentlichen ausreichenden Schutz gegen den Betrug gehalten[14], zu weitgehend und zu pauschal.
In der (Partikular-)Strafgesetzgebung schlug sich das Problem vielmehr vielfach in einer *Sonderregelung* des zeitgenössisch so genannten „*Betrugs in Vertragsverhältnissen*" nieder. Viel bemerkt worden ist die allerdings sehr weitgehende Regelung in II 20 § 1325 prALR (1794), wonach es für Betrug, der „in Contracten, oder sonst im Handel und Wandel verübt worden", bei den Vorschriften der bürgerlichen Gesetze sein Bewenden haben sollte, sofern der Betrug nur als „gemein", nicht als „grob", einzuordnen war. Die späteren Partikularstrafgesetze differenzierten meist stärker, und zwar regelmäßig entlang der damaligen zivilrechtlichen Unterscheidung zwischen dem „Hauptbetrug" bei „Entstehung" des Vertrages (dolus

---

Steuer- und Zollpflicht, also wesenhaft „Omissivdelikt" auch im Falle der Täuschung durch positives Tun und daher nur ein Delikt polizeilicher Natur.

12 Zitat aus *Marezoll*, Das gemeine deutsche Criminalrecht (...), 1841, S. 442; im gleichen Sinne *Goltdammer*, Die Materialien zum Straf-Gesetzbuche für die Preussischen Staaten, Bd. 2, 1852/1991, S. 533; siehe aus heutiger Sicht *Ellmer* (Fn. 3), S. 25 ff.; *Schütz* (Fn. 2), S. 190; auch *Naucke* (Fn. 2), S. 128.

13 *Schütz* (Fn. 2), S. 191.

14 so *Cramer* (Fn. 2), S. 27 in Fn. 23; *Lackner* LK, 10. Aufl., § 263 Rdn. 2.

causam dans) – also dem Fall, daß der durch Täuschung hervorgerufene Irrtum so wesentlich war, daß der Vertrag ohne ihn nicht abgeschlossen worden wäre – und dem „Nebenbetrug“ bei „Eingehung“ des Vertrages (dolus incidens) – wenn ohne den Irrtum der Vertrag nur zu anderen Bedingungen abgeschlossen worden wäre – sowie bei dessen Vollziehung[15]. So beschränkte das Strafgesetzbuch für das Königreich Baiern (1813) die Kriminalstrafbarkeit des Betrugs auf betrügliche Verkäufe einer nicht mehr vorhandenen oder bereits wirksam veräußerten Sache, einer Ware ganz anderer Gattung und Materie, als wofür sie ausgegeben, oder eines Gegenstandes, an dem der Käufer aus Rechtsgründen, insbesondere wegen verheimlichter Rechte eines Dritten, kein sicheres Eigentumsrecht erlangen konnte (Art. 259 Abs. 2). Im übrigen konnte der Betrug „bei Eingehung oder Vollziehung eines zweiseitigen, auf gegenseitigen Vortheil gerichteten Vertrags“ allenfalls polizeilich bestraft werden (Art. 259 Abs. 1), und bei einseitigen Verträgen wie Schenkung oder Leihe war der Versprechende (Schenker, Verleiher) – nicht freilich der Versprechensempfänger (Beschenkter, Entleiher) – von der Strafbarkeit gänzlich freigestellt (Art. 260)[16]. Dem entsprach im wesentlichen die Regelung in Art. 312 Criminalgesetzbuch für das Königreich Hannover (1840)[17]. Knapper bestimmte Art. 246 Nr. 1 Criminalgesetzbuch für das Königreich Sachsen (1838), daß nur Täuschungen über „wesentliche“ Gegenstände des Vertrages die Kriminalstrafbarkeit begründen konnten, und gestaltete den Betrug in Vertragsverhältnissen als Antragsdelikt aus[18], ebenso wie Art. 392 Abs. 2 Strafgesetzbuch für das Großherzogthum Hessen (1841), das den Betrug in Vertragsverhältnissen noch restriktiver nur bei „besonde-

[15] näher und mit Nachweisen aus der zeitgenössischen (auch Zivilrechts)Literatur *Merkel* (Fn. 1), S. 303 ff.; verkürzt *Schütz* (Fn. 2), S. 109 f.

[16] siehe die Anmerkungen zum Strafgesetzbuch für das Königreich Baiern, Bd. 2, 1813, S. 240 ff.; *Schütz* (Fn. 2), S. 60 ff.

[17] siehe auch *Schütz* (Fn. 2), S. 132.

[18] näher *Schütz* (Fn. 2), S. 91 ff.

rer Arglist“ strafbar stellte (Art. 392 Abs. 1 letzter Halbsatz)[19]. Das Arglistmerkmal war auch nach Art. 352 Abs. 3 Criminalgesetzbuch für das Königreich Württemberg (1839) entscheidend, wobei die Strafbarkeit zudem auf den „Hauptbetrug“ bei „Eingehung“ des Vertrages beschränkt war[20]. Freilich ist zu alledem zu bemerken, daß das zeitgenössische Zivilrecht und vor allem das zeitgenössische Zwangsvollstreckungsrecht durchaus „pönalere“ Züge trugen, als es heutiger Rechtslage entspricht („Schuldturm“). Außerdem wurde die Privilegierung des „Betrugs in Vertragsverhältnissen“ überwiegend von der Voraussetzung abhängig gemacht, daß der Täter mit einem „animus se obligandi“, also mit Verpflichtungs- (und damit auch Erfüllungs-) willen gehandelt hatte, im Gegensatz zu dem als Betrüger strafbarem Täter, der sich von vornherein ohne Gegenleistung in den Besitz des Vertragsgegenstandes setzen wollte und damit mit „animus lucri faciendi (furandi)“ handelte[21]. Damit waren weite Teile des heute so genannten Eingehungsbetrugs trotz der Sonderregelungen kriminell strafbar, mochte es auch überwiegender Auffassung entsprochen haben, die Vollendung erst mit wirklicher Schädigung eintreten zu lassen[22].

---

19 näher – aus zeitgenössischer Sicht – *Merkel* (Fn. 1), S. 312 ff.

20 eingehend *Schütz* (Fn. 2), S. 108 ff.

21 zusammenfassende Darstellung bei *Merkel* (Fn. 1), S. 294 f. mit Nachweisen; zu verkürzt *Schütz* (Fn. 2), S. 147 mit Fn. 18. – *Merkel* selbst stand dieser Auffassung kritisch gegenüber (aaO.). Er wies darauf hin, daß die verbreitete zivilistische Begründung, bei Fehlen des „animus se obligandi“ entstehe kein Vertrag, sondern der Betrüger benutze nur den Schein eines Vertrages, nach gemeinem Zivilrecht nicht zutraf (siehe heute §§ 116, 117 BGB). Daraus leitete er ab, daß der „animus se obligandi“, also die Erfüllungs*willigkeit*, kein tauglicher Täuschungsgegenstand sei, sondern nur die Täuschung über die Erfüllungs*fähigkeit* betrugsrelevant sei, und meinte im übrigen, daß die einschlägigen Fälle – insbesondere solche des Stoßbetruges – „richtiger als Unterschlagung oder sonstwie zu qualifizieren“ seien (aaO. S. 295).

22 siehe *Goltdammer* (Fn. 12), S. 547; *Merkel* (Fn. 1), S. 239: „Viele freilich sehen in der Täuschung über die Absicht des Promittenten beim Abschluß eines Geschäfts *versuchten* Betrug“ (Hervorhebung vom *Verf.* – aus den folgenden Ausführungen erhellt, daß nicht die erfolglose Täuschung gemeint ist); anders namentlich *Feuerbach*, Lehrbuch des peinlichen Rechts, 1801, § 414: „Betrug in Contracten ist daher sogleich mit der Vollkommenheit des Vertrags ... vollbracht“.

2. Für das *dogmatische* Verständnis des heutigen Betrugsstrafrechts ist die beschriebene Partikularrechtslage nur mehr *negativ* von Interesse: Es ist historisch eindeutig, daß der Gesetzgeber des prStGB (1851) und im Anschluß hieran derjenige des Strafgesetzbuchs für den Norddeutschen Bund und des RStGB (1871) eine Sonderbehandlung des „Betrugs in Vertragsverhältnissen" nach partikularrechtlichem Vorbild *ablehnten* und vielmehr davon ausgingen, die nötigen Restriktionen ließen sich über eine entsprechende (enge) Auslegung des Erfordernisses der Täuschung über (bestimmte) *Tatsachen* erzielen[23]. In *legitimationstheoretischer* Sicht sind die in der Entstehungszeit vorgebrachten Argumente aber bis heute von Interesse. Ihr *rechtstheoretisches* Fundament hatten bereits die berühmten Stellungnahmen *Kant*s und *Hegel*s zum Betrug gelegt.

Den Einwand, Beschädigungen des Vermögens seien für sich nicht ohne weiteres geeignet, Kriminalstrafe zu begründen, war mit aller Schärfe bereits in der berühmten und vieldiskutierten[24] Passage in *Kant*s „Metaphysik der Sitten – Rechtslehre" (1797/8) erhoben worden:

> „Diejenige Übertretung des öffentlichen Gesetzes, die den, welcher sie begeht, unfähig macht, Staatsbürger zu sein, heißt Verbrechen schlechthin (crimen), aber auch ein öffentliches Verbrechen (crimen publicum); daher das erstere (das Privatverbrechen) vor die Zivil-, das andere vor die Kriminalgerechtigkeit gezogen wird. – ... Betrug im Kauf und Verkauf, bei sehenden Augen des anderen[25], ... (ist) Privatverbrechen. Dagegen sind: falsch Geld oder falsche Wechsel zu ma-

---

[23] siehe nur *Goltdammer* (Fn. 12), S. 537, 542 f.

[24] siehe *Ellmer* (Fn. 3), S. 51 f.; *Eser*, in: Festschrift für Mestmäcker, 1996, S. 1005 (1008 ff. – soweit *Eser* meint, eine Auswertung dieser Stelle für das Verbrechensverständnis von *Kant* sei bisher nicht versucht worden [so S. 1009 in Fn. 23], trifft dies allerdings nicht zu); *Kindhäuser*, GA 1989, 493 (505); *Kühl*, in: Festschrift für Spendel, 1992, S. 75, 97; *Schütz* (Fn. 2), S. 192.

[25] Mit Recht weist *Ellmer* (Fn. 3), S. 52 darauf hin, daß hier der Gedanke der Opfermitverantwortung angedeutet ist.

chen ... öffentliche Verbrechen, weil das gemeine Wesen und nicht bloß eine einzelne Person dadurch gefährdet wird."[26]

Das materielle Kriterium, das nach *Kant* den Bereich des Strafrechts vom Zivilrecht abgrenzt, besteht also in der Gefährdung nicht bloß einer einzelnen Person, sondern auch des gemeinen Wesens mit der Folge, daß die Übertretung den Täter unfähig macht, Staatsbürger zu sein. Nun wäre es mit der Rechts- und Straftheorie *Kant*s kaum vereinbar, hieraus einen Vorrang – modern gesprochen – überindividueller Güter vor Individualgütern oder deren überindividuelle Interpretation abzuleiten[27]. Vielmehr ist der rechtliche Zustand auf den einzelnen bezogen, meint nämlich „dasjenige Verhältnis der Menschen unter einander, welches die Bedingungen einhält, unter denen allein jeder seines Rechts teilhaftig werden kann"[28]. Aber die öffentliche Gerechtigkeit als das „*formale* Prinzip der *Möglichkeit*"[29] des rechtlichen Zustandes ist auf einer höheren und formaleren Ebene angesiedelt. Deshalb ist das öffentliche Recht, zu dem auch für *Kant* das Strafrecht gehört, der Inbegriff der Gesetze für ein Volk, die den rechtlichen Zustand *ermöglichen*: „*um* dessen, was Rechtens ist, teilhaftig zu werden"[30]. Der Staat heißt gemeines Wesen „seiner *Form* wegen, als verbunden durch das gemeinsame Interesse aller, im rechtlichen Zu-

---

[26] Metaphysik der Sitten, A 95 f. = B 225 f. (zitiert nach der Theorie-Werkausgabe Immanuel Kant, hrsg. v. *Weischedel*, Bd. VIII, 6. Aufl. 1984).

[27] Demgegenüber meint *Eser* ([Fn. 24], S. 1005 [1009 f. mit Fn. 23 sowie 1015]), bereits bei *Kant* eine Tendenz zur „Entindividualisierung" und eine Entwicklung des Verbrechens „von der Individualverletzung zur Institutionalverletzung" ausmachen zu können. Denn ein nach Maßgabe des kategorischen Imperativs unmoralisches Verhalten entwerte ein abstrakt-generelles „Gut", insofern Ausgangspunkt der Beurteilung die allseits unternommene Handlung sei. Ebenso betreffe rechtsverletzendes Verhalten ein „Rechtgut„ im Sinne eines abstrakten, vom Recht geschützten Interesses, nämlich die Freiheit, die auf eine „institutionelle Ebene" gehoben sei. – Diese Erwägungen gehen in die Irre. Daß der freiheitstheoretischen Moral- und Rechtslehre *Kant*s – modern gesprochen – das Universalisierungsprinzip zugrundeliegt, bedeutet keineswegs, daß Freiheit bei *Kant* ein Universalgut (eine „Institution") wäre.

[28] *Kant* (Fn. 26), A 155 = B 154.

[29] wie vorige Fn.; Hervorhebungen vom *Verf.*

[30] *Kant* (Fn. 26), A 161 = B 191; Hervorhebung vom *Verf.*

stande zu sein"[31]. Daher verbleiben (Privat-) Rechtsverletzungen so lange im Bereich des Privatrechts (und des status naturalis[32]), wie sie nicht das gemeinsame Interesse aller, im rechtlichen Zustande zu sein, schlechthin in Abrede stellen, sich – modern gesprochen – nicht gegen *Bedingungen* des rechtlichen Zusammenlebens wenden. „Wer da stiehlt, macht aller anderen Eigentum unsicher"[33], wendet sich nämlich gegen die Institution Eigentum als Bedingung der Herstellung distributiver Gerechtigkeit[34]. Bezogen auf den Bereich der Wirtschaft geht es um Bedingungen rechtmäßigen Wirtschaftens, und es ist bemerkenswert, daß *Kant* hierzu insbesondere – erneut modern gesprochen – wirtschaftsrechtliche Institutionen wie das öffentlich-rechtliche Geldwesen oder den privatrechtlichen Wechselverkehr zählt.

Auch *Hegel* sieht einen „Unterschied des Betrugs vom eigentlichen Verbrechen"[35], den er in §§ 87-89 seiner Rechtsphilosophie zwischen dem „unbefangenen" Unrecht, das heißt dem Zivilunrecht, einerseits und dem Zwang und Verbrechen, das heißt dem Strafunrecht andererseits, ansiedelt[36]. Jenes enthält noch die Anerkennung des Rechts an sich, nämlich des Allgemeinen und Entscheidenden, „so daß die Sache dem gehören soll, der das Recht dazu hat. Der Streit betrifft nur die *Subsumtion* der Sache unter das Eigentum des einen oder des anderen" und macht damit die Sphäre des bürgerlichen Rechtsstreits aus[37]. „Unbefangen" ist Zivilunrecht, weil es dem es Verwirklichenden „als Recht für sich" gilt[38]; das Unrecht besteht

---

[31] wie vorige Fn.; Hervorhebung vom *Verf.*
[32] hierzu *Kant* (Fn. 26); A 155 f. = B 155 f.
[33] *Kant* (Fn. 26), A 198 f. = B 228; näher hierzu *Eser* (Fn. 24), S. 1005 (1009 f.) und hierzu bereits oben Fn. 27.
[34] hierzu *Kant* (Fn. 26), A 155 f. = B 154 ff.
[35] Grundlinien der Philosophie des Rechts, 1833, § 96 Anm., handschriftliche Anmerkung (zitiert nach der Suhrkamp-Werkausgabe, Bd. 7, 1988).
[36] näher *Ellmer* (Fn. 3), S. 52 ff.; *Flechtheim*, Die Hegelsche Strafrechtstheorie, 2. Aufl. 1936, S. 78 ff.; *Schütz* (Fn. 2), S. 192; je mit weiteren Nachweisen.
[37] *Hegel* (Fn. 35), § 85; Hervorhebung im Original.
[38] *Hegel* (Fn. 35), § 83 handschriftliche Anmerkung.

nur darin, daß die Person das, was sie will, für ihr Recht hält[39]. Dies scheint, modern gesprochen, darauf hinauszulaufen, daß unbefangenes und Zivil-Unrecht durch fehlendes Unrechtsbewußtsein, den irrigen Glauben, dem Recht gemäß zu handeln, gekennzeichnet ist[40] – was bei Betrugsunrecht nicht der Fall ist und weshalb der bekannte Zusatz zu § 89 den entsprechenden Schluß zieht:

> „Auf das bürgerliche und unbefangene Unrecht ist keine Strafe gesetzt, denn ich habe hier nichts gegen das Recht gewollt. Beim Betruge hingegen treten Strafen ein, weil es sich hier um das Recht handelt, das verletzt ist."

Auch abgesehen von der grundsätzlichen Fragwürdigkeit der Zusätze ist dies eine Verkürzung der im übrigen Text entwickelten Auffassung. Die Eigentümlichkeit des Betrugs besteht für *Hegel* darin, daß der Betrug „nicht gegen den (besonderen) Willen des Andern, aber gegen das Recht an sich und gegen (die) Sache (geht)"; Betrug „bringt mich um die Sache, aber läßt meinen subjektiven Willen frei"[41]. Es habe immerhin „mit dem Vertrage als beiderseitiger freier Einwilligung des Tausches über *diese* Sache, nach ihrer *unmittelbaren* Einzelheit, seine Richtigkeit"[42]. Freilich handele es sich nur um eine „äußerliche Gemeinsamkeit des Willens", und das Recht an sich als das Allgemeine, bei Sachen deren „innere Allgemeinheit teils nach dem Wert, teils nach dem Eigentum", werde durch den Betrüger zu einem nur Scheinenden herabgesetzt[43]. Gleichwohl ist damit nach *Hegel* die Sphäre des peinlichen Rechts noch nicht erreicht. Diese setzt nicht nur voraus, daß – wie vielfach zu stark in den Vordergrund gerückt wird – das Dasein der Freiheit in seinem konkreten Sinne, das Recht als Recht, verletzt wird, sondern auch, daß der besondere

[39] *Hegel* (Fn. 35), § 86 Zusatz.
[40] so *Ellmer* (Fn. 3), S. 53.
[41] *Hegel* (Fn. 35), § 87 handschriftliche Anmerkung.
[42] *Hegel* (Fn. 35), § 88.
[43] *Hegel* (Fn. 35), §§ 87, 88.

Wille des anderen durch Gewalt oder Zwang[44] aufgehoben wird[45]. Täuschung und List scheint *Hegel* aber nicht zu Gewalt und Zwang zu zählen: „Der Dieb vermeidet den Schein, gibt nicht den Schein des Rechts, den der Betrug gibt“[46].

Insgesamt ist *Hegel*s Auffassung nicht frei von Inkonsistenzen. Diese lassen sich insbesondere an seiner Stellungnahme zu den eigentlichen crimina falsi belegen. Meineid, Münz- und Wechselverfälschung zählen auch nach *Hegel* zu den Verbrechen, die das Recht als Recht verletzen[47]. Umgeben sich aber nicht auch der Meineidige, der Münz- oder der Wechselfälscher mit dem Schein des Rechts? Bemerkenswert ist, daß *Hegel* an dieser Stelle zur qualitativen Bestimmung des Maßes der Strafe einen durchaus modernen Strafgrund einführt: die „Gefährdung der öffentlichen Sicherheit“[48]. Die Gefährlichkeit beruht insoweit auf der „Allgemeinheit in der Vorstellung“, der „Unterbrechung der Kommunikation“, wofür ausdrücklich das Beispiel der Wechselverfälschung genannt wird[49]. Ersichtlich bestehen hier Parallelen zu der Auffassung *Kant*s von der Eigentümlichkeit der öffentlichen Verbrechen[50], und ersichtlich hält auch *Hegel* vorrangig den Institutionenmißbrauch für den legitimen Kern des (Wirtschafts-) Strafrechts.

3. Die Unterscheidung *Hegel*s zwischen dem „unbefangenen“ (Zivil-)Unrecht und dem Verbrechen als Verletzung des Rechts als Recht hatte bekanntermaßen größten Einfluß auf die *Strafrechtstheorie* des 19. Jahrhunderts. Die vielfältigen zeitgenös-

---

[44] Gemeint ist Drohung mit Gewalt: „(Es) kann ihm (sc. dem anderen) durch die Gewalt zur Bedingung irgendeines Besitzes oder positiven Seins eine Aufopferung oder Handlung gemacht, *Zwang* angetan werden„; *Hegel* (Fn. 35), § 90.

[45] *Hegel* (Fn. 35), § 95.

[46] *Hegel* (Fn. 35), § 90 handschriftliche Anmerkung.

[47] *Hegel* (Fn. 35), § 95 Anmerkung.

[48] *Hegel* (Fn. 35), § 96 Anmerkung. – Nach der handschriftlichen Anmerkung betrifft die „Sicherheit des Eigentums“ freilich nur die äußere, nicht die innere Notwendigkeit der Strafe.

[49] *Hegel*, wie vorige Fn.

[50] siehe hierzu *Ellmer* (Fn. 3), S. 53; *Flechtheim* (Fn. 36), S. 79 mit Fn. 4.

sischen Bemühungen, Zivil- von Strafunrecht abzugrenzen, hat *Merkel*[51] in bis heute gültiger Form zusammengefaßt und kritisiert. Unter den damaligen *objektiven* Unterscheidungsansätzen hebt er insbesondere die Thesen hervor, Strafunrecht verletze das Recht an sich, die objektive Rechtsordnung oder das objektive Recht, Zivilunrecht hingegen nur subjektive Rechte; Strafunrecht verletze „Gesamtinteressen", Zivilunrecht hingegen nur „Einzelinteressen"; und es betreffe Zivilunrecht im Unterschied zu Strafunrecht ersetzbare und veräußerliche Güter oder obligatorische (modern: relative) Rechte. Aber – so die Kritik *Merkels* – es sei jedes subjektive Recht objektiv-rechtlich begründet; es habe der staatliche Gemeinwille in allen seinen Funktionen mit dem Gemeininteresse zu tun, und zwar auch wenn es um Einzelinteressen gehe, so daß sich einerseits stets die Gesamtheit im Einzelnen verletzt sehe und andererseits durchaus auch mit der Wiederherstellung der Integrität des Einzelnen begnügen könne; und es genieße auch ersetzbares und veräußerliches Eigentum Strafschutz, ebenso wie obligatorische Rechte, etwa im Falle des Betrugs durch Abschwindelung einer Forderung. Bei den *subjektiven* Unterscheidungsansätzen setzt sich *Merkel* insbesondere mit der hegelianischen These auseinander, Strafunrecht sei im Unterschied zum „unbefangenen" Zivilunrecht dadurch gekennzeichnet, daß es eine bewußte Negation des Rechts enthalte, so daß sich Zivilunrecht auf culpose (fahrlässige), Strafunrecht auf dolose (vorsätzliche und mit Unrechtsbewußtsein begangene) Rechtsverletzungen beziehe. De lege lata wendet *Merkel* ein, daß es einerseits fraglose Fälle der Fahrlässigkeitsstrafbarkeit auch im Eigentumsbereich wie etwa die fahrlässige Brandstiftung ohne Leibes- oder Lebensgefährdung und andererseits gleichermaßen fraglose Fälle straflosen dolosen Handelns wie etwa absichtliche Nichtleistung auf eine als fällig und einredefrei erkannte Forderung gebe. Aber auch de lege ferenda und legitimationstheoretisch

---

[51] Kriminalistische Abhandlungen, Teil 1: Zur Lehre von den Grundeintheilungen des Unrechts und seiner Rechtsfolgen, 1867, S. 4 ff. und 32 ff.

verwirft *Merkel* die hegelianische Abgrenzung: Es sei weder einsichtig, daß das Strafrecht bei fortschreitender Verfestigung der Zivilrechtspflege in den Bereich dolosen Unrechts hinein ausgeweitet werden müsse, noch, daß sich das Strafrecht aus dem Bereich der Fahrlässigkeit zurückziehen müsse, wenn „mit dem Fortschritt der Kultur das öffentliche Gewissen empfindlicher werde, und die Bestrafung ... der Chikane, der Uebervortheilungen in Handel und Wandel etc." fordere[52].

Demgegenüber entwickelte sich bereits in der ersten Hälfte des 19. Jahrhunderts die (moderne) Auffassung, der Einsatz des Strafrechts sei „nur da gerechtfertigt, wo durch andere gelindere Mittel, insbesondere diejenigen, welche die Civilgesetzgebung darbietet, nicht der Zweck eben so gut erreicht werden kann"[53]. Damit ist das moderne *Subsidiaritäts- und ultima-ratio-Prinzip* begründet. *Merkel* als dessen bedeutendster Theoretiker leitete hieraus erhebliche Restriktionen für das Vermögens- und Betrugsstrafrecht ab: Erst wenn der Zwiespalt zwischen dem individuellen Willen des unrecht Handelnden und dem allgemeinen in der äußeren Tatsache, gegen die sich der Zivilzwang richtet, also der Vermögensbeschädigung, keinen erschöpfenden Ausdruck gefunden habe, sei Strafzwang legitim. Daran fehle es bei Vermögensverletzungen, die erstens in einer Form herbeigeführt würden, die an sich keine Rechtskränkung enthalte[54], und zweitens weder eine *dauernde* Vermögensbeschädigung noch die Gefahr einer solchen in sich schlössen, sondern bei denen die Mittel zur Erreichung vollständigen Ersatzes, wenn auch nur in der nicht verwehrten Zivilhilfe, von Anfang an bereit lägen[55]. Denn dann sei keine für die

---

[52] *Merkel* (Fn. 51), S. 37 f.

[53] *Mittermaier*, Annalen der deutschen und ausländischen Criminal-Rechtspflege, Bd. 6 (1838), S. 1 (f.); ebenso *Escher*, Die Lehre von dem strafbaren Betruge und von der Fälschung, 1840, S. 146; siehe auch *Ellmer* (Fn. 3), S. 25 f.

[54] Solche „Rechtskränkungen" oder „injuriösen Elemente" liegen nach *Merkel* (Fn. 51), S. 60 bei Raub und Erpressung, aber auch bei Sachbeschädigungen mit beleidigendem Charakter vor.

[55] *Merkel*, wie vorige Fn. – Der Gedanke der „unwiederbringlichen" Schädigung fand sich auch in der Partikularstrafgesetzgebung und hatte sich dort teilweise in Vorschriften über die *Schadenswiedergutmachung als strafausschließende tätige Reue* niedergeschlagen: §§ 227, 243 Criminalgesetz-

Gesamtheit beunruhigende Wirkung, ein „Gefühl der Unsicherheit", mehr gegeben[56]. Anders soll es nach *Merkel* freilich dann liegen, wenn die Tat – wie beim Diebstahl, aber auch beim *kriminellen* Betrug – ihrer Natur nach auf eine unwiederbringliche Beschädigung des Opfervermögens gerichtet ist. Damit wird der Betrug zu einem Delikt der *arglistigen Vereitelung der Zivil(rechts)hilfe*[57] und ist strafbar nur dann, wenn die Täuschung auf eine dauernde Wirkung dergestalt berechnet ist, daß sie weder sofort noch nachträglich entdeckt werden kann, so daß der Getäuschte keine Veranlassung hat, zivilrechtliche Ansprüche geltend zu machen, oder wenn die Geltendmachung solcher Ansprüche in anderer Weise verunmöglicht wird, beispielsweise bei Täuschung über die Identität oder die Zahlungsfähigkeit[58]. Beim Zivilzwang soll es verbleiben, wenn der Täter von Anfang an ersatzwillig ist oder das Opfer durch Verwertung von Sicherheiten Ausgleich erlangen kann[59]. Aber selbst bei unwiederbringlichen Schäden soll Strafzwang nicht stattfinden, wenn und soweit dies mit Blick auf die Parömien „vigilantibus iura sunt scripta" und die „naturalis licentia decipiendi" zu begründen sei[60]. Damit aber sind bereits die weiteren Legitimationsprobleme einer umfassenden Betrugsstrafbarkeit für den Diskurs der Entstehungszeit angesprochen:

---

buch für das Herzogthum Braunschweig (1840); Art. 49 sog. Thüringisches Strafgesetzbuch (1850). Andere Partikularstrafgesetzbücher ordneten immerhin erhebliche *obligatorische Strafmilderungen* an: Art. 376 in Verbindung mit Art. 396 Strafgesetzbuch für das Großherzogthum Hessen (1841); § 470 Strafgesetzbuch für das Großherzogthum Baden (1845).

[56] *Merkel* (Fn. 51), S. 63.

[57] *Merkel* (Fn. 1), S. 297.

[58] zusammenfassend *Merkel* (Fn. 1), S. 280.

[59] *Merkel* (Fn. 51), S. 66 ff. – Modern gesprochen fehlt es dann am Schaden.

[60] *Merkel* (Fn. 51), S. 72 ff.

II.

Den Untersuchungen von *Ellmer*[61] und *Schütz*[62] ist die Erkenntnis zu verdanken, daß die *Mitverantwortung des Betrugsopfers* ein weiteres zentrales kriminal-politisches Legitimationsproblem der gesamten Entstehungszeit des modernen Betrugsstrafrechts darstellte.

1. Die Tendenz zu dessen Einschränkung wurde vielfach an die römisch-rechtliche Parömie „vigilantibus iura sunt scripta“[63] sowie an die mehrfach erwähnte gemeinrechtliche Rechtslage angeknüpft, wonach der stellionatus ebenso wie die actio de dolo eine arglistige, das heißt qualifizierte Täuschung („magna calliditas“) voraussetzte. Dadurch gerieten maßgeblich das Opfer im allgemeinen und seine Selbstschutzmöglichkeiten im besonderen in den Blick, und nach verbreiteter Auffassung erschien es als „eine starke Zumuthung an das Strafgesetz, wenn man eine Strafe verlangt, weil ein leichtgläubiger oder guthmüthiger Mensch sich überlisten oder täuschen ließ, oder wenn man von der Obrigkeit verlangt, sie sollte den Champion für jeden Einfältigen machen“[64].

In der *Partikulargesetzgebung* schlug sich dies teilweise darin nieder, daß „Arglist“ nach gemeinrechtlichem Vorbild zur Voraussetzung der Strafbarkeit gemacht wurde[65]. In diesem Sinne wurde auch die Beschränkung des kriminellen Betrugs

---

[61] (Fn. 3), S. 29 ff.

[62] (Fn. 2), S. 196 ff., 200 ff.

[63] „Die Gesetze sind für die Wachsamen geschrieben„ vgl. Dig. 22.6.9.5.; 42.8.24.; Cod. Just. 7.40.2.pr.; näher *Ellmer* (Fn. 3), S. 28 mit Nachweisen. – Das deutsch-rechtliche Pendant ist derber und anschaulicher: „Augen auf oder Beutel auf“.

[64] *von Gönner*, Neues Archiv des Criminalrechts Bd. 7, 1825, S. 459 (468); im gleichen Sinne *Escher* (Fn. 53), S. 66; *Temme*, Die Lehre vom strafbaren Betruge und Diebstahl nach preussischem Rechte, 1841, S. 56.

[65] Art. 391 Strafgesetzbuch für das Großherzogthum Hessen (1841); § 450 Strafgesetzbuch für das Großherzogthum Baden; siehe auch Art. 352 Abs. 3 Criminalgesetzbuch für das Königreich Württemberg (1839) für Betrug in Vertragsverhältnissen (hierzu siehe auch *Ellmer* [Fn. 3], S. 58). – Näher *Schütz* (Fn. 2), S. 198.

auf den „groben“ Betrug im prALR (1794) gehandhabt. Eine ausdrückliche Regelung enthielt die Constitutio Criminalis Theresiana (1768), wo von dem „besonders hinterlistigen Betrug, den auch sonst verständige Leute nicht wohl fürsehen, und verhüten können“ die Rede ist (Art. 72 § 6 Satz 1); in der Formulierung ähnlich berücksichtigte es das Allgemeine Gesetz über Verbrechen und derselben Bestrafung Joseph II. (1787) strafschärfend, „wenn die gebrauchte List von solcher Art war, daß sich dagegen vorzusehen, oder sie zu verhindern, nicht wohl möglich gewesen“ (I 6 § 155 Satz 4 zweiter Halbsatz); und nach Art. 238 Abs. 1 des sog. Thüringischen Strafgesetzbuchs (1850) wurde es nicht als Betrug bestraft, „wenn der Irrthum des Anderen auf seiner eigenen Nachläßigkeit oder Unvorsichtigkeit beruhte und der den Irrthum Benützende sich rücksichtlich desselben nur unthätig verhalten hat“.

2. Auch hier ist für die heutige Dogmatik *negativ* zu vermerken, daß der historische Gesetzgeber des prStGB (1851) und, sich ihm anschließend, des RStGB (1871) derartige Restriktionen *verwarf* und die nötigen Restriktionen vielmehr durch den Bezugspunkt der Täuschung nur auf bestimmte „Thatsachen“ gewährleistet sah[66]. Gleichwohl bleibt erneut die zeitgenössische Diskussion aus legitimationstheoretischer Sicht bis heute von Interesse. Auch innerhalb der überwiegenden Auffassung, die eine – modern gesprochen – tatbestandliche Relevanz der Opfermitverantwortung nach dem Selbstverantwortungsprinzip wegen fehlender Strafschutzbedürftigkeit und -würdigkeit bejahte, war umstritten, ob ein abstrakt-genereller („objektiver“) oder ein konkret-individueller („subjektiver“) Maßstab anzulegen sei[67]. Zumindest bei geistig konstitutionell Schwachen wie Minderjährigen oder Schwachsinnigen, also besonders schutzbedürftigen und -würdigen Personen, wurde überwiegend einem subjektiven Maßstab das Wort geredet. Nach dem Vorschlag von

---

[66] eingehend *Schütz* (Fn. 2), S. 199 f.

Geib[68] sollte allgemein „die bei anderen Gelegenheiten von ihm (sc. dem Betrogenen) bewiesene Klugheit“ maßgeblich sein. Aber hiermit war bereits der Grund für sich später durchsetzende Gegenauffassung gelegt. Nach *Köstlin* beweist jeder gelungene Betrug, daß die Täuschung im Hinblick auf die Individualität des Opfers ausreichend gewesen sei; sei sie es nicht gewesen, verbleibe es beim bloßen Betrugsversuch; deshalb stehe allein der Unterschied zwischen Vollendung und Versuch, nicht aber zwischen Straf- und Zivilunrecht in Frage[69]. Weiterhin wurden Systemüberlegungen gegen eine Relevanz der Opfermitverantwortung ins Feld geführt: Ein allgemeines Rechtsprinzip, daß die „culpa“ (Fahrlässigkeit) des Opfers den „dolus“ (Vorsatz) des Täters „purgire“, gebe es nicht, und auch im Eigentumsstrafrecht, insbesondere beim Diebstahl, sei anerkannt, daß die Leichtfertigkeit des Verletzten die Strafbarkeit des Täters nicht berühre[70]. Vor allem aber war es der Gedanke *verkehrsnotwendigen Vertrauens*, der gegen eine – modern gesprochen – Tatbestandsrelevanz der Opfermitverantwortung ins Feld geführt wurde: Das andernfalls notwendigerweise entstehende allgemeine Mißtrauen sei geeignet, den geschäftlichen Verkehr, widerspreche Regeln des wirtschaftlichen und gesellschaftlichen Lebens zu lähmen und könne gar beleidigenden Charakter annehmen[71]. Damit ist – modern gesprochen – die Frage der Zumutbarkeit von Selbstschutzmaßnahmen des Opfers aufgeworfen.

---

[67] Analyse der verschiedenen Auffassungen (*Escher, Geib*) bei *Ellmer* (Fn. 3), S. 31 ff.

[68] Archiv des Criminalrechts N.F. Bd. 21 (1840), S. 97 (122), auch S. 195; wegen der Unsicherheit dieses Maßstabes kritisch *Mittermaier*, GS 10 (1858), 122 (138 f.).

[69] *Köstlin*, Zeitschrift für Civilrecht und Prozeß Bd. 14 (1858), S. 407. – Modern gesprochen nimmt *Köstlin* hier einen ex-post-Standpunkt ein und verkennt damit, daß das Handlungsunrecht adäquater ex ante bestimmt werden kann; kritisch auch *Ellmer* (Fn. 3), S. 33 f. in Fn. 76.

[70] Eindringlich *Friedreich*, Annalen der deutschen und ausländischen Criminal-Rechtspflege, Bd. 16, 1841, S. 305 (326 ff.); *Merkel* (Fn. 1), S. 261.

[71] siehe erneut *Friedreich*, wie vorige Fn.; auch *Escher* (Fn. 53), S. 66, 99 („Prinzip eines misanthropischen Mißtrauens“).

III.

Die aus heutiger Sicht vielleicht bemerkenswerteste Eigenart des entstehungszeitlichen Legitimationsdiskurses zum Betrugsstrafrecht ist die Offenheit, mit welcher der Problemkreis der Kompatibilität eines allgemeinen Betrugstatbestandes mit der herrschenden *Wirtschaftsmoral* diskutiert wurde. Damit zusammen hängt die Diskussion um die ins Verfahrensrecht hineinreichenden Fragen der *Effektivität und Praktikabilität* einer weitgehenden Inkriminierung des Betrugs.

1. Dabei bezeichnete die den Ausgangspunkt der Diskussion bildende, römischrechtliche Parömie der „naturalis licentia decipiendi"[72] einen nicht nur strafrechtsfreien, sondern überhaupt rechtsfreien Raum, der vielfach als Wettkampf zwischen Freien und *rechtlich* Gleichen mit den Waffen *tatsächlich* unterschiedlichen Spekulationsgeists und unterschiedlicher Klugheit beschrieben wurde: „Die Natur des Vermögensverkehrs ... bringt es mit sich, daß der Eine auf den Andern in selbstischem Interesse bestimmend einzuwirken sucht, und wenn hier die Grenze des Erlaubten sonst mit der zwischen wahrhafter und lügenhafter Beredsamkeit bezeichnet sein mag, so ist dies für die juristische Betrachtung keineswegs der Fall. ... (D)ie Lüge (hat sich) in allerlei Formen im Verkehre und in einer Weise eingebürgert, daß es ein unfruchtbares und von der öffentlichen Meinung keineswegs gebilligtes Unternehmen sein würde, mit den Zwangsmitteln der Justiz eine prinzipielle Fehde gegen dieselbe zu eröffnen"[73]. Dadurch sollten insbesondere Anpreisungen, prahlerische Reklame, ausschmückende Beredsamkeiten und glänzende Schilderungen, aber auch andere in kontradiktorischen Vertragsverhältnissen verkehrsübliche Täuschungen von (straf-)rechtlicher Sanktionierung ausgenommen werden.

---

[72] „natürliche Erlaubnis zu täuschen", vgl. insbesondere Dig. 4.4.16.4.; 19.2.22.3. (zur naturrechtlich erlaubten wechselseitigen Übervorteilung bei Kauf und Pacht); siehe *Ellmer* (Fn. 3), S. 26 f.; *Merkel* (Fn. 1), S. 258 f.

Doch griffe es zu kurz, die Lehre von der „naturalis licentia decipiendi“ als bloße Kapitulation des (Straf-)Rechts vor tatsächlichen Verhältnissen zu verstehen, mögen dies auch zeitgenössische Wendungen wie diejenige nahelegen, daß in Handel und Wandel nun einmal Lug und Trug regieren, womit jedermann rechnen und wogegen sich jedermann vorsehen, notfalls mit zivilrechtlichen Mitteln dagegen angehen müsse[74]. Vielmehr wurde ein durchaus grundsätzliches Verhältnis zwischen Wirtschaftsmoral einerseits und dem legitimen Umfang der Strafbarkeit im Betrugsbereich andererseits hergestellt. Rechtstheoretischer Hintergrund war insbesondere die Grundthese der Historischen Rechtsschule, das Recht sei Emanation des Volksgeistes. Deshalb hielt es *Temme*[75] für grundlegend verfehlt, neue Verbrechensarten wie insbesondere die Strafbarkeit der Verletzung eines Rechts auf Wahrheit „in das Volk hinein zu konstruieren“; vielmehr sei von entschiedenster Wichtigkeit für die Lehre vom strafbaren Betruge das „System der geschichtlichen, im Rechtsbewußtsein des Volkes begründeten Nothwendigkeit zu strafen“. Weniger zeitbefangen meinte *Mittermaier*[76], eine ungebührliche Ausdehnung des Strafrechts führe das Volk „in seinen rechtlichen Ansichten irre (...); es sieht Denjenigen, dessen Handlung es nicht für eine unerlaubte erkennt, in *eine* Klasse mit dem Verbrecher geworfen. Der Richter wird dann genöthigt, auch einen redlichen Bürger zu bestrafen, der Handlungen verübte, deren Strafwürdigkeit er nach den allgemein verbreiteten Ansichten nicht einsehen konnte“. Noch *Goltdammer*[77] stellt seiner Zusammenfassung der den Betrug betreffenden Beratungen zum Strafgesetzbuch für die preußischen Staaten zwar die Überlegung voran, daß zwar der christliche Staat auch für das Strafrecht von der strengsten Anforderung an die Moralität

---

[73] *Merkel* (Fn. 51), S. 72 f.
[74] siehe *Klien*, Neues Archiv des Criminalrechts Bd. 1, 1817, S. 124, 125.
[75] Fn. 64, S. 6.
[76] Annalen der deutschen und ausländischen Criminal-Rechtspflege Bd. 6, 1838, S. 1, 2; Hervorhebung im Original.
[77] Fn. 12, S. 532.

des Volkes ausgehen müsse, jedoch der Gesetzgeber in die allgemeine vielgestaltige Bewegung und Entwicklung des (Wirtschafts-)Verkehrs nicht eingreifen solle oder könne. Am schärfsten formulierte dann *Merkel* den kriminalpolitischen und straftheoretischen Zusammenhang: Wenn der strafrechtliche Schuldspruch „ideale Genugthuung für den verletzten Einzelnen und die beleidigte Gesellschaft, eine Demüthigung für den Verurtheilten“ ist, dann muß die Kriminalpolitik dem „ethischen Gepräge“ und dem „moralischen Volksurtheil“ Rechnung tragen[78]. Fehlt es an einem – modern gesprochen – sozialethischen Unwerturteil, ist Strafrecht illegitim: „Es soll die Schuld, die wir mit kriminellen Folgen verbinden, sich als eine solche dem sittlichen Bewußtsein ... gegenüber darstellen“[79]. Die wichtigste dogmatische Folgerung, die *Merkel* hieraus für den Betrug zog, war, daß solche Täuschungen, die nach einer im allgemeinen Bewußtsein lebenden Regel des Verkehrs als erlaubt angesehen werden, nicht betrugsrelevant seien[80].

Damit war in aller Klarheit die Frage der Abgrenzung zwischen – modern gesprochen – noch sozialadäquater Geschäftstüchtigkeit und bereits betrugsrelevanter Täuschung gestellt. In der Tat durchziehen das Problem der Nähe bestimmter Betrugshandlungen zu zulässiger und im Verkehr üblicher Spekulation und die daraus resultierende Aufgabe, in materiell adäquater und auch formell hinreichend bestimmter sowie praktikabler Art und Weise die Grenze zu ziehen, von Anfang an den entstehungszeitlichen Legitimationsdiskurs[81]. Erneut besteht der Lösungsversuch des modernen Rechts darin, die Grenze über den Täuschungsgegenstand „Tatsache„ und über die bewußte Nichterwähnung des „Be-„ oder „Ausnutzens“ eines Irrtums sowie des „Vorenthaltens“ der Wahrheit – des zeitgenössisch „negativer“ Betrug genannten Betrugs durch pflichtwidrige Nichtaufklärung – zu ziehen.

---

[78] *Merkel* (Fn. 1), S. 69 f., 71.
[79] *Merkel* (Fn. 51), S. 112.
[80] *Merkel* (Fn. 1), S. 262 (und öfter).

2. Zudem wurde in der Entstehungszeit die Frage der „politischen Nothwendigkeit" des Betrugsstrafrechts in aller Offenheit als Frage der Abwägung zwischen dessen Vor- und Nachteilen, modern gesprochen der Zweckmäßigkeit, Effektivität und Praktikabilität von Strafrecht, diskutiert[82]. Bereits in den Anmerkungen zum Strafgesetzbuch für das Königreich Baiern (1813)[83] hieß es, daß „eine zuweite Ausdehnung des Strafrechts auf Beschädigungen bei Verträgen dem Civilrechte vorgreifen und insonderheit wegen der bei Straffälligkeit unaufgefodert eintretenden Untersuchung mannichfaltige Intriguen veranlassen und den Verkehr stören würde". *Köstlin*[84] sah gar die Gefahr, daß bei zu weitgehendem Rechts- und Strafzwang gegen Täuschungen „die für den Aufschwung der ganzen modernen Zivilisation so unendlich wichtige Freiheit des Verkehrs in Frage steht ... (und) in unerträgliche Fesseln geschlagen würde", und auch für *Merkel*[85] gehörte es weder zur Aufgabe noch steht es in der Macht des Staates, „alle Umsicht und Selbstthätigkeit der Individuen durch ein universelles System der Bevormundung, durch allwege bereitete Ammendienste überflüssig zu machen". Eine wesentliche strafrechtskritische Rolle spielte namentlich der Gedanke, daß es eine „immense, geradezu unmögliche Last" für Polizei- und Kriminalbehörden sei, auch ohne Klage des Verletzten von Amts wegen bei jedem Verdacht einer widerrechtlichen, schädigenden Täuschung zu ermitteln; und „(wenn) man diese Maxime im Ernste in Anwendung bringen wollte, so weit es wenigstens möglich wäre, so würden wohl bald alle Gefängnisse über-

---

[81] Siehe etwa *Mittermaier*, Annalen der deutschen und ausländischen Criminal-Rechtspflege Bd. 6, 1838, S. 1, 2; aus heutiger Sicht *Naucke* (Fn. 2), S. 71.

[82] Siehe – statt aller – *Escher* (Fn. 53), S. 64 f.; aus heutiger Sicht die zutreffende Analyse bei *Schütz* (Fn. 2), S. 194 f.; für die Beratungen zum prStGB (1851) anders *Naucke* (Fn. 2), S. 71: Die Bestrafung des Betrugs sei hier „als Problem der Gerechtigkeit, nicht der Zweckmäßigkeit" diskutiert worden.

[83] Bd. 2 S. 241 (Anmerkung zu Art. 259, 260).

[84] Zeitschrift für Civilrecht und Prozeß Bd. 13, 1856, S. 294, 295.

[85] (Fn. 1), S. 256 f.

füllt sein“[86]. In der Partikularstrafgesetzgebung schlug sich der Gedanke vielfach in Antragserfordernissen, insbesondere bei „Betrug in Vertragsverhältnissen“, nieder[87]. Erneut ist freilich zu bemerken, daß dies vom preußischen Gesetzgeber bewußt verworfen wurde, insbesondere weil sich die meisten Betrugsfälle in Vertragsverhältnissen abspielen und die Eingrenzung über die Erfordernisse der Täuschung über „Tatsachen“ und des Vermögensschadens sichergestellt schien.

C.

Mit der Positivierung des modernen Betrugs scheinen sich die entstehungszeitlichen Legitimationsfragen – Subsidiarität zum Zivilrecht; Opfermitverantwortung; Verhältnis Betrug und Wirtschaftsmoral – erledigt zu haben. Die vermögensbeschädigende Täuschung in Bereicherungsabsicht ist als Kriminalunrecht festgeschrieben; Opfermitverantwortung ist nach der Gesetzesfassung unerheblich; desgleichen die Frage der Wirtschaftsmoral, zumal sich der Betrugstatbestand als durchaus praktikabel erwies.

In der Tat spielen die genannten Legitimationsfragen in der Betrugsdogmatik des späten 19. und frühen 20. Jahrhunderts – dem Zeitalter des Gesetzespositivismus – kaum eine Rolle mehr. Der Preis des Positivismus war allerdings, daß der Umfang

---

86 *Escher* (Fn. 53), S. 59; ähnlich *Mittermaier*, in: Annalen der deutschen und ausländischen Criminal-Rechtspflege, Bd. 6 (1838), S. 1 (3); siehe auch Motive zum Entwurf 1828 des Strafgesetzbuchs für die preußischen Staaten, Bd. 4, S. 180 ff. und hierzu eingehend *Naucke* (Fn. 2), S. 72 f.

87 Art. 246 Abs. 2 Criminalgesetzbuch für das Königreich Sachsen (1838); Art. 352 Abs. 4 Criminalgesetzbuch für das Königreich Württemberg (1839); § 244 in Verbindung mit § 227 Criminalgesetzbuch für das Herzogthum Braunschweig (1840); Art. 392 Abs. 2 Strafgesetzbuch für das Großherzogthum Hessen (1841); § 456 Strafgesetzbuch für das Großherzogthum Baden (1845). Auch die Entwürfe 1830, 1833 und 1836 des Strafgesetzbuchs für die preußischen Staaten enthielten Antragserfordernisse (näher *Goltdammer* [Fn. 12], S. 537).

der Betrugsstrafbarkeit schleichend immer stärker ausgeweitet wurde[88]. So wurde die – vom Gesetzgeber in dieser Form nicht gewollte – Strafbarkeit der arglistigen Vertragserschleichung durch die ingenuöse Konstruktion des Eingehungsbetruges etabliert. Die – vom Gesetzgeber als begrenzend konzipierte – Gesetzesfassung der Täuschungshandlung wurde zunehmend durch Konstruktionen wie die konkludente oder die Täuschung durch garantenpflichtwidrig unterlassene Aufklärung ersetzt, was zu einer erheblichen Ausweitung möglicher Täuschungen und spiegelbildlich zu einer empfindlichen Einschränkung sozial- oder wirtschaftsadäquater Irreführungsstrategien führte, zumal selbst gröbstes Mitverschulden nur auf der Strafzumessungsebene berücksichtigt wurde (und wird). Schließlich wurde der Schadensbegriff immer weiter ausgedehnt, in den Bereich der Vermögensgefährdung vorverlagert und durch dogmatische Figuren wie dem individuellen Schadenseinschlag oder der Zweckverfehlung subjektiviert.

Aber Legitimationsfragen lassen sich nicht gesetzespositivistisch stillstellen. Deshalb ist in der neueren Betrugsdogmatik eine Renaissance der beschriebenen entstehungszeitlichen Diskurse zu bemerken. Am deutlichsten wird dies bei den neueren „viktimologischen" oder „viktimodogmatischen" Lehren, die das Subsidiariätsprinzip auf das Verhältnis zwischen Schutz durch öffentliche Strafe und privatem zumutbaren Opferselbstschutz erstrecken wollen[89]. Deshalb soll bei grobem Opfermitverschulden der Betrugstatbestand teleologisch zu restringieren (oder reduzieren), nämlich ein betrugsrelevanter Irrtum oder ein betrugsrelevanter Zurechnungszusammenhang zwischen Täuschung und Irrtum bzw. Irrtum und Vermögensverfügung abzulehnen sein. Überhaupt wird zunehmend der Ruf nach einer Restriktion der ausufernden Täuschungsdogmatik laut, die sich immer stärker über

---

[88] näher hierzu *J. Vogel* (Fn. 2).

[89] grundlegend *Schünemann*, in: Festschrift für Faller, 1984, S. 357 ff.; siehe weiterhin *Amelung*, GA 1977, 1 ff.; *Arzt*, MschrKrim 1984, 105 ff.; *Ellmer* (Fn. 2); *Giehring*, GA 1973, 1 ff.; *R. Hassemer*, Schutzbedürftigkeit des Opfers und Strafrechtsdogmatik, 1981.

Verkehrsmaßstäbe hinwegsetzt. Neben den älteren Lehren über „sozialadäquate" Täuschungen oder bloße „Geschäftstüchtigkeit" ist hier die Tendenz zu erwähnen, das „Recht auf Wahrheit" wiederzubeleben, um solche Täuschungen, die kein – wie auch immer begründetes – Recht des Opfers auf Wahrheit verletzen, aus dem Betrugstatbestand auszunehmen[90]. Schließlich gewinnt der Gedanke der Subsidiarität des Betrugsstrafrechts zum Zivilrecht vor allem bei der Schadensdogmatik zunehmend an Boden. So wird gegen „personale" Schadenslehren und gegen die Lehren vom individuellen Schadenseinschlag und von der Zweckverfehlung eingewendet, hierdurch werde im Ergebnis die bloße Dispositionsfreiheit des Opfers geschützt; diesen Schutz gewährleiste aber bereits das Zivilrecht (namentlich durch § 123 BGB)[91]. Es ist kein Zufall, daß viele dieser Lehren auch betont historisch argumentieren: Sie machen Gebrauch von der Rechtsgeschichte als Lehrmeisterin und davon, daß es im Recht kaum je wirklich Vergangenes gibt.

---

[90] *Kindhäuser*, ZStW 103 (1991), 398 ff.; eingehend nunmehr *Pawlik*, Das unerlaubte Verhalten beim Betrug, 1999.
[91] statt aller *Tiedemann* LK, 11. Aufl., Vor §§ 263 ff. Rdn. 29.

Der Betrug im Lichte einer neuen Tatbestandskonzeption
Betrug und objektive Zurechnung

Carlos Suárez González

A.

I.

In den nachfolgenden Betrachtungen soll es um die Frage gehen, wie die Kriterien objektiver Zurechnung im Rahmen des Betrugstatbestandes eingesetzt werden sollen. Dabei wird von dem in Art. 248 Nr. 1 des neuen, am 25. Mai 1996 in Kraft getretenen CP (Código penal, spanisches Strafgesetzbuch) enthaltenen Betrugsbegriff ausgegangen, der folgenden, mit der Fassung des alten CP und § 263 StGB weitgehend übereinstimmenden Wortlaut zur Beschreibung des tatbestandsmäßigen Verhaltens verwendet: „Betrug begeht, wer mit Bereicherungsabsicht eine hinreichende Täuschung verwendet, um bei einem anderen einen Irrtum zu erregen, aufgrund dessen dieser eine Vermögensverfügung zu seinen oder eines Dritten Lasten durchführt".

II.

Insbesondere geht es mir darum, aufzuzeigen, wie auf der Grundlage der Zurechnungskriterien das Betrugselement der „hinreichenden Täuschung" zu bestimmen ist. Ich verzichte im hiesigen Rahmen auf eine eingehende Diskussion der ihrerseits interessanten Problematik der Zurechnung des zugefügten Vermögensschadens, der wiederum mit dem Irrtum und der Vermögensverfügung verkettet ist.

Herkömmlicherweise ist die Täuschung in der Lehre als Unwahrheit in Wort oder Tat definiert worden. Auf der Grundlage dieser Begriffsbestimmung ist versucht worden, die Sachverhalte tatbestandlicher Täuschung einzugrenzen. Wie in Spanien *Pérez Manzano* in Erinnerung ruft, bedienen sich diese Versuche der Eingrenzung verschiedener Argumente: Einerseits wird behauptet, nicht jede Lüge genüge dem ersten der Betrugsmerkmale; andererseits wird darauf hingewiesen, die Voraussetzung einer für den Irrtum hinreichenden Täuschung – ausdrücklich enthalten im spanischen CP, wenn auch nicht im StGB – beweise die Notwendigkeit, die bloße Lüge müsse in Begleitung einer täuschenden Manipulation oder Inszenierung erfolgen[1]. Hierbei ist hervorzuheben, daß, obwohl die Begriffsbestimmung des CP beim Betrug den „hinreichenden" Charakter der Täuschung enthält, andererseits in der tatbestandlichen Beschreibung – im Gegensatz zu § 263 StGB – nicht davon die Rede ist, das Täuschungsverhalten müsse in der „Vorspiegelung falscher oder Entstellung oder Unterdrückung wahrer Tatsachen" bestehen.

Fragt man, welche Kriterien bislang zur Unterscheidung einer bloß zivilrechtlich relevanten Täuschung von der den Unrechtstatbestand des Betrugs erfüllenden Täuschung eine Rolle gespielt haben, so stellt man zunächst fest, daß die herrschende spanische Rechtsprechung ein subjektiv-zeitliches Kriterium verwandt hat: Wenn die Absicht, die entsprechende Verpflichtung nicht zu erfüllen, vor dem Abschluß des Rechtsgeschäftes vorhanden ist (dolus antecedens), ist das Verhalten strafrechtlich relevant; entsteht diese Absicht aber erst später (dolus subsequens), handelt es sich um eine nur zivilrechtlich relevante Nichterfüllung.

---

[1] *Pérez Manzano*, in: Schünemann/Suárez González (Hrsg.), Bausteine des europäischen Wirtschaftsstrafrechts, Madrid-Symposium für Klaus Tiedemann, 1994, S. 213 ff., 217; *dies.*, in: Bajo Fernández u.a. (Hrsg.), Compendio de Derecho Penal (Parte Especial), Bd. II, Madrid, S. 443 f.

III.

Diese Haltung der Rechtsprechung entspricht einer schon alten Linie[2]; als Paradebeispiel dieser Rechtsprechung kann die Entscheidung des Tribunal Supremo (TS) vom 6.2.1989 angeführt werden. In ihr wurde ein Unternehmer verurteilt, der bei einem anderen Betrieb 11.000 Aluminiumröhren für einen Beitrag von ungefähr 12 Millionen Peseten[3] gekauft hatte; dabei wurde eine Anzahlung von 2 Millionen Peseten geleistet und der restliche Betrag auf spätere Termine zur Zahlung angesetzt, aber nicht bezahlt. Nach Ansicht des TS geht es bei der Bestimmung der Eignung der Täuschung („hinreichende Täuschung") *nicht* um einen objektiven Maßstab, nach dem die in der Täuschung liegende Unwahrheit oder Manipulation geeignet sein müßte, einen *durchschnittlich sorgfältigen Menschen* zu täuschen; vielmehr ist für den TS ausschlaggebend, daß die Täuschung zur Beeinflussung des *konkreten Willens* des Getäuschten ausreicht.

IV.

Der TS nimmt an, im Bereich des Schuldrechts seien zwei Arten des sogenannten zivilrechtlichen Vorsatzes anzutreffen: erstens der Vorsatz als Grundlage eines Willens- oder Einwilligungsfehlers im Sinne der Art. 1265, 1269 und 1270 CC (Código civil, spanisches Zivilgesetzbuch), der leicht auch als strafrechtlich relevant eingestuft werden könne, wenn die anderen Voraussetzungen des tatbestandsmäßigen Verhaltens des Betruges gegeben sind; und zweitens der Vorsatz anläßlich der Nichterfüllung von vertraglichen Verpflichtungen, der zu einem späteren Zeitpunkt eintritt, auf den sich Art. 1101 und 1102 CC beziehen, und der nur schwerlich in den strafrechtlichen Bereich einzubeziehen sei, da der Vermögensschaden vor seiner Bildung eintritt.

---

2 Vgl. die neueren Beispiele des Tribunal Supremo (TS), der cum grano salis dem BGH entspricht: Entscheidungen SSTS von 15.7.1988; 3.11.1988; 6.2.1989; 20.9.1989; 10.10.1989; 25.10.1989; 27.9.1991.

5. Doch schon eine erste Lektüre des Wortlautes des Art. 248 Nr. 1 CP zeigt, daß – entgegen der Rechtsprechung des TS – das Vorhandensein des „dolus" (antecedens, nebst Bereicherungsabsicht), ein fremdes Vermögen zu schädigen, nicht stets ausreicht, um ein Betrugsdelikt anzunehmen. Und zwar aus dem einfachen Grund, daß aus dem Wortlaut des Art. 248 CP eindeutig abzuleiten ist, nicht jede Täuschung sei tatbestandsmäßig, sondern es müsse sich vielmehr um eine „*hinreichende* Täuschung" handeln. Es geht also um die Bestimmung, durch teleologische Auslegung, des „Schutzbereichs der Norm" des Art. 248 CP[4]. Mit anderen Worten, präziser formuliert: Es muß festgestellt werden, welches das „rechtlich unerlaubte Risiko" ist, das sich in der hinreichenden Täuschung materialisiert.

Die wohl verbreitetste Antwort lautet folgendermaßen: „Hinreichende oder geeignete Täuschung – wobei dies als Unwahrheit in Wort oder Tat, mit oder ohne Inszenierung verstanden wird – ist diejenige, die eine irrtumsbedingte Vermögensverfügung hervorzurufen geeignet ist." Diese Argumentation ist in letzter Zeit von einigen Autoren mit dem Hinweis angereichert worden, auch die objektive Vorhersehbarkeit sei hier einzubeziehen, denn gerade darin bestehe die Risikoschaffung, die den ersten Schritt der objektiven Zurechnung beim Betrugsdelikt darstelle. Zudem wird hinzugefügt, bei der ex-ante-Wahrscheinlichkeitsbeurteilung der Täuschungshandlung seien „die einem sorgfältigen Menschen im gesellschaftlichen Kreis des Täters bekannten oder erkennbaren Umstände zuzüglich der dem Täter aufgrund seiner Sonderkenntnisse bekannten oder erkennbaren Umstände" einzubeziehen[5]. Das heißt – wie zum Beispiel *Pérez Manzano* vertritt –, die Frage, ob eine unwahre Angabe ex ante objektiv geeignet ist, hänge davon ab, ob sie in einer großen Anzahl von Fällen einen durchschnittlich sorgfältigen Menschen zu täuschen geeignet ist. So soll etwa die Vorspiegelung des Eigentums am Prado-Museum durch dessen angeblichen Verkäufer einen durchschnittlich sorgfältigen

---

3 Entspricht ca. 7.000 Euro.

4 *Torío*, Festschrift für Antón Oneca, 1982, S. 883 ff.

5 *Pérez Manzano*, in: Schünemann/Suárez González (Fn. 1), S. 217 f.; *dies.*, in: Bajo Fernández u.a. (Fn. 1), S. 443 f.

Menschen nicht täuschen können[6], zumal die Gefährlichkeitsschwelle nicht einmal dann überschritten sein soll, wenn – wie in einem bekannten Fall aus der spanischen Rechtsprechung (19/1/1976) – Uhren als echte Omega- oder Rolexuhren zu einem Preis von 14 DM feilgeboten werden[7]. Die Anwendung dieser These auf Fälle eines Kreditersuchens, bei dem in dem entsprechenden Formblatt bei der Angabe des Besitzstandes des künftigen Kreditnehmers zum Nachweis der Zahlungsfähigkeit auf nicht existierende Güter Bezug genommen wird – ohne daß irgendwelche Dokumente zur Bestätigung hinzugefügt werden –, führt ebenfalls zu einer Verneinung der objektiven Eignung der Täuschung, denn „das objektive Vorhersehbarkeitsurteil muß negativ ausfallen"[8]. Das würde zweifellos anders sein, wenn das Opfer eine exotische oder ungenügende Sozialisation aufwiese und dies dem Täter bekannt wäre.

In eine ähnliche Richtung, zumindest im Ergebnis, gingen schon die vor längerer Zeit angestellten Überlegungen von *Naucke*[9], der vorschlug, den Strafbarkeitsbereich durch die Voraussetzung einer adäquaten Kausalität zwischen Täuschung und Irrtum zu begrenzen. Nur allgemein geeignete Täuschungshandlungen und nicht diejenigen Täuschungen, die nur aufgrund einer groben Leichtgläubigkeit des Opfers zur Verfügungshandlung führen, sollen für den Betrug relevant sein. Das heißt, die Kriterien, die im Bereich der Delikte gegen das Leben und die körperliche Unversehrtheit zur Bestimmung eines Adäquanzverhältnisses zwischen Verhalten und Erfolg vorgebracht werden, sollen beinahe unverändert auch zur Bestimmung der Eignung der Täuschung verwandt werden.

Zweifellos kann eine zur Täuschung einer bestimmten Person geeignete Handlung bei einer anderen Zielperson unzureichend sein. Offensichtlich ist auch, daß ein objektives Täuschungsmaß auf der Grundlage der konkreten Kenntnisse zu bestim-

---

6 *Pérez Manzano*, in: Schünemann/Suárez González (Fn. 1), S. 218.
7 *Pérez Manzano* (Fn. 6); dies., in: Bajo Fernández u.a. (Fn. 1), S. 445.
8 *Pérez Manzano* (Fn. 6).
9 Festschrift für Peters, 1974, S. 109 ff., 118 f.

men ist. Niemand wird bestreiten, daß der Versuch des Verkaufs des Prado-Museums oder des römischen Kolosseums kaum zu einem Vermögensschaden führen kann, es sei denn, es handelt sich bei den Zielpersonen um Subjekte mit schwerwiegenden kognitiven oder volitiven Störungen – deshalb ist die Lösung *Nauckes* abzulehnen -, doch damit ist die vaexata questio nicht beantwortet, welches Täuschungsverhalten der Verbotsmaterie entspricht. Das heißt, ob der Versuch, das Prado-Museum oder das römische Kolosseum zu verkaufen, zumindest einen Ausführungsbeginn darstellt und somit eine Haftung wegen untauglichen Versuchs begründet. Die Behauptung, tatbestandsmäßige Täuschung sei diejenige, die auf der Grundlage der objektiven Vorhersehbarkeit zu einem Irrtum führen könne, und die daraus folgende weitere Behauptung, jede objektiv vorhersehbare Täuschung, die eine irrtumsbedingte Vermögensverfügung verursache, sei tatbestandsmäßig, ist nichts anderes als eine zirkuläre Argumentation, die die Hauptfrage ungelöst läßt: Welche Verhaltensweisen strafwürdig sind und welche nicht. Warum ist keine hinreichende Täuschung im Sinne des Betrugsdelikts gegeben, wenn in der Werbung für eine Schönheitscreme behauptet wird, deren ständige Benutzung über einen Monat führe zu einer sanften Haut wie derjenigen der bekanntesten Models? Oder wenn für magnetisiertes Wasser als Wunderheilmittel geworben wird, auch wenn eine Magnetisierung von Wasser physikalisch ein Ding der Unmöglichkeit ist? Warum ist keine hinreichende Täuschung anzunehmen, wenn ein nicht mehr ganz junger und an seinen Kräften zweifelnder Mann angesichts eines voraussichtlich anstrengenden Abends auf einem Fest ein in Wahrheit nutzloses, aber in höchsten Tönen gepriesenes und in Apotheken verkauftes potenzstärkendes Mittel kauft?

Das Problem – wie *Kindhäuser*[10] festgestellt hat – liegt darin, daß unter ausschließlichem Bezug auf das Element der Täuschung die Differenzierung zwischen tatbestandsmäßiger und nicht tatbestandsmäßiger Täuschung nicht zu leisten ist. Auch

---

[10] ZStW 103 (1991), 398, 399 f.

die zusätzliche Voraussetzung einer „hinreichenden“ Täuschung, wie im spanischen CP, vermag das Problem nicht zu lösen. Dies ist dann nur – wie bislang herkömmlicher Weise geschehen – auf der Grundlage von verschiedenen Topoi zu erreichen.

Trotzdem sind in der deutschen Lehre folgende Vorschläge zur Bestimmung des Schutzbereichs der Norm – und demzufolge der zur Tatbestandserfüllung geeigneten Täuschung herausgearbeitet worden: a) Das aufgrund konkreter Anhaltspunkte zweifelnde Opfer verdiene keinen Schutz. b) Es verdiene auch keinen Schutz, wenn es über eine umsetzbare Selbstschutzmöglichkeit verfüge[11]. Die Einbeziehung des Opferverhaltens bei der Beurteilung des Täterverhaltens erfolgt unter der Behauptung, der Betrug sei ein Beziehungsdelikt, da er einen faktischen Beitrag des Opfers zur Voraussetzung habe. Die Opferdogmatik hat hier beim Betrug auf dieser Grundlage eines der wichtigsten Betätigungsfelder gefunden[12]. Auf dieser Linie sind Kriterien vorgeschlagen worden wie dasjenige der Subsidiarität des Strafrechts oder des Selbstverantwortungsprinzips als Konkretion des Verständnisses des Strafrechts als ultima ratio, die – gemäßigte Lösung – die Strafe mindern oder – radikale Lösung – die Zurechnung wegen fehlender Schutzbedürftigkeit sogar ausschließen soll[13]. Auch ist vertreten worden, all dies sei in dem Zurechnungstopos – in der Konzeption *Roxins* und seiner Anhänger – des „Schutzzwecks in weiterem Sinn“ oder der „Reichweite des Tatbestands“ anzusiedeln[14].

---

[11] Grundlegend *Amelung*, GA 1977, 6 ff.; weiterführend *R. Hassemer*, Schutzbedürftigkeit des Opfers und Strafrechtsdogmatik, 1981, passim; *Schünemann*, in : Schneider (Hrsg.), Das Verbrechensopfer in der Strafrechtspflege, 1982, S. 407 ff.; *ders.*, Festschrift für Faller, 1984, S. 357, 362 ff.

[12] Vgl. außer den Nachweisen in Fn. 11 *Ellmer*, Betrug und Opfermitverantwortung, 1986; *Kurth*, Das Mitverschulden des Opfers bei Betrug, 1984; w.N.b. *Tiedemann* Leipziger Kommentar (LK), 11. Aufl., Rdn. 34 ff. vor § 263.

[13] Zum Gesichtspunkt der Subsidiarität *Schünemann* (Fn. 11), zur Kritik von *Hillenkamp*, Vorsatztat und Opferverhalten, 1981, S. 177 ff.; *Roxin*, Strafrecht AT I, 3. Aufl. 1997, § 14 Rdn. 20; *Günther*, Festschrift für Lenckner, 1998, S. 78 f., und Antikritik von *Schünemann*, Festschrift für Cerezo Mir, 2002. Zur Heranziehung des Selbstverantwortungsprinzips siehe m.w.M. *Cancio Meliá*, ZStW 111 (1999), 357, 373 ff.

[14] So *Pérez Manzano* (Fn. 6), S. 220 f.

Auf der Grundlage dieser Kriterien wird zum Beispiel behauptet, der subsidiäre Schutz des Vermögens über den Betrugstatbestand könne diejenigen Sachverhalte nicht erfassen, in denen das Opfer imstande war, sich selbst gegen das Verhalten zu schützen, und dies ihm zumutbar war. Aus dieser Perspektive wird die Haftung wegen eines Betrugsdeliktes bei folgenden Fallgruppen ausgeschlossen: a) Geschäfte mit kalkuliertem Risiko oder Spekulationsgeschäfte; b) Geschäftsverkehr im professionellen Bereich, wobei davon ausgegangen wird, hier sei eine Mitverantwortung gegeben; c) Sachverhalte, in denen übertriebene Bequemlichkeit des Opfers festzustellen ist, der Irrtum also mit einer minimalen Tätigkeit des Opfers hätte vermieden werden können.

Dieses Argumentationsschema ist teilweise (*R. Hassemer, Amelung*) auch auf Fälle ausgedehnt worden, in denen das Opfer den Verfügungsakt durchführt, obwohl es konkrete Zweifel gegenüber dem Verhalten des Täters hegt. Auch in diesen Fällen wird von einem Teil der Lehre argumentiert[15] – dagegen aber *Frisch*[16] –, daß das Opfer die Möglichkeit hatte, sich selbst zu schützen und den Vermögensschaden zu vermeiden, denn es hatte ein Motiv, sich besser zu informieren.

Diese Kriterien sind aber zu unsicher und führen letzten Endes zu einer reinen Ermessensentscheidung ad hoc in jedem Einzelfall; es fehlt ein allgemeines Kriterium und demzufolge auch eine systematische Argumentation, die eine gleichförmige Behandlung dieser Fallkonstellationen erlauben würde. Teilweise verstärken sich diese Schwierigkeiten noch, wenn der Betrug als „Selbstschädigungsdelikt" begriffen wird.

---

[15] Das Kriterium des „konkreten Zweifels" ist vor allem von *R. Hassemer* entwickelt worden, a.a.O. (Fn. 11), S. 134 ff., 152 ff.

[16] Tatbestandsmäßiges Verhalten und Zurechnung des Erfolges, 1988, S. 142 ff.

B.

Gleichwohl sind hinter den Stimmen, die den Betrug als Selbstschädigungsdelikt oder ähnlich verstehen, einige derjenigen Gründe zu finden, die dem Betrugstatbestand seinen „besonderen“ Charakter zuweisen:

I.

Der Betrug enthält immer eine mittelbare Täterschaft. Der Täter täuscht einen anderen (sei er der Geschädigte oder nicht), damit er ihm etwas übergibt[17]. Aus dieser Tatsache ergibt sich scheinbar eine eigentümliche Zurechnungsstruktur beim Betrug. Obwohl es sich um ein Erfolgsdelikt handelt (zur Vollendung muß der Vermögensschaden eintreten, wobei dieser einer Art „Verwirklichung des unerlaubten Risikos“ entspricht), hat es auf den ersten Blick mit den herkömmlichen Erfolgsdelikten (Tötungsdelikte, Körperverletzung, Sachbeschädigung), auf die sich die Lehre von der objektiven Zurechnung bezieht und auf deren Grundlage auch der Maßstab des Schutzbereichs der Norm entwickelt wurde, wenig gemein. Dies muß notwendigerweise auch auf die Auslegung des Tatbestandes Einfluß nehmen und führt uns zu der zweiten Besonderheit des Betrugs:

II.

Die Behauptung, das von dem Tatbestand des Betrugs geschützte Rechtsgut sei dasjenige des individuellen Vermögens, scheint wenig zur Auslegung seiner ratio legis beizutragen. Welches ist der Unterschied des Betrugstatbestandes gegenüber dem Diebstahl oder der Sachbeschädigung Wo liegt sein wirklicher Schutzzweck? Die Antwort auf diese Fragen hat wichtige Auswirkungen auf die Praxis, beispielsweise zur Unterscheidung zwischen Fällen des Betrugs mit Fremdschädigung und denen eines Diebstahl durch ein Werkzeug mit einem Kenntnisdefizit[18].

Beispiel: Handelt es sich um einen Betrug oder um einen Diebstahl, wenn jemand den Hausmeister eines Mietshauses täuscht, um mit seiner Hilfe in eine Wohnung zu gelangen, aus der er einen Fernseher entnimmt, wobei dem nichtsahnenden Hausmeister vorgespiegelt wird, der Apparat müsse zur Reparatur in eine Werkstatt transportiert werden? Die Frage, ob es sich um einen Betrug handelt, stellt sich auch bei folgendem, von *Herzberg*[19] angeführten Beispiel: Frau K will bei G einen bereits am Vortage anprobierten Mantel kaufen. Weil G in seinen Verkaufsräumen die passende Größe nicht vorrätig hat, erklärt er telefonisch dem das Lager auf der anderen Straßenseite leitenden L, eine „Frau Kunze" werde sogleich einen bereits bezahlten Mantel des Typs X, Größe 40, abholen. Die Kundin T, die das Gespräch verfolgt hat, geht schnell zu L, stellt sich als „Frau Kunze" vor und läßt sich den Mantel aushändigen. Zur Lösung solcher Fälle trägt jedenfalls der Gedanke des Vermögens als geschütztem Rechtsgut wenig bei.

III.

Was die erste der genannten Eigentümlichkeiten angeht – der Betrug stellt eine ausdrückliche Vertatbestandlichung einer mittelbaren Täterschaft bei irrendem Werkzeug dar -, ist festzustellen, daß sie weder ausschließlich beim Betrug auftritt noch die Zurechnungskriterien zu beeinflussen braucht. Eine entsprechende mittelbare Täterschaft ist auch dann gegeben, wenn jemand einen anderen glauben macht, dieser leide an einer schweren Krankheit, und dadurch von ihm die Einwilligung zu einer bestimmten riskanten Operation erhält, bei der der vermeintlich

[17] BGH NJW 1981, 1744 mit Anmerkung *Tiedemann*, JR 1981, 470, wenn auch bezogen auf § 264 StGB; *Frisch* (Fn. 16), S. 163; *Kindhäuser*, ZStW 103 (1991), 402.
[18] In diesem Sinn *Kindhäuser*, ZStW 103 (1991), 415 ff.
[19] GA 1977, 289, 293.

Kranke dann stirbt. Soll die Tatsache, daß der Einwilligende sich hätte besser informieren können – z.B. durch Konsultation eines anderen Arztes –, die Verantwortung des Täuschenden ausschließen oder mindern? Warum sollen die aktiven Selbstschutzmaßnahmen hier keine Rolle spielen? Die Vertreter viktimodogmatischer Thesen weisen in derartigen Fällen darauf hin, es handelte sich hierbei um „Zugriffsdelikte" und nicht um „Beziehungsdelikte". Zudem wird angeführt, der strafrechtliche Schutz von Vermögenswerten sei nicht so umfassend wie bei den Delikten gegen das Leben, da in ersterem Bereich nur gewisse Angriffsformen typisiert würden. Das heißt, der Unterschied sei darin zu finden, daß im Bereich der Vermögensdelikte im Gegensatz zu demjenigen der Delikte gegen das Leben die allgemeine Regel einer Pflicht zum Selbstschutz des Inhabers der Werte anzunehmen sei und nur ausnahmsweise dieser Schutz dem Staat obliege[20]. Diese Behauptungen müssen jedoch mit einigem Befremden aufgenommen werden, denn dies würde dazu führen, die Möglichkeit von Notwehr auf dem Gebiet der Vermögenswerte dort auszuschließen, wo das Opfer über Selbstschutzmöglichkeiten verfügt. Unzweifelhaft ist das Vermögen – im Unterschied, zumindest auf den ersten Blick, zum Leben – kein absolutes Recht, dessen Verletzung oder Gefährdung immer eine strafrechtliche Antwort erheischt. Deshalb wird gerade der Totschlag oder die fahrlässige Tötung ohne Angabe von Begehungsmitteln als reines Erfolgsdelikt vertatbestandlicht, während der Betrug als Erfolgsdelikt mit bestimmten Begehungsmitteln ausgestaltet ist! Aber dennoch: Der Rekurs auf die fragmentarische Natur und Subsidiarität des Strafrechts, auf Verhältnismäßigkeit usw. – deren innere Beziehung unklar bleibt – bezieht sich auf Aspekte, denen schon bei der gesetzgeberischen Erfassung von bestimmten Verhaltensweisen Rechnung getragen wird und die gerade bei der Gestaltung von bestimmten Tatbeständen in die Festle-

[20] Zur besonderen Rolle der Beziehungsdelikte siehe *R. Hassemer* (Fn. 11), S. 54, 68 ff.; zu den Konsequenzen eines auf bestimmte Angriffsformen beschränkten Rechtsgüterschutzes für die teleologische Auslegung siehe bereits *Schaffstein*, Leipziger Festgabe für Richard Schmidt, 1936, S. 47 ff. und zu deren Verbindung mit der ultima-ratio-Formel *Schünemann*, Festschrift für Bockelmann, 1979, S. 117 f., 129 ff.; *ders.*, Festschrift für Richard Schmitt, 1992, S. 117, 127 ff.

gung der Begehungsmodalitäten einfließen. Die Aufgabe des Interpreten muß sich daher auf die Herausarbeitung der Bedeutung dieser Begehungsmodalitäten beschränken. Deshalb wirken die direkten Bezugnahmen auf die Grundsätze der Subsidiarität, der Eigenverantwortlichkeit oder der ultima ratio im Zusammenhang mit fehlender Schutzbedürftigkeit oder –würdigkeit bei der Auslegung der diese Prinzipien schon reflektierenden Tatbestandsmerkmale eher störend. Die Bezugnahme auf die Strafwürdigkeit weist eindeutig einen axiologischen Kontext auf, der schon bei der Unrechtsgestaltung einbezogen wird. Die fehlende Strafbedürftigkeit ist deshalb nichts anderes als ein Topos, der diffusen und verstreuten kriminalpolitischen Überlegungen entspricht und keinesfalls als Zurechnungsgesichtspunkt und deshalb Haftungszuschreibungsgrund zu gebrauchen ist.

IV.

Ähnliche Überlegungen drängen sich auch auf, wenn von den Fällen einer Fahrlässigkeit des Opfers die Rede ist. Das herkömmliche Topos der Selbstgefährdung findet hier sein Anwendungsgebiet. Abgesehen davon, daß bislang weder die Vertreter des topischen Ansatzes (*Roxin* und die deutsche h.M.)[21] noch die Viktimodogmatiker[22] einen einheitlichen und klaren Katalog der Kriterien, anhand derer das Vorliegen einer die Strafbarkeit ausschließenden oder mindernden selbstverantwortlichen Selbstgefährdung festgestellt werden könnte, vorgeschlagen haben, harren auch – wie *Frisch*[23] hervorgehoben hat – gewisse systematische und materielle Fragen der Klärung. In diesem Sinne ist von einem Strafausschluß durch die eigenverantwortliche Selbstgefährdung des Opfers die Rede, ohne daß klar würde, welche Deliktskategorie fehlt. Auch wird nicht ausgeführt, welche Beziehung diesem Topos zur Kategorie der Einwilligung zuzuschreiben ist.

---

[21] Zur Bedeutung der Selbstgefährdung für die strafrechtliche Zurechnung allgemein *Roxin*, Strafrecht AT I, 3. Aufl. 1997, § 11 Rdn. 91 ff.

[22] Siehe die Nachweise in Fn. 11 f.

[23] A.a.O. (Fn. 16), S. 144 ff.

Einer der materiellen Gründe für die Begrenzung des Strafrechtsschutzes in diesen Sachverhalten von Neuem auf einen Gedankengang zurückgeführt, der von einigen Vertretern der Viktimodogmatik entwickelt worden ist: Bei denjenigen Fällen, bei denen die Schäden des Opfers nur durch ein selbstgefährdendes, vermittelndes Verhalten des Opfers herbeigeführt werden können, sei ein Fehlen des Schutzbedürfnisses anzunehmen, wobei ein Schutzbedürfnis durch tatbestandliche Mißbilligung der die Selbstgefährdung ermöglichenden oder zu dieser anstiftenden Verhaltensweisen gemeint ist. Wie aber *Frisch*[24] aufgezeigt hat, birgt dieser Gedankengang einige problematische Züge: Zunächst läßt er unbeachtet, daß bei schwerwiegenden Folgen durchaus ein reelles Schutzbedürfnis gegeben ist (zum Beispiel: Läßt sich daran zweifeln, daß ein Betrugsdelikt gegen den Staat begangen wird, wenn das fahrlässige Verhalten eines Beamten dazu führt, daß die für teures Geld verkaufte Erfindung gar nicht auf den Namen des angeblichen Erfinders patentiert ist?). Der Rekurs auf ein fundiertes Schutzbedürfnis entbehrt zudem jeder Relevanz im Sinne der Praxis, denn wiederum bleiben die konkreten Kriterien dieses Schutzbedürfnisses im Dunklen. Schließlich ist ebenfalls unklar, in welchen Fällen das Opfer für den Selbstschutz vor bestimmten Gefahren zuständig ist.

Jüngst hat *Frisch*[25] versucht, diese Problematik mit Hilfe der Überlegung in Angriff zu nehmen, auch hier gehe es um einen Konflikt zwischen Handlungsfreiheit und bestimmten Schutzinteressen. Die Auflösung dieses Konflikts erlaube dann die Feststellung, daß das Verhalten des Täters ein unerlaubtes Risiko schafft oder nicht. Anders formuliert bedeutet dies, daß Raum für eine sogenannte strafausschließende Selbstgefährdung in jene Fällen vorhanden ist, in denen ein tatbestandliches Verbot des Drittverhaltens in Anbetracht der Interessen des Rechtsgutsträgers nicht zu begründen sei. Fehle ein Interesse derjenigen, deren Güter potentiell durch das Verhalten beeinträchtigt werden könnten, an der Nichtvornahme des

---

[24] A.a.O. (Fn. 16), S. 145 f.
[25] A.a.O. (Fn. 16), S. 72 ff.

Drittverhaltens, so entfalle die Legitimationsbasis für die Begrenzung der Handlungsfreiheit von Dritten. Doch auch dieser Lösungsvorschlag ist schwer in die Praxis zu übertragen. Fehlt das Interesse am Nicht-überfahren-werden, wenn ein Fußgänger die Straße an einem nicht dafür vorgesehenen Punkt überquert? Normalerweise ja. Und fehlt das Interesse am Schutz des Vermögens, wenn jemand aus Unachtsamkeit nicht überprüft, ob die ihm von einem Dritten verkaufte Wohnung auch tatsächlich auf dessen Namen im Grundbuch eingetragen ist? Normalerweise nicht.

VI.

Ein unvorsichtiges Nachtatverhalten des Opfers vermag – worauf in Spanien *Cancio Meliá*[26] hingewiesen hat – den Handlungsunwert des Täterverhaltens nicht zu verändern. Schafft der Täter mit seinem Tun ein rechtlich mißbilligtes Risiko, verliert dieses nicht dadurch seine tatbestandsmäßige Qualität, daß sich das Opfer seinerseits unvorsichtig verhält. Fahrlässige Steuerung eines Automobils bleibt eine solche auch dann, wenn das Opfer unvorsichtig die Straße überquert. Ein Täuschungsverhalten durch Vorspiegelung von nicht bestehenden Patentrechten bleibt Täuschung, auch wenn der Beamte nicht daran denkt, zu überprüfen, ob die Erfindung tatsächlich eingetragen ist und auf wessen Namen. Mit anderen Worten: Kann an der Haftung des Fußgängers für die Schäden an der Karosserie gezweifelt werden? Oder wenn ein Radfahrer mit dem Fußgänger zusammenstößt und dabei das Leben verliert? Was hier ausschließlich betroffen sein kann – so zutreffend *Cancio Meliá* -, ist der Erfolgsunwert, nicht aber der Handlungsunwert. Die Lage ist natürlich eine andere, wenn beide agierenden Personen den Kontext des Verhaltens gemeinsam bestimmen: Zum Beispiel, zwei Trickspieler versuchen sich gegenseitig zu täuschen, wobei beiden die Absicht des anderen bekannt ist. In diesem Fall ist das rechtlich unerlaubte Risiko beiden gleichermaßen zurechenbar.

VII.

Was die Bestimmung des Rechtsgutes angeht, das als Grundlage zur Bestimmung des rechtlich unerlaubten Verhaltens dienen kann, hat *Kindhäuser* darauf hingewiesen, daß das „Vermögen ... als Medium der Dispositionsfreiheit und nicht unabhängig von dieser geschützt (wird)“[27]. (Dieser Gedankengang ist so neu nicht, denn vor *Kindhäuser* war diese Idee schon von *Bajo Fernández*[28] in Spanien formuliert worden, und auch in Italien war sie von einem Teil der Lehre angenommen worden). Das in Art. 248 CP beschriebene Verhalten hat also seinen materialen Grund als Unrecht stets in einer Manipulation der Verfügungsfreiheit eines Anderen (zu seinen eigenen Lasten oder zu Lasten eines Anderen, über dessen Vermögen er verfügen kann). Der Hintermann nutzt eine unfreie Entscheidung aus. Der Verfügende entscheidet sich auf der Grundlage eines unrichtigen Verständnisses der Wirklichkeit, das dem Hintermann zurechenbar ist. Denn der Täter nimmt eine mise en scène vor oder nutzt einen schon vorhandenen Irrtum aus. Aus dieser Perspektive handelt es sich höchstens um einen untauglichen Versuch, wenn das Opfer zum Beispiel die Vermögensverfügung vornimmt, obwohl es von den Ausführungen des Täters nicht überzeugt ist. Stets wenn der Verfügende eine zurechenbar handelnde Person ist, die keinem freiheitsrelevanten Irrtum erliegt, liegt das Verhalten außerhalb des tatbestandlichen Rahmens des Versuchs.

---

26 ZStW 111 (1999) 357, 362.

27 ZStW 103 (1991), 409.

28 *Bajo Fernández/Pérez Manzano*, in: Bajo Fernández/Pérez Manzano/Suárez González (Hrsg.), Manual de Derecho Penal, Parte Especial, 2. Aufl. 1993, Madrid, S. 283 f.

C.

I.

Was die Bestimmung des tatbestandsmäßigen Verhaltens angeht, muß davon ausgegangen werden, daß nicht in jedem Fall, in dem jemand aufgrund eines Irrtums eine Vermögensverfügung trifft – wobei dieser Irrtum von einem die Lage kennenden Täter hervorgerufen wird –, auch ein tatbestandsmäßiger Betrug gegeben ist. Niemand würde davon ausgehen, es handele sich um einen strafbaren Betrug, wenn jemand dazu gedrungen wird, ein Haus zu kaufen, weil der Verkäufer ihn dadurch täuscht, daß er ihm versichert, es gebe andere Interessenten, auch wenn bewiesen wird, daß ein Vermögensschaden eingetreten ist, weil ohne diese Täuschung der Betreffende das Haus nicht gekauft oder einen besseren Preis erhalten hätte. Doch formell sind alle Voraussetzungen eines Betrugs gegeben: Täuschung, Irrtum, Vermögensverfügung, Vermögensschaden, Bereicherungsabsicht. Wie schon ausgeführt, hat die Lehre herkömmlicher Weise die Lösung dieser Problematik mit der Frage nach den Selbstschutzmöglichkeiten des Opfers in Angriff genommen[29]. Aus einer materialen Perspektive liegt dieser Frage folgender Gedanke zugrunde: Ein ausufernder Schutz fremden Vermögens ist weder möglich noch positiv zu bewerten, denn dieser Ansatz würde zu einer zu starken Beschneidung der Freiheitsrechte führen. Ebenfalls wird vertreten, das Vermögen könne nicht gegen das Verfügungsrecht des Inhabers selbst geschützt werden. Das Strafrecht kann jene nicht schützen, die mit ihrem Vermögen unsorgfältig umgehen wollen. Aus dieser Warte wird deutlich, daß das Strafrecht die Inhaber von Vermögen nicht vollständig von ihrer Sorgfaltspflicht befreien kann, wenn dies zu Lasten der Freiheit anderer Bürger geht.

---

[29] *Schünemann*, Festschrift für Faller, 1984, S. 357 ff.; *Amelung*, GA 1977, 1 ff.; *Beulke*, NJW 1977, 1073 ff.

II.

Diese Gedanken sind keinesfalls neu. Sie führen uns auf den Gedanken des erlaubten Risikos bei den Tötungsdelikten, den Körperverletzungen oder den Sachbeschädigungen. Beim Betrug ist aber kein einfach auszumachendes Rechtsgut vorhanden, sondern ein „poröses Rechtsgut": die (Verfügungs-)*Freiheit*. Deshalb scheint der Gedanke des erlaubten Risikos in engerem Sinne – so wie er bei Tötungs- und Körperverletzungsdelikten angewandt wird – hier von wenig Nutzen zu sein. Bei genauerer Betrachtung ist es jedoch offensichtlich, daß das methodische Leitprinzip, das dem erlaubten Risiko zugrunde liegt, sehr wohl auch in diesem Bereich zum Tragen kommt. Nicht jedes risikoschaffende Verhalten ist per se tatbestandsmäßig (schafft ein rechtlich unerlaubtes Risiko), was auf den Betrug angewandt heißt: Es reicht nicht aus, daß faktisch eine Überlegenheit des Täters (und somit auch eine formale Lage der mittelbaren Täterschaft) gegeben ist; er muß sie auch unerlaubt verwenden. In diesem Sinne ist die These von Autoren wie *Kindhäuser*, es bestehe ein gewisses Recht auf Wahrheit, von großem Nutzen: Im Betrugstatbestand wird der rechtlich anerkannte Anspruch oder die normative Erwartung des Opfers von Wahrheit geschützt. So gesehen schützt der Tatbestand des Betrugs nicht das Vermögen um jeden Preis, sondern die Beibehaltung eines gewissen Standards an Vertrauen im Rechtsverkehr. Mit anderen Worten: „Die Norm schützt das Rechtsgut nicht vor jeder Art von Handlungen, sondern ausschließlich vor bestimmten, d.h. tatbestandsmäßigen Handlungen"[30]

III.

Offensichtlich kommt es dem Dogmatiker und dem Richter zu, festzustellen, welches „erlaubte Niveau an Unwahrheit" in einer bestimmten Gesellschaft toleriert wird. Dieses Toleranzniveau grenzt den Rahmen des Tatbestandes gegen die blo-

---

[30] *Torio* (Fn. 4), S. 886.

ßen Unachtsamkeiten bei der Verwaltung eigenen oder fremden Vermögens ab. Beispielsweise wird gemeinhin angenommen, kalkulierte Risiken wie etwa die Gefährdung von Darlehen ohne vorherige Feststellungen bezüglich der Kreditwürdigkeit des Darlehensnehmers stellten keine tatbestandsmäßigen Betrugsfälle dar. Wenn beim Betrug das Unrecht nicht nur durch die Rechtsgutsverletzung, sondern auch durch eine Pflichtverletzung konstituiert wird, so verletzt der Betrüger auf gewisse Art und Weise seine „Pflicht zur Wahrheit". Art. 248 CP enthält im Unterschied zu § 263 StGB keine Begrenzung der tatbestandlichen Täuschungsmittel. Im spanischen positiven Recht wird angenommen, es gebe kein absolutes Recht auf Wahrheit[31], wenn von einer „hinreichenden Täuschung" als Voraussetzung die Rede ist. Dies ist auch von der deutschen Lehre hervorgehoben worden[32], und zwar aufgrund allgemeiner Überlegungen. Schon *Antón Oneca* meinte[33], die Lüge sei keine Straftat, weil man nicht leichtfertig eines anderen Wort glauben solle. Nach *Torío*[34] ist „der Schutzzweck der Norm des Betrugs die Bestimmung eines Kerns oder Bereichs täuschender Handlungen, die rechtlich unerlaubt sind und das Risiko schaffen oder erhöhen, daß aufgrund eines Irrtums ein Vermögensschaden für das Opfer entsteht. Nicht jede Täuschungshandlung ist im Schutzzweck der Norm inbegriffen. Eine Täuschung kann einen Vermögensschaden verursachen und trotzdem den Erfordernissen der objektiven Zurechnung nicht gerecht werden, wenn sie etwa ein rechtlich belangloses Risiko schafft oder aber das schon bestehende Risiko nicht erhöht. Die Entscheidung des Problems erfolgt auf normative Art und Weise". Die Bestimmung des erlaubten Niveaus an Unwahrheiten ist noch zu leisten. Doch meines Erachtens ist es nicht fraglich, daß es um die Bestimmungen jener rechtlich unerlaubten Täuschungshandlungen geht, die die Gefahr eines Vermögensschadens aufgrund eines Irrtums erhöhen. In diesem Sinne hat die erste Zu-

---

[31] *Bajo/Pérez Manzano* (Fn. 29), S. 265 ff., 274; *Pérez Manzano*, in: Hacia un Derecho penal económico europeo, Madrid 1995, S. 293.

[32] *Schlüchter*, in: Festschrift für Trusen, 1994, S. 573, 587 ff.

[33] In: Nueva Enciclopedia Jurídica (NEJ), Bd. IX, 1958, S. 5.

[34] A.a.O. (Fn. 4), S. 886.

rechnungsstufe (Verhaltenszurechnung) beim Betrugstatbestand die gleiche Funktion wie auch bei anderen Delikten.

IV.

1. Die Praxis zeigt uns, daß, wie auch etwa bei den Tötungsdelikten, auch hier auf außerstrafrechtliche Normen oder auf technische Regeln zurückgegriffen wird, um den Bereich des Erlauben abzugrenzen. Auch beim Tatbestand des Betrugs muß auf primäre Normenordnungen hingewiesen werden, um den Bereich des Erlaubten von demjenigen des Unerlaubten zu scheiden. In der Tat sind hier Bereiche des Rechtsverkehrs vorzufinden, in denen man von einem tolerierten „Unwahrheitsniveau" sprechen kann, das das normale Maß deutlich übersteigt. Zur strafrechtlichen Bewertung eines Verhaltens als Betrug ist nicht nur die isolierte Handlung, sondern auch der „soziale Kontext" zu berücksichtigen, in dem die Handlung stattfindet. In Spanien hat *Torío*[35] hervorgehoben, daß in gewissen Bereichen übliche Übertreibungen, Ungenauigkeiten usw., die in der Dynamik eines bestimmten Teilbereichs des wirtschaftlichen Verkehrs dazugehören, keinesfalls eine hinreichende Täuschung im Sinne des Betrugstatbestandes darstellen. Aufgrund einer systematischen Sicht der ganzen Rechtsordnung können jene bestens in das wirtschaftliche Geschehen integrierte Verhaltensweisen nicht zu strafrechtlichem Unrecht hochstilisiert werden. Ebenfalls ist auf die Gültigkeit der Hinzuziehung außerstrafrechtlicher Normen zur Auslegung hingewiesen worden: etwa auf Art. 1796 IV der spanischen Zivilprozeßordnung, der wichtige Interpretationsstützen für den Prozeßbetrug liefert – es können solche Handlungen nicht als Betrug gewertet werden, die nicht unter die in dieser Vorschrift genannte Voraussetzung der „täuschenden Manipulierung" zu subsumieren sind. Das Rechtsmittelsystem zeigt ebenfalls, daß

---

[35] A.a.O. (Fn. 4), S. 887.

es auch strafrechtlich irrelevante Irrtumsverursachungen gibt (so schlimm auch die Absichten des Täters sein mögen). *Jakobs*[36] hat einige der Grenzen des Rechts auf Wahrheit skizziert. So ist zum Beispiel eine Pflicht zur Äußerung immer eine Pflicht zur wahrheitsgemäßen Äußerung.

2. In bestimmten Bereichen des sozialen Kontakts besteht ein allgemeines Recht auf Wahrheit, obwohl keine Äußerungspflicht vorhanden ist, wenn das Interesse an der Flüssigkeit von Interaktionen überwiegt (§§ 263, 267, 271 StGB). Auch besteht eine Pflicht zur wahrheitsgemäßen Äußerung, wenn im öffentlichen Interesse an eine Äußerung eine Handlungspflicht des Empfängers geknüpft wird. So steht es auch bei den Garantenstellungen aufgrund eines besonderen Vertrauensverhältnisses.

D.

Aus Raumgründen können hier keine weiterführenden Überlegungen allgemeiner Art mehr angestellt werden. Die Problematik der Realisierung der unerlaubten Gefahr, d.h. die Erfolgszurechnung (Vermögensschaden aufgrund der Täuschung), scheint aber keine größeren Probleme zu bereiten, wenn einmal das tatbestandsmäßige Verhalten (die hinreichende Täuschung) zufriedenstellend bestimmt ist. In diesem Sinne ist ein Irrtum nur insoweit betrugsrelevant, als die täuschende Einwirkung auf die Motivation zur Vermögensverfügung ein Recht auf Wahrheit verletzt. Die vorstehenden Überlegungen zur hinreichenden Täuschung legen es nahe, daß die ganze Frage in eine neue Tatbestandskonzeption zu integrieren ist, bei der es nicht um punktuelle Lösungen zu topisch kristallisierten Fallkonstellationen

[36] Festschrift für Peters, 1974, S. 69 ff.; Festschrift für Jescheck, 1985, S. 633 Fn. 29; Gedächtnisschrift für Hilde Kaufmann, 1986, S. 808 f.; Strafrecht Allgemeiner Teil, 2. Aufl. 1991, 21/80 Fn. 142 i; weiterführend *Kindhäuser*, a.a.O. (Fn. 17); *Pawlik*, Das unerlaubte Verhalten beim Betrug, 1999, S. 74 ff.

geht, sondern vielmehr um eine globale Konstruktion auf funktionaler Basis, das heißt, um eine Reformulierung insbesondere der Lehre zum objektiven Tatbestand auf der Grundlage einer Zweckbestimmung der ganzen Unrechtslehre.

Der Mißbrauch der Figur des Eingehungsbetruges in der höchstrichterlichen Rechtsprechung als Instrument der Strafbarkeitsbegründung

dargestellt anhand einer Gegenüberstellung der Entscheidungen BGHSt 16, 220 und BGHSt 38, 186[1]

Kerstin Klein

A.

I.

Die Konstruktion des Eingehungsbetruges ist seit den Anfängen der reichsgerichtlichen Entscheidungspraxis Bestandteil der höchstrichterlichen Rechtsprechung; so findet sich die Dogmatik des Eingehungs- und auch des Erfüllungsbetruges bereits in einer Entscheidung im 4. Band der Reichsgerichtlichen Amtlichen Sammlung aus dem Jahr 1881[1], in der das Reichsgericht über einen Betrug bei Eingehung eines Tauschvertrages zu entscheiden hatte und hierbei bereits die maßgeblichen, heute noch gültigen Grundsätze der Schadensberechnung aufstellte[2]:

(1) Ein Schaden läßt sich nur durch einen Vergleich von Leistung und versprochener Gegenleistung ermitteln.

---

1 Urteil vom 29.4.1881 – Rep. 927/81, RGSt 4, 117.
2 Vgl. RGSt 4, 117, 119.

(2) Von einer Vermögensbeschädigung kann keine Rede sein, wenn der Vertragspartner trotz Minderwert der Gegenleistung immer noch ein vorteilhaftes Geschäft gemacht hat.

(3) Maßgebend ist nicht allein der objektive Wert der beiderseits versprochenen Leistungen; vielmehr können auch die individuellen Verhältnisse in die Schadensberechnung miteinbezogen werden.

Bereits diese drei Punkte lassen wesentliche Aspekte der Schadensdogmatik des § 263 StGB erkennen: die Schadensberechnung, die Anerkennung eines objektiv-wirtschaftlichen Vermögensbegriffs und die Möglichkeit der Berücksichtigung eines individuellen Schadenseinschlages. Gegenstand des vorliegenden Beitrags soll aber ein vierter Grundsatz sein, der gerade für die Beurteilung eines Betrugsschadens im Rahmen von Vertragsverhältnissen spezifisch ist und den das Reichsgericht wie folgt formulierte:

(4) *Aber immer steht die Beeinträchtigung des vor oder bei Eingehung des Vertrages vorhandenen Vermögenszustandes, nicht die Kränkung eines erst durch den Vertrag erworbenen Rechts in Frage.*[3]

Diese für den Eingehungsbetrug aufgestellte Prämisse besagt, daß grundsätzlich auch nicht ein weiterer Erfüllungsschaden (und somit ein Erfüllungsbetrug) dadurch in Betracht kommt, daß – unter dem Fortwirken der Täuschung – bei der Erfüllung des so zustande gekommenen Vertrages der Täter nun weniger leistet als er dem Opfer schuldet, der Wert der tatsächlich erbrachten Leistung also hinter dem der vertraglich geschuldeten zurückbleibt.

[3] RGSt 4, 117, 119.

II.

Diese frühe reichsgerichtliche Rechtsprechung, die keine Einzelentscheidung geblieben ist[4], stellt den einen Ausgangspunkt für die hier anzustellenden Überlegungen dar; einen zweiten Ansatz soll eine allgemeine Überlegung im Hinblick auf die Figur des Eingehungsbetruges liefern, die Frage nämlich nach seiner grundsätzlichen Funktion. Mit der Figur des Eingehungsbetruges wird durch die Rechtsprechung und ganz herrschende Lehre bereits die betrügerische Eingehung eines Vertrags als vollendeter Betrug konstruiert.[5] Der Vollendungszeitpunkt wird auf den Zeitpunkt des betrügerischen Vertragsschlusses vorverlegt. Der zeitlich nachfolgenden Vertragserfüllung im Sinne einer gegenständlichen Vermögensverschiebung, einem tatsächlichen Austausch der vertragsmäßigen Leistungen kommt somit lediglich die Bedeutung einer Vertiefung des bereits eingetretenen Eingehungsschadens zu.[6] Diese Differenzierung im Rahmen des Betrugstatbestandes zwischen Eingehungs- und Erfüllungsbetrug ist an das im Zivilrecht geltende Abstraktionsprinzip angelehnt, nach dem bei Verträgen und deren Gültigkeit grundsätzlich zwischen dem schuldrechtlichen und dem dinglichen Rechtsgeschäft zu unterscheiden ist.[7]

Die praktische Relevanz dieser Vorverlagerung des Vollendungszeitpunktes liegt auf der Hand: Als vollendeter Betrug sollen auch diejenigen Fälle erfaßt werden können, in denen es zwar zu einem betrügerischen Vertragsschluß kommt, die Vertragserfüllung aber letztlich ausbleibt; sei es, daß die Täuschung zwischen Eingehung und Erfüllung des Vertrages entdeckt wird, sei es, daß der Täter den Vertrag überhaupt nicht erfüllen kann oder will oder andere Gründe einem tatsächlichen Leistungs-

---

4 Vgl. nur RGSt 9, 362; 16, 1, 10 f.; 42, 58, 61; BGH MDR 1980, 273; OLG Düsseldorf JR 1994, 522.

5 Vgl. z.B. RGSt 4, 117, 118; 9, 362; 16, 1, 10; BGHSt 16, 220, 221; 21, 384, 385; 22, 88, 89; 23, 300, 302; *Lackner/Kühl* StGB, 24. Aufl., § 263 Rdn. 53; *Lackner* in: Leipziger Kommentar zum StGB LK, 10. Aufl., § 263 Rdn. 222; *Tröndle/Fischer* StGB, 50. Aufl., § 263 Rdn. 32a: *Tenckhoff*, in: Festschrift für Lackner, 1987, S. 678 m.w.N.

6 *Lackner/Kühl* (Fn. 5), § 263 Rdn. 53, 64; so jetzt auch BGH Urteil vom 29.1.1997 – 2 StR 633/96, NStZ 1997, 542, 543.

7 Vgl. nur *Palandt/Bassenge* BGB, 60. Aufl., Einl. vor § 854 Rdn. 16.

austausch entgegenstehen. Die Konstruktion des Eingehungsbetruges erfaßt somit ein Verhalten als vollendet strafbar, das – legt man allgemeine strafrechtsdogmatische Überlegungen zugrunde – ebenso lediglich eine Versuchsstrafbarkeit begründen könnte[8], mit der Konsequenz, daß der Täter mit der Täuschung bei Eingehung eines Vertragsverhältnisses, das dem Opfer nur einen minderwertigen Anspruch zukommen läßt, keine Möglichkeit mehr hat, strafbefreiend von seinem Vorhaben zurückzutreten, obwohl es zu einem tatsächlichen Austausch der Leistungen – d.h. einer Vermögensverschiebung – noch nicht gekommen ist.
Ob dieses Konstrukt praktisch notwendig und sinnvoll, ob es dogmatisch richtig ist und ob es den Anforderungen an die Funktion des Strafrechtes gerecht wird, sei im Rahmen dieses Beitrages dahingestellt. Festzuhalten ist an dieser Stelle nur, daß dem Eingehungsbetrug diese Funktion einer Vorverlagerung des Vollendungszeitpunktes zueigen ist.

III.

Diese beiden Ansatzpunkte, der eine reichsgerichtlich-historisch und der andere funktional, sollen Basis für die im folgenden zu untersuchende Fragestellung sein: Darf die Figur des Eingehungsbetruges dazu benutzt werden, um überhaupt zu einer Strafbarkeit zu gelangen, d.h. Fallkonstellationen einer Strafbarkeit zugänglich zu machen, die andernfalls zur Straflosigkeit führen müßten? Oder schärfer formuliert: Ist es legitim oder vielmehr ein Mißbrauch, die Figur des Eingehungsbetruges als Instrument für die Begründung der Strafbarkeit einzusetzen?

---

[8] So noch *Cramer* in: Schönke/Schröder, StGB, 18. Aufl., § 263 Rdn. 102, der im bloßen Abschluß eines Vertrages noch keine dem Schaden gleichstehende Gefährdung sah.

B.

I.

Daß der Bundesgerichtshof dies in jüngerer Zeit getan hat, zeigt die sog. „Submissionsentscheidung" aus dem Jahr 1992[9]:

In diesem Fall hatten sich drei Arbeits- und Bietergemeinschaften hinsichtlich öffentlich ausgeschriebener Arbeiten zum Ausbau eines Teilstücks der Schiffahrtsrinne des Rheins abgesprochen und festgelegt, daß die Bietergemeinschaft I den Zuschlag erhalten sollte. Das von I abzugebende günstigste Gebot wurde auf der Grundlage einer sog. Nullbasis unter Einbeziehung von Präferenzzahlungen an die übrigen Kartellmitglieder errechnet; die anderen Kartellmitglieder gaben jeweils nur Scheinangebote ab. Die beteiligten Firmen versicherten in ihren Angeboten, daß keine Preisabsprachen mit anderen getroffen worden seien und vereinbarten eine Vertragsstrafe für den Fall wettbewerbswidriger Absprachen. Aufgrund unterschiedlicher Berechnungsmethoden erhielt jedoch nicht die Bietergemeinschaft I, sondern eine andere den Zuschlag und führte sodann auch die Bauarbeiten durch. Nach Aufdeckung der Absprache verklagte die Bundesrepublik Deutschland die Bietergemeinschaft auf Schadensersatz.

Der BGH hat in diesem Fall einen Eingehungsbetrug bejaht (oder zumindest für möglich erachtet)[10] und den Schaden in der Differenz zwischen dem Zuschlag, der auf einer Kartellabsprache beruhte, und dem sog. Wettbewerbspreis gesehen, der einen über Angebot und Nachfrage zu erzielenden Marktpreis darstellt und somit nur ein hypothetischer sein kann. Dieser günstigste Wettbewerbspreis bestimme auch den

---

[9] Urteil vom 8.1.1992 – 2 StR 102/91, BGHSt 38, 186 = NJW 1992, 921. Mit Einführung des § 298 StGB durch das Gesetz zur Bekämpfung der Korruption vom 13.8.1997 (BGBl. I 1997, 2038) hat der Gesetzgeber für die Submissionsfälle eine Bestrafung nunmehr auch ermöglicht, wenn der Vermögensschaden nicht nachweisbar ist. Daneben bleibt § 263 StGB aber im Falle des Nachweises eines Vermögensschadens anwendbar, vgl. BT-Drucks. 13/5584, S. 14.

[10] BGHSt 38, 186, 194, 196.

Wert der Arbeiten.[11] Nach Auffassung des BGH[12] muß die Frage, ob die öffentliche Hand hier tatsächlich geschädigt sei, im Einzelfall vom Tatrichter geprüft und festgestellt werden. Dies solle auf der Grundlage von Indizien erfolgen, aus denen sich mit hoher Wahrscheinlichkeit ergebe, daß der Auftraggeber ohne die Kartellabsprache und ohne die Täuschung über dieselbe ein nur geringeres Entgelt hätte versprechen oder zahlen müssen. Diese Indizien seien bei Submissionsabsprachen die folgenden drei:

(1) Die Bildung von Submissionskartellen an sich,

(2) die Nicht-Geheimhaltung der beteiligten Unternehmen und abzugebenden Angebote,

(3) die hohen Ausgleichszahlungen an andere Kartellmitglieder und Außenseiter.

II.

Darin liegt aber noch nicht die hier interessierende Besonderheit des Falles. Diese ist vielmehr in einem offenbar für nicht besonders bedeutsam gehaltenen Teil der Entscheidung zu sehen, der nicht einmal in der Amtlichen Sammlung und auch nicht in allen einschlägigen Zeitschriften abgedruckt wurde.[13] Mit der Untersuchung des Submissionsfalles auf seine Strafbarkeit als Eingehungsbetrug zu Lasten des Ausschreibenden hat der BGH die Möglichkeiten einer Bestrafung aus § 263 StGB noch nicht ausgeschöpft gesehen: „Sollte der neu entscheidende Tatrichter trotz der genannten Indizien Eingehungsbetrug nicht bejahen, so wird er das Verhalten der Angeklagten unter dem Gesichtspunkt des Erfüllungsbetruges zu prüfen haben."[14] Muß also die Indizienlösung und somit ein Eingehungsbetrug scheitern, so ist quasi „hilfsweise"

[11] BGHSt 38, 186, 191.

[12] BGHSt 38, 186, 193 ff. So jetzt auch BGH Urteil vom 15.5.1997 – 1 StR 233/96, NJW 1997, 3034, 3038.

[13] Abgedruckt beispielsweise in NJW 1992, 921; wistra 1992, 98; JZ 1993, 420; BB 1992, 234; DWiR 1992, 117; JuS 1992, 616 (*Hassemer*); nicht dagegen in MDR 1992, 604; NStZ 1993, 40; StV 1992, 230.

[14] BGH NJW 1992, 921, 923.

ein Erfüllungsbetrug in Betracht zu ziehen.[15] Damit bekennt sich der BGH explizit zu einer Hilfskonstruktion, mit der er m.E. die eigentliche Funktion des Eingehungsbetruges unterläuft und dazu mißbraucht, überhaupt zu einem strafrechtlich relevanten Verhalten zu gelangen: Die lediglich hilfsweise Heranziehung eines möglichen Erfüllungsbetruges bei Submissionsabsprachen impliziert, daß ein Eingehungsbetrug nicht bejaht werden konnte, weil ein Schaden anhand der vom BGH aufgestellten Indizien zumindest nicht nachweisbar war. Konsequenterweise ist daher nach dem im Strafrecht geltenden „in dubio pro reo"-Grundsatz von einer Gleichwertigkeit der sich gegenüberstehenden Ansprüche bei Vertragsschluß auszugehen. Bei der Ermittlung des Erfüllungsschadens kommt es dagegen nicht darauf an, ob die vertraglich vereinbarten beiderseitigen Leistungen ausgeglichen sind, sondern es ist darauf abzustellen, ob die erbrachten und empfangenen Leistungen jeweils den schuldrechtlichen Verpflichtungen gleichwertig sind.[16] Nach Ansicht des BGH[17] kann ein Erfüllungsbetrug bei Submissionsabsprachen unter drei Aspekten gegeben sein:

(1) Eine unzulässige Beschränkung des Wettbewerbs durch Preisabsprachen auf der Anbieterseite hat nach der Baupreisverordnung zur Folge, daß der vereinbarte Preis automatisch auf den sog. Selbstkostenfestpreis reduziert wird. Zahlt die öffentliche Hand einen höheren als diesen Selbstkostenfestpreis, ist sie geschädigt.

(2) Der Ausschreibende könnte durch die Täuschung an der Geltendmachung von Schadensersatzansprüchen gehindert worden sein.

(3) Ein Erfüllungsbetrug könnte auch im Hinblick auf die Vereinbarung einer Vertragsstrafe vorliegen, soweit der Bauherr nämlich eine fällige Vertragsstrafe infolge der Täuschung über die Preisabsprache bei der Abrechnung nicht einbehalte.

---

[15] So auch *Hefendehl*, Die Submissionsabsprache als Betrug: ein Irrweg! – BGHSt 38, 186, JuS 1993, 805, 808; *Tiedemann* LK, 11. Aufl., § 263 Rdn. 165 m.z.w.N.

[16] RGSt 16, 1 (10); 40, 21 (27); *Lackner* LK (Fn. 5), § 263 Rdn. 227; *Schönke/Schröder/Cramer* StGB, 26. Aufl., § 263 Rdn. 135 f.; *Tröndle/Fischer* (Fn. 5), § 263 Rdn. 33; *Lackner/Kühl* (Fn. 5), § 263 Rdn. 53; *Tenckhoff* (Fn. 5), S. 684 f.

[17] Siehe nur BGH NJW 1992, 921, 923.

Ohne auf diese verschiedenen Möglichkeiten im einzelnen einzugehen, sei nur ihre Gemeinsamkeit herausgestellt: Einen Erfüllungsschaden kann der BGH in jedem Fall nur auf der Grundlage derjenigen Täuschung begründen, die bereits Grundlage für den Abschluß des Vertrages war – die Täuschung bei Zuschlag nämlich, daß das vorliegende Angebot nicht auf einer Kartellabsprache basiere. Diese Täuschung erst läßt den Selbstkostenfestpreis, die Schadensersatzansprüche und auch einen Anspruch auf Zahlung einer Vertragsstrafe überhaupt entstehen. Der BGH hat selbst in seiner Entscheidung ausdrücklich auf die Angebotsabgabe und damit auf den allein maßgeblichen Täuschungszeitpunkt abgestellt.[18] Auf eine erneute Täuschung *nach* Vertragsschluß nimmt er somit nicht Bezug; eine solche ist auch nicht ersichtlich. Durch den täuschungsbedingten Vertragsschluß, der also allein (unstreitig) keinen Schaden begründet, entstehen Ansprüche – sei es auf einen geringeren Preis, sei es auf Schadensersatz oder Vertragsstrafe –, denen der BGH im folgenden einen strafrechtlichen Vermögensschutz zukommen läßt. Er schützt diese Ansprüche nämlich dann, indem er bei der Erfüllung darauf abstellt, daß sich diese Ansprüche aus dem Vertrag aufgrund der noch fortwirkenden Täuschung nicht realisiert haben. Ein strafrechtlicher Lebenssachverhalt wird so in seine zivilrechtlichen Bestandteile – Vertragsschluß und Vertragserfüllung – zerlegt, um letztlich zur Bejahung eines Schadens zu gelangen. Einem zunächst nur vermeintlichen Betrugsopfer wird durch einen zwar täuschungsbedingten, aber dennoch nicht nachteiligen Vertragsschluß ein schützenswerter Anspruch auf Vermögensmehrung gegeben und dieses wird dann bei der nachfolgenden Erfüllung tatsächlich dadurch zum Betrugsopfer – man kann sagen: „gemacht" –, daß es sich den Wert dieser vermögenssteigernden Ansprüche aus dem Vertrag nicht einverleiben kann. Das kann nicht der Sinn des Eingehungsbetruges, der Unterscheidung zwischen Verpflichtungs- und Erfüllungsphase beim Betrug in Vertragsverhältnissen sein. Die strafrechtliche Differenzierung zwischen

[18] BGH NJW 1992, 921, 923.

Eingehungs- und Erfüllungsbetrug hat – wie oben bereits dargelegt[19] – nicht den Zweck, überhaupt zu einer Strafbarkeit zu gelangen, sondern vielmehr den, die Vollendungsstrafbarkeit vorzuverlagern, da andernfalls die Tat sich nur im Versuchsstadium befände. Benutzt der BGH jetzt aber diese differenzierte Betrachtungsweise, um damit einen Erfüllungsbetrug zu konstruieren, kann darin nur die Zweckentfremdung und somit der Mißbrauch eines strafrechtlichen Instruments gesehen werden. Strafrechtlich betrachtet stellen Vertragsschluß und Vertragserfüllung bei Vorliegen nur einer Täuschungshandlung in der Verpflichtungsphase grundsätzlich einen einheitlichen Lebenssachverhalt dar[20]: Täuscht der Täter sein Opfer bei Vertragsschluß und läßt er ihm letztlich auch nur eine minderwertige Leistung zukommen, so liegt unproblematisch ein (Eingehungs-) Betrug vor; entsprechen sich Leistung und Gegenleistung, ist ein solcher zweifelsohne nicht gegeben.[21] Die Täuschung, die der Täter *vor* oder *bei* dem Abschluß eines schuldrechtlichen Vertrages begeht, kann dann auch nur im Rahmen dieses Vertragsschlusses – also nur im Rahmen eines Eingehungsbetruges – Bedeutung erlangen; liegt ein solcher nicht vor, weil die Leistung objektiv wertmäßig der Gegenleistung entspricht oder diese sogar übersteigt, so daß ein für das Opfer günstiges Geschäft vorliegt, kann sich der Täter grundsätzlich nicht wegen Betruges gem. § 263 StGB strafbar gemacht haben. Wie bereits das Reichsgericht in seiner anfangs zitierten Entscheidung[22] aufzeigte, geht es eben gerade „nicht um die Kränkung eines durch den Vertrag erworbenen Rechts".

---

[19] Siehe oben A.II.
[20] *Lackner* LK (Fn. 5), § 263 Rdn. 292 m.w.N.; ebenso BGH a.a.O. (Fn. 6).
[21] *Lackner/Kühl* (Fn. 5), § 263 Rdn. 53 m.w.N.
[22] RGSt 4, 117, 119.

C.

I.

Der BGH ist auch noch achtzig Jahre nach der ersten reichsgerichtlichen Entscheidung[23] zum Eingehungs- und Erfüllungsbetrug der höchstrichterlichen Argumentationslinie treu geblieben, als er im Jahr 1961 den sog. „Zellwollhosenfall"[24] zu entscheiden hatte:

Ein Verkäufer verkaufte eine Hose unter der Zusicherung, es handele sich um eine rein wollene, obwohl es sich um eine Hose aus geringwertiger Zellwolle handelte. Der Preis von 26 DM entsprach allerdings dem üblichen Preis einer Zellwollhose.

Zu Recht lehnt der BGH hier das Vorliegen eines (im konkreten Fall nur versuchten) Eingehungsbetruges ab, da die vom Käufer erworbene Zellwollhose auch ohne die zugesicherte (Gabardine-)Eigenschaft den Wert hat, der dem Kaufpreis von 26 DM entspricht.[25]

Die über einen Eingehungsbetrug hinausgehenden Überlegungen im Hinblick auf einen möglichen Erfüllungsbetrug stellt der BGH nur andeutungsweise dar: Die Täuschung und die sich bis zum Eintritt des Vermögensschadens anschließende Ursachenkette dürfe nicht vom Verpflichtungsgeschäft auf das Erfüllungsgeschäft verlegt werden. Das würde den Betrugstatbestand verändern.[26] Dieser Ansatzpunkt wurde von der Literatur vielfach aufgegriffen und ausgeführt.[27] Die tragende Argumentation beruht auf der zutreffenden Ansicht, daß es sich um einen einheitlichen Le-

---

[23] RGSt 4, 117, siehe dazu oben A.I.

[24] Beschluß vom 18.7.1961 – 1 StR 606/60, BGHSt 16, 220 = NJW 1961, 1876.

[25] BGHSt 16, 220, 223.

[26] BGHSt 16, 220, 224.

[27] Zustimmend *Gutmann*, Der Vermögensschaden beim Betrug im Licht der neueren höchst-richterlichen Rechtsprechung (II), MDR 1963, 91, 93; *Schönfeld*, Interesseverletzung und Betrugsschaden, JZ 1964, 206, 207; *Samson/Günther* Systematischer Kommentar zum StGB (SK), 5. Aufl., § 263 Rdn. 175; ablehnend *Lenckner*, Anmerkung zu BGHSt 16, 220 (Zellwollhosenfall), NJW 1962, 59 im Anschluß an *dens.*, Vertragswert und Vermögensschaden beim Betrug des Verkäufers, MDR 1961, 652; *Puppe*, Anmerkung zu BGHSt 32, 211 (Fassadenbauerfall), JZ 1984, 531; *Schönke/Schröder/*

benssachverhalt handelt, dem *eine* Täuschung im Rahmen des Vertragsschlusses zugrunde liegt. Diese Täuschung führt zu keinem Negativsaldo und damit auch zu keinem Schaden. Beim Erfüllungsgeschäft hingegen liegt keine erneute Täuschungshandlung seitens des Verkäufers vor.[28] Die Übereignung der Zellwollhose als Speziessache hat nur den Erklärungsinhalt, daß es sich um diejenige individualisierte Hose handelt, die auch Gegenstand des schuldrechtlichen Vertrages war; eine Erklärung über ihre Eigenschaften (wie sie stets bei einem Gattungskauf anzunehmen ist[29]) erfolgt hingegen nicht mehr.

Die zweite wesentliche Argumentationslinie, die der BGH in der Zellwollhosenentscheidung klar und präzise herausgestellt hat, ist vor dem Hintergrund der allgemeinen Funktion des Strafrechts zu sehen. Das Strafrecht hat die Funktion, bestimmte Rechtsgüter zu schützen.[30] So dient der Betrugstatbestand nach ganz herrschender Meinung dem Schutz des Rechtsgutes „Vermögen".[31] Bei § 263 StGB – so der BGH[32] – komme es daher darauf an, ob der Getäuschte aus dem Bestand seines Vermögens durch den Vertrag mehr weggibt als er zurückerhält. Vor Abschluß des Vertrages stünden dem Käufer aber keine irgendwie gearteten Rechte auf Lieferung der Sache mit der zugesicherten Eigenschaft zu. Er erwerbe nicht einmal eine rechtliche oder tatsächliche Anwartschaft auf diese zugesicherte Eigenschaft, denn sie sei – da die Eigenschaft vom Verkäufer betrügerisch zugesichert wurde – von so hoher Ungewißheit, daß sie keinesfalls bereits dem Vermögen des Getäuschten zugerechnet werden könne. Somit büße der Käufer durch den Vertrag auch nichts von seinem Vermögensbestand ein. Dieser verändere sich bloß nicht in der erwarteten Weise; der etwa erhoffte Vermögenszuwachs bleibe aus. Hierin könne somit keinesfalls eine

---

Cramer (Fn. 16), § 263 Rdn. 137 m.w.N.

[28] *Samson/Günther* SK (Fn. 27), § 263 Rdn. 176; ebenso *Lackner* LK (Fn. 5), § 263 Rdn. 232 f.; *Tenckhoff* (Fn. 5), S. 689.

[29] Siehe hierzu *Schönke/Schröder/Cramer* (Fn. 16), § 263 Rdn. 136 m.w.N.

[30] *Roxin*, Strafrecht AT I, 3. Aufl. 1997, § 2 Rdn. 1; *Jescheck/Weigend*, Strafrecht AT, 5. Aufl. 1996, § 1 III 1 m.w.N.

[31] Statt aller *Schönke/Schröder/Cramer* (Fn. 16), § 263 Rdn. 1.

[32] BGHSt 16, 220, 223 f.

betrügerische Vermögensschädigung, sondern lediglich die Vereitelung einer Vermögensmehrung gesehen werden.[33]

II.

Die Entscheidung ist insbesondere von *Lenckner*[34] und *Puppe*[35] heftig kritisiert worden, da sie den Fall nicht ausreichend unter dem Aspekt eines möglichen Erfüllungsbetrug würdige. Ein Erfüllungsbetrug sei aus dem Grunde zu bejahen, daß der Käufer den vollen Kaufpreis bezahle, obwohl er zuvor infolge Fehlens der zugesicherten Eigenschaft ein Minderungsrecht erworben habe.[36] Dieser Argumentation ist jedoch entgegenzuhalten, daß sie auf einer zivilistischen und nicht strafrechtlichen Denkweise basiert. Es widerspricht eklatant der dem Strafrecht eigenen „ultima ratio"-Funktion, im Rahmen von § 263 StGB die Vereitelung einer Vermögensmehrung, also eines vorteilhaften Geschäftes als strafwürdig zu erachten. Für die Nichteinhaltung von Verträgen offeriert das Zivilrecht dem Betroffenen zahlreiche Möglichkeiten, um eine vertragsgemäße Leistung durchzusetzen oder sich endgültig vom Vertrag zu lösen. Vorteilhafte Geschäfte, d.h. Verträge, die ihrem Inhalt nach dem Opfer einen Vermögenszuwachs versprechen, weil der Preis besonders niedrig, die Qualität der Ware besonders hoch ist, bedürfen keines strafrechtlichen Schutzes. Vermögen wird in diesen Fällen durch die Täuschung nicht gemindert, sondern lediglich nicht vermehrt. Es ist aber nicht Zweck des Betrugsstrafrechtes, eine solche Position zu schützen. § 263 StGB schützt nicht die Dispositionsfreiheit des Vermögensinhabers und daher auch nicht vor Vereitelung einer Vermögensmehrung, sondern ist ein ausschließlich gegen das Vermögen gerichtetes Verschiebungsdelikt.[37]

---

[33] BGHSt 16, 220, 223 f.
[34] A.a.O. (Fn. 27).
[35] A.a.O. (Fn. 27).
[36] Vgl. hierzu auch *Cramer*, Vermögensbegriff und Vermögensschaden im Strafrecht, 1968, S. 190.
[37] *Tröndle/Fischer* (Fn. 5), § 263 Rdn. 1b m.w.N.

III.

Warum der BGH dieser Auffassung mit der Submissionsentscheidung[38] einen Contra-Punkt entgegensetzt hat, ist nicht erkennbar. Die Parallelität der Zellwollhosenentscheidung zum Submissionsfall ist offensichtlich:

- Ein Eingehungsbetrug scheidet in beiden Fällen aus den dargelegten Gründen[39] aus.
- Es stellt sich folglich die Frage nach einem möglichen Erfüllungsbetrug.
- Unstreitig liegt beiden Sachverhalten eine einzige Täuschungshandlung bei Vertragsschluß zugrunde.
- Besteht im Submissionsfall der mit Vertragsschluß erlangte Anspruch in der Möglichkeit der Geltendmachung von Preisreduzierung, Schadensersatzansprüchen oder Vertragsstrafe, so besteht er im Zellwollhosenfall in Gewährleistungsansprüchen.
- In beiden Fällen resultieren aber diese Ansprüche erst aus dem täuschungsbedingten Vertragsschluß als solchem.

Hat der BGH im Zellwollhosenfall 1961 noch seine klare Linie beibehalten und es abgelehnt, eine Täuschung bei Vertragsschluß in die Erfüllungsphase hineinzuziehen, ist er 1992 im Submissionsfall der dargelegten Kritik an der Zellwollhosenentscheidung[40] erlegen und hat über die Figur des Eingehungsbetruges einen Erfüllungsbetrug konstruiert. Diese Konstruktion als Instrument der Strafbarkeitsbegründung ist aber nicht haltbar. Nochmals: Dort, wo der täuschungsbedingte Vertragsschluß nicht zu einem Schaden führt – sei es, daß die gegenseitigen Leistungen ausgewogen sind, sei es, daß der Getäuschte sogar ein vorteilhaftes Geschäft abschließt –, kann ein Erfüllungsbetrug nicht mit der Begründung bejaht werden, daß der Getäuschte nunmehr nicht das erlangt habe, was er zivilrechtlich beanspruchen kann.

---

[38] Vgl. oben B.

[39] Vgl. oben B.II. und C.I.

[40] Vgl. oben C.II.

Aus diesem Grund ist die Anwendbarkeit von Eingehungs- und insbesondere von Erfüllungsbetrug auch auf ganz klar abgegrenzte Fälle reduziert: Unproblematisch ist ein Eingehungsbetrug in den Fällen zu bejahen, in denen ein Vergleich der Vermögenslage vor und nach dem Eingehen der schuldrechtlichen Verbindlichkeit ergibt, daß der Betroffene durch den Vertrag wirtschaftlich schlechter gestellt ist.[41] Ein Erfüllungsbetrug dagegen kommt stets nur bei einer *erneuten* Täuschung *nach* Vertragsschluß in Betracht und kann keinesfalls allein auf einer Täuschung basieren, die ihrerseits unter dem Gesichtspunkt des Eingehungsbetruges mangels Schaden nicht für strafwürdig befunden wurde.[42] Die Bejahung eines Erfüllungsbetruges auf der Grundlage, daß vertraglich entstandene, wirtschaftlich ausgewogene Ansprüche von einer Seite nicht erfüllt wurden, unterläuft die ursprüngliche Funktion des Eingehungsbetruges[43] und stellt somit einen rechtlichen Mißbrauch dieser Rechtsfigur dar. Das Opfer muß sich in diesen Fällen seine Aussichten auf Vermögensmehrung oder Vermögensbestand im Rahmen zivilrechtlicher Ansprüche sichern; das Strafrecht in seiner Funktion als „ultima ratio" ist hier nicht gefordert.

D.

Zutreffend in diesem Sinne ist auch der sog. „Fassadenbauerfall" des BGH aus dem Jahr 1983[44]:

Ein Fassadenbauer hatte Kunden durch besonders günstige Kostenvoranschläge für eine Fassadenrenovierung gewonnen. Um die Vorteile des für sie günstigen Vertragsschlusses wurden die Kunden jedoch anschließend dadurch gebracht, daß der Unternehmer vertragswidrig zuviel – laut Vertrag nach Aufmaß zu berechnendes – Aluminiumblech verarbeitete und dieses sodann den Kunden in Rechnung stellte.

[41] Statt aller *Schönke/Schröder/Cramer* (Fn. 16), § 263 Rdn. 128 m.w.N.
[42] Ebenso *Lackner* LK (Fn. 5), § 263 Rdn. 232 f.
[43] Vgl. oben unter A.II.

Der BGH hat einen Eingehungsbetrug verneint.[45] Zu Recht, denn die Kunden erlangten durch den Vertragsinhalt eine für sie zunächst günstige Rechtsposition und daher wurde ihr Vermögensstand auch nicht verschlechtert.
Die anschließende rechtliche Würdigung des Falles unter dem Gesichtspunkt des Erfüllungsbetruges ist nach der hier vertretenen Auffassung konsequent und nicht zu beanstanden: Der BGH hat einen Erfüllungsbetrug bejaht.[46] Zu Recht, denn der Täter stellte den Kunden Aluminiumblech in Rechnung, dessen Einbau gegen den Vertrag verstieß und überflüssig war; sie erbrachten damit aufgrund einer erneuten Täuschung *nach* Vertragsschluß – nämlich bei Rechnungslegung – eine Leistung, auf die der Angeklagte keinen Anspruch hatte und erlitten somit einen Vermögensschaden[47].
Der BGH spricht sich in dieser Entscheidung nicht für eine generell differenzierende Betrachtungsweise zwischen Verpflichtungs- und Erfüllungsgeschäft aus. Er bejaht eine solche lediglich bei erneuter und selbständiger Täuschung im Rahmen des Erfüllungsgeschäfts.

E.

Die hier getroffene Auswahl der – zumindest für den Eingehungs- und Erfüllungsbetrug bedeutsamen – höchstrichterlichen Rechtsprechung zeigt die Möglichkeit einer einheitlichen und konsequenten Entscheidungspraxis auf, die erst durch die Entscheidung des Submissionsfalles auf einen – wie *Hefendehl*[48] es formulierte – „Irrweg" geraten ist, indem sie die eigentliche Funktion des Eingehungsbetruges unterlaufen hat. Es bleibt zu hoffen, daß sich der BGH in Kürze wieder auf diese Funktion der Figur des Eingehungsbetruges zurückbesinnt.

---

[44] Urteil vom 21.12.1983 – 2 StR 566/83, BGHSt 32, 211 = NJW 1985, 75.
[45] BGHSt 32, 211, 212 f.
[46] BGHSt 32, 211, 213 f.
[47] Dieser entscheidende Unterschied zum Submissions- und zum Zellwollhosenfall wird bei *Tiedemann* LK, § 263 Rdn. 202 m.w.N., nicht genügend beachtet.
[48] A.a.O (Fn. 15).

Der Herrschaftsbegriff als Basis des Vermögensbegriffs

Florian Hagenbucher

A. Zielsetzung des Beitrages

In diesem Beitrag wird zunächst dargestellt, welche Stellung der Begriff des Vermögens besonders im Betrugstatbestand einnimmt, welche Mindestanforderungen an eine Definition zu stellen sind und welche Problemlösungen eine ausreichende Definition erwarten ließe. Anschließend werden die wichtigsten Vermögensbegriffe, die in der Vergangenheit vertreten wurden und derzeit vertreten werden, vorgestellt und kritisch (auch am Maßstab der zuvor entwickelten Mindestanforderungen) gewürdigt. Schließlich wird unter Verwendung der Ergebnisse der Kritik an den zuvor diskutierten Theorien ein Lösungsansatz vorgestellt, der auf dem Herrschaftsbegriff basiert.

B. Bedeutung des Vermögensbegriffes

I. Vermögen als Rechtsgut und Handlungsobjekt des § 263 StGB

Alleiniges Rechtsgut des Betrugstatbestandes ist das Vermögen. Der § 263 StGB schützt also nicht die Verfügungsfreiheit des Vermögensinhabers[1], die Wahrheit,

[1] *Tröndle/Fischer,* StGB, 50. Aufl., § 263 Rdn. 1b.

Treu und Glauben oder das fremde Vertrauen.[2] Üblicherweise wird zwischen dem *Rechtsgut* eines strafrechtlichen Tatbestandes und dem *Handlungs-* oder *Angriffsobjekt* streng unterschieden.[3] Das Rechtsgut ist ein werthafter Begriff,[4] menschliches Interesse oder rein gedankliche „Wertgattung".[5] Das Tatobjekt ist dagegen derjenige Gegenstand, an dem sich die verbrecherische Handlung tatbestandsmäßig vollzieht.[6] So ist beispielsweise beim Totschlag das Rechtsgut das Leben, während das Handlungsobjekt der menschliche Körper ist. Jedoch sind die Handlungsobjekte nicht auf körperliche Gegenstände beschränkt, sondern richten sich vielmehr nach der Formulierung des jeweiligen Gesetzes. So ist bei § 263 StGB sowohl Rechtsgut als auch Tatobjekt des Deliktes das Vermögen.[7]

Fraglich ist nur, auf welcher Abstraktionsebene der Vermögensbegriff entwickelt werden soll: Hierbei wird das Vermögen als Handlungsobjekt stets konkreter sein als der Vermögensbegriff als Rechtsgut[8]. Dies legt auch schon der Wortlaut des § 263 StGB nahe, der als objektives Tatbestandsmerkmal die Beschädigung des „...Vermögens eines anderen..." fordert. Weiterhin wird bei der gutachterlichen Prüfung von Betrugsfällen stets verlangt, bereits im Obersatz festzustellen, zu Lasten *wessen* der Betrug ging. Das heißt nichts anderes als „*wer* hat den Vermögensschaden erlitten?", also „*wessen* Vermögen wurde beeinträchtigt?". Der Vermögensbegriff im hier zu untersuchenden Rahmen kann also nicht losgelöst von einem Vermögensträger betrachtet werden. Vermögen als Handlungsobjekt des Betrugstatbestandes ist immer „Vermögen eines Vermögensträgers". Insofern bietet sich der Vorschlag von *Nelles*[9] an, die das Vermögen als „Dreiheit" aus *Ver-*

---

2 *Hefendehl*, Vermögensgefährdung und Expektanzen, 1994, S. 81.
3 *Haft*, Strafrecht AT, 8. Aufl. 1998, S. 315.
4 *Haft* (Fn. 3), a.a.O.
5 *Jäger*, Strafgesetzgebung und Rechtsgüterschutz bei Sittlichkeitsdelikten, 1957, S. 15 f.
6 *Amelung*, Rechtsgüterschutz und Schutz der Gesellschaft, 1972, S. 199.
7 *Amelung* (Fn. 6), S. 200.
8 *Nelles*, Untreue zum Nachteil von Gesellschaften, 1990, S. 311f.
9 *Nelles*, (Fn. 8), S.313.

mögensobjekt, Vermögenssubjekt und *Vermögenszuordnung* versteht. Die Vermögenszuordnung ist dabei die Beziehung zwischen Objekt und Subjekt, durch die die Objekte zum Vermögen *des* Subjekts werden.

II. Folgerung für die Mindestanforderungen an eine Definition des Vermögensbegriffes

Folgt man diesem Verständnis des Vermögensbegriffes als Trias, ergeben sich logisch die Mindestanforderungen, die an eine akzeptable Definition des Vermögensbegriffes zu stellen sind: Sie müsste klare Aussagen treffen, welchen Positionen die Fähigkeit zugeschrieben werden kann, Vermögens*objekt* zu sein, wer Vermögens*subjekt* sein kann und welche Anforderungen an die Beziehung zwischen Objekt und Subjekt, also die *Zuordnung* zu stellen sind. Dabei sollen die einzelnen Definitionen ein logisch schlüssiges und innerhalb des Systems unserer Rechtsordnung stimmiges System darstellen[10].

III. Was vermag die Klärung des Vermögensbegriffes?

Bevor man dazu schreitet, die Vermögensbegriffe, die vertreten wurden oder vertreten werden, einer kritischen Prüfung zu unterziehen, sollte man sich vor Augen führen, welche Problemlösungen eine Klärung des Vermögensbegriffes erwarten ließe. Die Fragestellung des Vermögensbegriffes ist dabei: Welche Positionen gehören zum strafrechtlich geschützten Vermögen? Dies kann beispielsweise bei folgenden Fragen problematisch werden: Gehören die Arbeitskraft der Dirne, der Anspruch auf eine sittenwidrige Leistung oder der rechtswidrig erlangte Besitz zum strafrechtlich geschützten Vermögen?[11].

[10] *Nelles* (Fn. 8), S. 316.

Weniger klar ist die Problematik des Vermögens*schadens*begriffes. Natürlich hängt der Begriff des Schadens von dem des Vermögens ab. Die Klärung des Vermögensbegriffes ist jedoch der des Schadensbegriffes sachlich vorgelagert. *Samson*[12] betont, dass „nicht oft genug hervorgehoben werden kann, dass es beim strafrechtlichen Vermögensbegriff um eine völlig andere Fragestellung geht als beim Begriff des Schadens". Nach der üblichen Auffassung liegt ein Vermögensschaden dann vor, wenn das Gesamtvermögen gemindert wurde, wenn also ein Abfluss an Vermögen nicht durch einen gleichwertigen Zufluss ausgeglichen wurde. Es geht beim Begriff des *Schadens* also um eine *Bewertung* der schon als Vermögensbestandteile anerkannten Positionen. Die *Bewertung* erfolgt dabei bei den Schadensbegriffen nach unterschiedlichen Maßstäben, stets aber nicht absolut in Geldwerten, sondern nur relativ in Form eines Vergleiches von abfließenden und zufließenden Vermögensstücken.

Freilich wird sich in manchen Fallkonstellationen trotzdem ohne Schadenslehre, d.h. ohne Bewertung nur mit Hilfe des Vermögensbegriffes ein Schaden bejahen oder verneinen lassen: Wenn nämlich die abfließende Position kein *Vermögensobjekt* im Sinne des zugrundegelegten Vermögensbegriffes war, kann kein Schaden vorliegen, bzw. liegt umgekehrt immer ein Schaden vor, wenn zwar ein Vermögensobjekt abgeflossen ist, aber kein Zufluss eines anderen Vermögensobjektes zu verzeichnen war.

Eine Klärung des Vermögensbegriffes kann also grundsätzlich nur Antwort auf die Frage geben, *ob* etwas Vermögen ist. Bei der Frage, ob ein Vermögens*schaden* vorliegt, gibt der Vermögensbegriff Auskunft über das „Vorzeichen" der zu vergleichenden Positionen, das positiv, negativ oder „neutral" sein kann. Ein Vermögensschaden kann nur festgestellt werden, wenn als Vorzeichen nicht einmal „plus" (Zufluss von Vermögen) und einmal „minus" (Abfluss von Vermögen) festzustel-

---

[11] *Samson*, JA 1989, 511.
[12] *Samson* (Fn. 11), 510.

len ist. Ein Vergleich („größer als", „kleiner als", „gleich") kann nur unter Verwendung einer Schadenslehre entschieden werden. Schadenslehren sind aber nicht Thema dieser Studie. Von der Klärung des Vermögensbegriffes darf also nicht in allen Fallkonstellationen eine Antwort auf die Frage erwartet werden, ob ein Vermögens*schaden* vorliegt.

C. Die Vermögensbegriffe

Im folgenden soll ein Überblick über die verschiedenen Vermögensbegriffe gegeben werden, die vertreten wurden oder werden. Nach der Nennung der üblichen Definitionen wird versucht, die Aussagen der Vermögenslehren zu der vorhin dargelegten Trias von Vermögenssubjekt, Vermögensobjekt und der Vermögenszuordnung herauszufiltern. Die *Reihenfolge*, nach der die Aussagen zu den Gliedern Vermögenssubjekt, -objekt und -zuordnung erscheinen, richtet sich nach dem jeweiligen *Ansatz* der diskutierten Vermögenslehre. Nach einer Zusammenfassung der Aussagen steht eine kritische Würdigung der jeweiligen Vermögenslehre, in der aufgezeigt werden soll, welche Ansätze zwangsläufig in eine Sackgasse führen bzw. welche Ansätze grundsätzlich in die richtige Richtung weisen und daher später bei einer Vermögensdefinition verwendbar sind.

I. Der juristische Vermögensbegriff

Zu den Hauptvertretern des juristischen Vermögensbegriffes (besser *der* juristischen Vermögensbegriffe) zählten *Merkel* und *Binding*[13]. Dieser wird aber in der reinen Form nicht mehr vertreten.

---

[13] *Nelles* (Fn. 8), S. 313.

Ihnen zufolge ist unter dem Vermögen die Summe aller Vermögensrechte und -pflichten einer Person zu verstehen. Die Zielsetzung dieses Vermögensbegriffes bestand darin, Normwidersprüche zu vermeiden. Das Strafrecht könne zwar bestimmen, in welchem Umfang es Vermögen schützen wolle, es könne sich aber nicht von den für die rechtliche Zuteilung von Gütern maßgeblichen Normen emanzipieren[14].

1. Die Vermögenszuordnung

Allen juristischen Vermögenslehren liegt also der übereinstimmende Ansatz zugrunde, dass das Privatrecht und das öffentliche Recht die maßgeblichen *Zuteilungsordnungen* seien, nach denen entschieden wird, ob ein Vermögensobjekt einem Vermögenssubjekt so zugeordnet werden kann, dass die Gesamtheit als Vermögen zu bezeichnen ist. Der juristische Vermögensbegriff trifft also zu der Fragestellung der Zuordnung des Objektes zum Subjekt eine klare Aussage.

2. Die Vermögensobjekte

Weniger klar scheint die Antwort auf die Frage der Vermögensobjekte auszufallen. Der Definition nach kommen solche Positionen in Betracht, für die das Privatrecht oder das öffentliche Recht Regelungen enthalten. *Merkel* und *Binding* griffen auf die Lehre vom „subjektiven Recht" zurück und forderten von Vermögensgütern die Eigenschaft, subjektives, also dem Rechtssubjekt zustehendes Recht zu sein. Gegenstand des Vermögens konnten also nicht Sachen oder Wertpapiere selbst sein, sondern nur das Recht an solchen körperlichen Gegenständen. Im Gegenschluss stand fest, dass faktische Positionen, an denen kein Recht bestand oder auch abstrakt nicht begründbar war, nicht vermögensfähig waren. Hierzu zählten beispiels-

[14] *Gallas*, Der Betrug als Vermögensdelikt, in: Festschrift für Eb. Schmidt, 1961, S. 408.

weise die Arbeitskraft, der Besitz, Exspektanzen, der Kundenstamm eines Geschäftes oder ein Geschäftsgeheimnis.[15]

Jedoch war es schon von den möglichen Ergebnissen her ausgeschlossen, jedes subjektive Recht als Vermögensbestandteil anzusehen. Zu diesen gehörten nämlich auch höchstpersönliche und immaterielle Rechte wie die Gesundheit, Ehre und Freiheit. Es wurde also eingewendet, die Vermögensdelikte verlören jegliche Kontur, wenn ethische und ökonomische Werte unterschiedslos zu möglichen Angriffsobjekten erklärt würden.

Zur Lösung diese Problems wurde versucht, die Vermögensrechte aus den subjektiven Rechten herauszufiltern.

Dies setzte jedoch seinerseits voraus, dass das Zivilrecht einen eindeutigen, einheitlichen Vermögensbegriff oder wenigstens den einheitlichen Begriff eines Vermögens*rechtes* kennt. Gerade dies ist aber nicht der Fall.[16] Nach *H. Mayer*[17] handelt es sich beim Vermögensbegriff im Zivilrecht um einen nicht einheitlichen klassifikatorischen Begriff, dem je nach Erkenntnisanliegen ein anderes Verständnis zugrunde gelegt wird. Im Zivilrecht besteht nämlich Einigkeit darüber, dass das Vermögen als Tatbestandsmerkmal unter Berücksichtigung des jeweiligen Normzweckes interpretiert werden muss und deshalb für jede Norm einen anderen Inhalt haben kann. So wird unter Vermögen im Sinne der Übertragungsvorschriften der §§ 310, 311 BGB a.F. nur die Summe der Aktiva verstanden, wohingegen im Erbrecht unter dem Vermögen die Summe der Aktiva und Passiva sowie die Gesamtheit der Rechtsverhältnisse des Erblassers zu verstehen sind, einschließlich solcher mit nichtvermögensrechtlichem Inhalt.[18] Auch *Cramer*[19] stellt fest, dass vom Vermögen im BGB und HGB zwar oft gesprochen wird, doch Einigkeit darüber besteht, dass sich hinter dem gleichen Merkmal sehr viele verschiedene Inhalte ver-

---

[15] *Nelles*, (Fn.8), S. 313.

[16] *Medicus*, Allgemeiner Teil des BGB, 7. Aufl. 1998, Rdn. 1198.

[17] *Hellmuth Mayer*, Die Untreue im Zusammenhang der Vermögensverbrechen, 1926, S. 145-148.

[18] *Palandt/Edenhofer*, BGB, 60. Aufl., § 1922 Rdn. 12.

[19] *Cramer*, Vermögensbegriff und Vermögensschaden im Strafrecht, 1968, S. 79.

bergen können. Jeweils in Abhängigkeit vom jeweiligen Normzweck wird unter dem Vermögen einmal das Brutto-, dann wieder das Nettovermögen verstanden. Aber auch bei ausschließlicher Betrachtung des Brutto- (Aktiv-) Vermögens, das nach *Cramer* am ehesten dem strafrechtlichen Vermögensbegriff entsprechen sollte, da es die Schulden nicht einbezieht (und Schulden nicht Angriffsobjekt eines Vermögensdeliktes sein können), fallen die Probleme nicht weg. Beim zivilrechtlichen Aktivvermögen ist nämlich wiederum streitig, ob dies aus einem Inbegriff von Wirtschaftsgütern oder aus der Summe der einer Person zustehenden geldwerten Rechte oder einer Kombination von Rechten und wirtschaftlich wertvollen Gütern besteht. Eine vom Zivilrecht konstituierte einheitliche Vermögensdefinition konnte demnach noch nicht gefunden werden.

Möglicherweise könnte aber der Begriff des Vermögens*rechtes* eindeutiger definiert sein. Einigkeit besteht darüber, dass höchstpersönliche Rechte (Freiheit, Ehre) auf alle Fälle nicht zu den Vermögensrechten gehören.[20] *H. Mayer*[21] zufolge war aber sonst vieles umstritten: Bald sollten Vermögensrechte die Rechte sein, die Herrschaft über die äußere Natur gewähren oder vermitteln sollten, dann sollte darunter wieder zu verstehen sein, „was dem reinen Individualinteresse dient", andere wollten unter dem Vermögensrecht Sachen- und Forderungsrechte verstanden wissen. Wieder andere stellten auf den Geldwert der Rechte ab. Hiergegen wendete *H. Mayer* ein, dass die elterliche Gewalt über arbeitsfähige Kinder sehr wohl geldwert sei, aber wohl kaum als Vermögensrecht bezeichnet werden dürfe. Auf der anderen Seite können Rechte an Sachen gerade auch ohne Geldwert sein, wenn der Eigentümer ein reines Affektionsinteresse an dem jeweiligen Gegenstand hat. Auch *Cramer*[22] bezweifelte die Eindeutigkeit des Begriffes des Vermögensrechtes am

[20] *Nelles* (Fn. 8), S. 350.
[21] *Mayer* (Fn. 16), S. 147.
[22] *Cramer* (Fn.18), S. 81.

Beispiel des Rechtes am eigenen Bild. Handelt es sich hierbei um ein Persönlichkeitsrecht oder ein Vermögensrecht?

Es bleibt also festzuhalten, dass unter den Vermögensobjekten im Sinne der juristischen Vermögenslehre außerstrafrechtlich begründete subjektive Rechte zu verstehen sind, die die Gesamtmenge aller strafrechtlichen Vermögensobjekte bilden. Die Eigenschaft eines subjektiven Rechtes ist also notwendige, aber nicht hinreichende Voraussetzung für die Kategorien der Vermögensobjekte.

3. Vermögenssubjekt

Die Frage, welchen Vermögens*subjekten* die Vermögensobjekte zugeordnet werden, beantwortet der juristische Vermögensbegriff nicht ausdrücklich. Da aber als Zuteilungsordnung das private und öffentliche Recht maßgebend sein, und als Vermögensobjekte nur subjektive Rechte in Betracht kommen sollen, kommen als Vermögensinhaber nur solche „Subjekte" in Betracht, denen das Privatrecht und das öffentliche Recht die Fähigkeit zuschreibt, Inhaber subjektiver Rechte zu sein. Es handelt sich dabei um natürliche und juristische Personen.

4. Zusammenfassung der Aussagen

Schwerpunkt der juristischen Vermögenslehren ist die Vermögens*zuordnung*. Für die Zuordnung von einem Vermögensobjekt zu einem Vermögenssubjekt sind die Regeln der (zivilen und öffentlichen) Rechtsordnung maßgeblich. Vermögens*objekte* sind subjektive Vermögensrechte. Vermögens*subjekte* können natürliche und juristische Personen sein.

5. Kritik

Die juristische Vermögenslehre, die in der reinen Form nicht mehr vertreten wird, stieß auf umfassende Kritik. Dabei setzten die Kritiker an unterschiedlichen Punkten an.

Zum einen wurden die *Konsequenzen*, die eine strenge Anwendung der juristischen Vermögenslehren nach sich zöge, als unhaltbar angesehen.[23] Der juristische Vermögensbegriff liefe an der Realität vorbei, wenn er tatsächlichen wirtschaftlichen Werten wie den Exspektanzen, dem Besitz, der Arbeitskraft oder dem Geschäftsgeheimnis den strafrechtlichen Schutz versage, da diese Positionen nicht zu einem subjektiven Recht verdichtet sind oder ein subjektives Recht an ihnen abstrakt nicht begründbar erscheint. Dagegen würden auch Positionen geschützt, die tatsächlich wertlos sind und an denen nur ein reines Affektionsinteresse besteht, wie die Locke des längst verblichenen Geliebten oder vertraglich begründete Ansprüche auf irgendein Schuldnerverhalten, die für den Gläubiger keinerlei wirtschaftlichen Wert haben, da der Schuldner dauerhaft insolvent ist.[24]

Weiterhin wurde der dem juristischen Vermögensbegriff innewohnende *Akzessorietätsgedanke* kritisiert. Das Strafrecht müsse eigenständig sein und dürfe nicht abhängig von anderen Rechtsgebieten sein.[25] Dem ist entgegenzuhalten, dass eine völlige Unabhängigkeit des strafrechtlichen Vermögensbegriffes von dem Vermögensbegriff anderer Rechtsgebiete zu Wertungswidersprüchen führen könnte, die innerhalb einer Rechtsordnung nicht hinnehmbar sind.[26] Für die Durchsetzung des Zieles der Unabhängigkeit des Strafrechtes die Einheit der (Gesamt) Rechtsordnung zu gefährden, scheint aber unverhältnismäßig zu sein.

---

[23] *Hefendehl* (Fn. 2), S. 99.
[24] *Samson*, JA 1989, 512.
[25] *Bruns*, Die Befreiung des Strafrechts vom zivilistischen Denken, 1938, S. 227 ff.
[26] Zu diesen Wertungswidersprüchen vgl. unten die Ausführungen zum wirtschaftlichen Vermögensbegriff bei B.II.5.

Dogmatisch lässt sich zwar nicht kritisieren, dass der juristische Vermögensbegriff kein in sich geschlossenes und widerspruchsfreies System darstelle. Das räumt aber nicht die Abgrenzungsschwierigkeiten der subjektiven Vermögensrechte von den sonstigen subjektiven (Nicht-Vermögens-)rechten als Untergruppe der subjektiven Rechte aus.[27]
Der Ansatz der juristischen Vermögenslehren, sich des privaten und öffentlichen Rechtes zu bedienen, wenn es um Fragen der Vermögenszuordnung geht, ist also nicht grundsätzlich zu verwerfen. Die Vermögensobjekte allerdings auf die subjektiven Vermögensrechte zu beschränken, scheint einerseits zu eng, andererseits nicht klar zu sein. Tatsächliche Positionen, denen unzweifelhaft ein Wert zukommt, werden nämlich nicht erfasst. Weiterhin war der Begriff des „subjektiven Rechts“ schon umstritten, als die juristische Vermögenslehre entstand, und wurde bis zum heutigen Zeitpunkt immer unklarer. Eine zivilrechtsakzessorische Begriffsbildung im Strafrecht ist aber dann unsicher und zweifelhaft, wenn die übernommenen Begriffe schon im ursprünglichen Rechtsgebiet zweifelhaft sind.[28]

II. Der wirtschaftliche Vermögensbegriff

Auch hinter *dem* wirtschaftlichen Vermögensbegriff verbergen sich *mehrere* sowohl sachlich als auch begrifflich voneinander abweichende Vermögensbegriffe. Gemeinsame Zielsetzung ist die Abkehr des Strafrechts von der Abhängigkeit vom Zivilrecht.
Unter *Vermögen* verstehen die Vertreter der wirtschaftlichen Vermögenslehren „die Summe der geldwerten Güter nach Abzug der Verbindlichkeiten“ (der *BGH*[29] in ständiger Rechtssprechung), die „Gesamtheit der wirtschaftlichen Güter einer juris-

[27] Vgl. *Nelles* (Fn. 8), S. 359.
[28] *Nelles* (Fn. 8), S. 358.
[29] BGHSt 3, 99, 102; 14, 83, 86; 16, 220, 221; 34, 199, 203.

tischen oder natürlichen Person", oder „die Gesamtheit der Güter, die der Verfügungsgewalt einer Person unterliegen".[30]

1. Die Vermögensobjekte

Alle wirtschaftlichen Vermögenslehren stimmen darin überein, dass hinreichende Bedingung dafür, dass einer Position die Fähigkeit zugesprochen werden muss, Vermögensobjekt zu sein, ein wirtschaftlicher Wert ist. Die Entscheidung, ob ein solcher wirtschaftlicher Wert vorhanden ist, soll sich nach der Ansicht des Geschäftsverkehrs bestimmen.

Ob dies der Fall ist, lässt sich nur empirisch bestimmen. Im Gegensatz zum juristischen Vermögensbegriff fallen jedenfalls nicht durchsetzbare Rechte (z.B. wegen Insolvenz des Schuldners) oder wertlose Gegenstände (für den juristischen Vermögensbegriff genauer: das Eigentumsrecht daran) nicht unter die Vermögensobjekte. Dagegen können Positionen wie das Know-how, die Arbeitskraft, rein tatsächliche Erwerbsaussichten[31], oder selbst Forderungen aus sittenwidrigen oder verbotenen Rechtsgeschäften[32] zu den Vermögensobjekten gezählt werden, soweit sie im Einzelfall von wirtschaftlichem Wert sind.

2. Die Vermögenszuordnung

Auf welche Weise ein Vermögensbestandteil einem Subjekt zugeordnet wird, damit es *dessen* Vermögen wird, lässt sich den Definitionen der wirtschaftlichen Vermögenstheorien nicht entnehmen. Betrachtet man die erklärte Zielsetzung der wirtschaftlichen Vermögenstheorien, das Strafrecht von der Abhängigkeit vom Zivil-

---

[30] *Blei*, Strafrecht II, 12. Aufl. 1983, S. 231.

[31] *Lackner* Leipziger Kommentar zum StGB (LK), 10. Aufl., §263 sowie *Tiedemann* LK, 11. Aufl., § 263 Rdn. 134.

[32] BGHSt 2, 364.

recht zu befreien, liegt der Schluss nahe, dass als Zuteilungskriterium die (Privat) Rechtsordnung gerade nicht in Betracht kommt.[33]

Das einzige Zuordnungskriterium, das sich ausmachen lässt, ist das des besseren faktischen Zugriffes, also der Macht.[34]

Die Annahme, Macht allein könnte das Zuordnungskriterium sein, könnte jedoch zu Kollisionen führen, wenn man annimmt, dass auch Rechtspositionen (sofern sie wirtschaftlichen Wert besitzen, wie beispielsweise Patentrechte) Vermögensobjekte der wirtschaftlichen Vermögenstheorien seien.

Es ist also zu betrachten, wie die Rechtsprechung Kollisionsfälle löst. Würde ein extrem wirtschaftlicher Vermögensbegriff konsequent vertreten, wäre zu erwarten, dass bei Kollisionsfällen stets das Recht der Macht weichen muss.

Als Beispiel möge der wegen Sittenwidrigkeit gemäß § 138 BGB[35] zivilrechtlich nichtige Anspruch der Dirne auf ihren Lohn dienen. Dieser ist taugliches Vermögensobjekt nach der wirtschaftlichen Betrachtungsweise, da in der Mehrzahl der Fälle anstandslos gezahlt wird. Aus der Sicht der Dirne stellt er sich als faktische Exspektanz dar. Dabei wird die Wahrscheinlichkeit der faktischen Durchsetzbarkeit des Anspruches der Dirne nicht unwesentlich von der Konstitution des hinter ihr stehenden Zuhälters abhängen, also von Macht.

Strafrechtlich genießt dieser Vermögensbestandteil aber dem BGH zufolge keinen Schutz.[36] Begründet wird dies vom BGH damit, dass sich das Strafrecht sonst in Widerspruch zur sonstigen Rechtsordnung setzen würde, wenn es nichtigen Ansprüchen Schutz gewährte, die aus verbotenen oder sittenwidrigen Rechtsgeschäften herrührten.

Dieser Kollisionsfall wurde also zugunsten des Rechts entschieden.

---

[33] *Nelles* (Fn. 8), S. 363.

[34] *Nelles* (Fn. 8), S.363.

[35] *Palandt/Heinrichs* (Fn. 17), § 138 Rdn. 52. Auch wenn die Prostituierten künftig einen gültigen Entgeltanspruch besitzen werden (s. BT-Dr. 14/ 4456; 14 5958), bleibt das strafrechtsdogmatische Problem für andere Fälle des § 138 BGB bestehen.

[36] BGHSt 4, 373 und BGH JR 1988, 125.

Dagegen entschied das OLG Hamburg[37], dass der nach §§ 812, 817 BGB mit Rücksicht auf die Sittenwidrigkeit des Grundgeschäftes zivilrechtlich nicht begründete Rückforderungsanspruch des Freiers gegen die Dirne zu seinem Vermögen gehöre, da auch nichtige Ansprüche einen wirtschaftlichen Wert haben. Dieser Kollisionsfall wurde so entschieden, dass die (körperliche) Macht mehr wiege als das Recht.

Es lässt sich also feststellen, dass das einzige in den wirtschaftlichen Vermögensbegriffen implizierte Zuordnungskriterium der Macht oder des besseren faktischen Zugriffes zu Kollisionen zwischen Macht und Recht führen kann. In der Rechtsprechung wurde aber keine einheitliche Linie entwickelt, wie mit solchen Fällen zu verfahren sei.

3. Die Vermögenssubjekte

Aussagen über die möglichen Vermögensträger werden ebenfalls abgesehen von der Definition *Wessels* (natürliche und juristische Personen) nicht gemacht.

Blickt man auf die Zuordnungskriterien, kann gefolgert werden, dass Vermögensträger sein kann, wer fähig ist, Macht auszuüben. Dies sind einzelne natürliche Personen sowie Personenmehrheiten, unabhängig davon, ob sie in einer Rechtsform organisiert sind. Nimmt man als Vermögensobjekte auch noch Rechte dazu, wird der Personenkreis auf natürliche und juristische Personen eingeschränkt.

4. Zusammenfassung der Aussagen

Taugliche Vermögens*objekte* nach der wirtschaftlichen Vermögenstheorie sind alle Phänomene der sozialen und wirtschaftlichen Wirklichkeit (also Rechte und Nicht-Rechte sowie tatsächliche Positionen) denen im Einzelfall ein wirtschaftlicher Wert zukommt.[38]

---

[37] OLG Hamburg NJW 1966, 1525.
[38] Vgl. *Nelles* (Fn. 8), S. 368.

Die Vermögens*zuordnung* erfolgt in unklarer Wahl des jeweiligen Entscheidungskriteriums entweder nach tatsächlichen Gesichtspunkten (Macht, Zugriffsmöglichkeit) oder nach dem Recht.
Als Vermögens*subjekte* kommen jedenfalls natürliche und juristische Personen in Betracht.

5. Kritik

Auch bei der Kritik der wirtschaftlichen Vermögenslehren wird an verschiedenen Punkten angesetzt.

a) Wertungswidersprüche
Lässt man als hinreichende Bedingung für die Fähigkeit, Vermögensobjekt zu sein, die Eigenschaft einer Position zu, wirtschaftlichen Wert zu haben, kann dies zu Wertungswidersprüchen führen.
Dies ist dann der Fall, wenn eine faktisch wertvolle Position (nichtiger Zahlungsanspruch des gedungenen Mörders) keinen zivilrechtlichen Schutz genießt.
Diese werden aber meist von der Rechtsprechung unter Einbeziehung rechtlicher Kriterien aufgelöst. Die Rechtsprechung folgt also keinem „rein“ wirtschaftlichen Vermögensbegriff.

b) „Wirtschaftliche Betrachtungsweise“
Hefendehls Kritik setzt am Punkt des „wirtschaftlichen“ bzw. der „wirtschaftlichen Betrachtungsweise“ an. Es sei zugrunde zu legen, dass es sich beim Begriff des „Vermögens“ um einen vagen Terminus handele[39]. Vage Termini zeichneten sich dadurch aus, dass es zweifelhaft sei, ob Eigenschaften von bestimmten Objekten von der Sprachregel (dem Terminus) erfasst würden oder nicht. Zweifel träten dann nicht auf, wenn es evident sei, dass ein bestimmtes Objekt aufgrund seiner Eigen-

[39] *Hefendehl* (Fn. 2), S. 92.

schaften von der Sprachregel erfasst werde. So gehöre ein Haus, dass im Eigentum und Besitz einer Person stehe, offenkundig zu deren Vermögen. Positionen wie Erwerbschancen, bei denen eine offenkundige Zuordnung nicht möglich ist, würden als „neutrale Kandidaten“ bezeichnet.

Dabei werde[40] die methodische Vorgehensweise bei der Anwendung und Auslegung solcher vager Termini wie dem des „Vermögens“ durch das „Subsumtionsmodell“ beschrieben. Freilich werde die Auslegung nur im Hinblick auf die „neutralen Kandidaten“ nötig.

Dabei sei folgendermaßen vorzugehen: Die Rechtssprache der Norm müsse schrittweise auf die Umgangssprache zurückgeführt werden, bis sich daraus ein Obersatz bilden lasse, unter den die umgangssprachliche Beschreibung des Sachverhaltes problemlos zu subsumieren sei. Die Rechtssprache müsse also Schritt für Schritt „entnormativiert“ werden. Ein normativer Restbestand bleibe freilich stets übrig.

Zu prüfen sei nunmehr, ob der wirtschaftlichen Vermögenslehre wenigstens eine *entnormativierende Tendenz* zugesprochen werden könne. Da sie sich bei der schrittweisen Rückführung des Vermögensbegriffes auf die Umgangssprache des Begriffes des „Wirtschaftlichen“ bzw. der „wirtschaftlichen Betrachtungsweise“ bediene, könne eine solche Tendenz bejaht werden, wenn diese Begriffe klar sind oder wenigstens eindeutig definiert werden.

Dies sei aber weder im Zivil-, Steuer- oder Bilanz-, geschweige denn im Strafrecht der Fall, obwohl in diesen Rechtsbereichen regelmäßig von einer „wirtschaftlichen Betrachtungsweise“ die Rede ist.

Im Hinblick auf diese Rechtsbereiche könne also die wirtschaftliche Vermögenstheorie nicht für sich verbuchen, zu einer Entnormativierung des Vermögensbegriffes beizutragen, indem sie ihn mit dem Adjektiv „wirtschaftlich“ beschreibe.

---

40 *Hefendehl* (Fn. 2), S.100.

c) Widersprüchlichkeit der Zuordnungskriterien

Nelles'[41] Ansatzpunkt der Kritik an der wirtschaftlichen Vermögenslehre, wie sie sich heute präsentiert und in der Praxis umgesetzt wird, ist die Widersprüchlichkeit der Zuordnungskriterien. Die Ursache für diese Widersprüchlichkeit sei darin zu finden, dass die Gesamtmenge der vermögenstauglichen Positionen zwei Kategorien umfasse, die sich gegenseitig ausschlössen: zum Vermögen könne sowohl ein (zivilrechtlich gültiges) Recht gehören als auch sein Gegenteil, ein (zivilrechtlich nicht gültiges) Nicht-Recht.

Der Einwand ließe sich jedoch möglicherweise ausräumen, wenn sich mit der Hilfe des Kriteriums „Wirtschaft" der Kreis der vermögenstauglichen Objekte widerspruchsfrei und präzise eingrenzen ließe.

Da (im Gegensatz zur juristischen Vermögenslehre) von dem Ansatz auszugehen sei, dass die vermögenstauglichen Positionen grundsätzlich nicht im Bereich des Rechtes, sondern in der Außenwelt zu suchen seien, stelle sich die Frage, ob die wirtschaftliche Bewertbarkeit wirklich *hinreichende*[42] Bedingung für die Vermögenstauglichkeit einer Position sei oder sich der Kreis der vermögenstauglichen Positionen nicht doch weiter eingrenzen lasse.

Dabei stelle sich als erstes Problem die Abgrenzung des Bereiches des Subjektes und des Bereiches der Außenwelt. Als bekanntester Problemfall sei die Frage genannt, ob die Arbeitskraft als solche vermögensfähig ist[43].

Nach *Nelles* bedürfe es also eines Systems, dass es erlaube, (1) Vermögenssubjekte und die wirtschaftlich relevante Außenwelt voneinander abzugrenzen und (2) die vermögensrelevante Außenwelt zu konkretisieren.[44]

Bereits zur ersten Frage könne man glauben, auf das Zivilrecht zurückgreifen zu können. Doch zeigten die Probleme, die die juristische Vermögenslehre[45] bei der

---

[41] *Nelles* (Fn. 8), S. 372.
[42] Vgl. oben C.II.1.
[43] *Tröndle/Fischer* (Fn.1), § 263 Rdn. 27a.
[44] *Nelles* (Fn. 8), S. 374.
[45] Vgl. oben C.I.2.

Unterteilung der subjektiven Rechte in die „höchstpersönlichen“ und „Vermögensrechte“ nicht aufzulösen im Stande war, dass der Rückgriff auf dieses System nicht fruchtbar sei.

Es müsse also ein *anderes* Wertesystem als das des Rechtes gefunden werden, dass eine Abgrenzung von Rechtssubjekt und wirtschaftlich relevanter Außenwelt zulasse.

Als solches komme derzeit[46] aber nur das der Wirtschaft in Betracht.

Es sei also die Frage zu beantworten, *was* „Wirtschaft“ sei. Hierzu müssen ihre Funktion und ihre Mechanismen betrachtet werden. Als „Wirtschaft“ werde in allen politischen Systemen als Teilgebiet des gesellschaftlichen Lebens der Bereich des gesellschaftlichen Lebens bezeichnet, in dem die materielle Produktion von Gütern, ihre Verteilung, ihr Austausch und ihre Konsumtion erfolgten.

Aufgrund eines „Identifikationsaktes“ müsse nun ein wirtschaftlicher Standpunkt eingenommen werden. Da oben[47] festgestellt wurde, dass das Recht gerade keinen Maßstab biete, soziale Wirklichkeiten in Vermögensgegenstände und Nicht-Vermögensgegenstände einzuteilen, müsse die Wirtschaft im Vergleich zum Recht als ein aliud begriffen werden.

Es müssten also „Recht“ und „Wirtschaft“ gedanklich als zwei von einander getrennte Sub-Systeme der Gesamtgesellschaft begriffen werden, die eine unterschiedliche Binnenstruktur aufweisen. Dabei seien sie nach ihrem Sinn voneinander abzugrenzen. Der Sinn der Wirtschaft sei darin zu sehen, Bedürfnisse zu befriedigen.

Infolge der Funktionsspezialisierung hätten sich eine Reihe von Merkmalen herausgebildet, die für hochentwickelte Märkte charakteristisch seien: Tauschvorgänge würden gesellschaftlich und sozial neutral vollzogen, objektiver Maßstab für die Vergleichsmöglichkeit von Tauschleistungen sei das Geld, und durch die allge-

---

[46] *Nelles* verweist dabei auf einen Vorschlag von *Fabricius* (Betrug, Betrugsbegriffe und gesellschaftliche Entwicklung, Frankfurt 1985) der "Ökologie" als Bezugsrahmen vorschlägt.

[47] Vgl. oben B.I.2.

meine Erwartung, es bestehe ein verbindlicher Anspruch auf den Tausch von Waren gegen Geld, sei das Geld nicht nur Wertmesser sondern auch Wertspeicher.
Aus diesen Charakteristika lasse sich folgern, als Kriterium für ein Vermögensobjekt auf die *Tauschbarkeit* abzustellen.
Tauschbar sei ein „Gegenstand" oder eine Leistung dann, wenn er verschiebbar sei, in Bezug auf ihn also Angebot und Nachfrage möglich sei.[48]
Auf die Quantifizierung eines bestimmten Tausch*wertes* in Geld komme es dagegen nicht an.[49] Als „wirtschaftliche" Definition *vermögenstauglicher* Positionen und damit als Antwort auf die eingangs gestellte Frage nach der Abgrenzung Subjekt-Außenwelt stellt *Nelles* also ab auf die *Tauschbarkeit*, verstanden als die abstrakte Eignung einer Position, Gegenstand eines Tauschgeschäftes zu sein.

Auch nach dieser Definition müssen Positionen allerdings noch konkretisiert werden. Hier treten nach *Nelles* zwei Probleme auf: Zum einen sei es der Definition nach nicht ausgeschlossen, dass Menschen selbst Gegenstand eines Tauschgeschäftes seien (Sklavenhandel, Prostitution). Zum anderen könnten Rechte nicht Gegenstand von Tauschgeschäften sein, wenn man die Wirtschaft als autonomes, „rechtsfreies", sich selbst regulierendes Sub-System der Gesellschaft begreift.[50] Fraglich sei nun, ob wegen dieser offenkundig an der Realität vorbeilaufenden Ergebnisse der wirtschaftliche Ansatz verworfen werden müsse oder korrigierbar sei. So wäre eine juristische Korrektur denkbar, etwa aufgrund des Art. 1 GG, der eindeutig die Annahme verbiete, Menschen seien Vermögensobjekte. Dies würde aber methodisch wegführen von einer rein wirtschaftlichen Vermögenslehre hin zu den wirtschaftlich-juristischen Kombinationslehren, die erst später behandelt werden sollen.

---

[48] *Nelles* (Fn. 8), S.380.
[49] *Nelles* (Fn. 8), S.382.
[50] *Nelles* (Fn. 8), S.385.

Samson[51] zufolge geriete der wirtschaftliche Vermögensbegriff in unauflösbare Spannungen mit der Rechtsordnung, wenn sich auf der Ebene des „Wirtschaftlichen" selbst das untragbare Ergebnis, Menschen könnten Vermögensobjekte sein, nicht vermeiden lasse.

Aber auch das realitätsferne Ergebnis, Rechte könnten keine Vermögensbestandteile sein, müsste vermieden werden. Es ist also zu prüfen, ob sich rechtliche Aspekte nicht doch auf der Ebene des „Wirtschaftlichen" einbauen lassen. Bis jetzt war der gedankliche Ansatz, dass „Recht" und „Wirtschaft" streng getrennte, autonome Sub-Systeme der Gesellschaft sind. Dieser Ansatz, der davon ausgeht, es handele sich bei den beiden Begriffen um sich gegenseitig ausschließende, könnte aber verfehlt sein. *Nelles*[52] stellt fest, dass es sich bei „Recht" und „Wirtschaft" um integrierte Teilgebiete der Gesellschaft handelt, die eng miteinander verknüpft sind. Jedes Subsystem sei zwar „normativ geschlossen", aber „kognitiv offen", es könne also Veränderungen in anderen Systemen wahrnehmen und seinerseits darauf reagieren. Die Leistungsbeziehungen zwischen Recht und Wirtschaft erschöpften sich nicht darin, dass sie je für sich ihren Beitrag zur Lösung der Bestandsprobleme der Gesellschaft leisteten, sondern beeinflussten sich in der Weise gegenseitig, dass die Institutionen des Rechts zur sozialen Wirklichkeit der Wirtschaft gehörten und ihrerseits die Wirtschaft für das Recht die Umwelt darstelle, auf die dieses mit systemeigenen Programmen reagiere. Daraus folge, dass sich allgemein das System „Wirtschaft" nicht ohne das System „Recht" darstellen lasse, bzw. übertragen auf eine konkrete Gesellschaftsordnung, deren konkrete „Wirtschaft" nicht ohne deren konkrete Rechtsordnung beschreibbar sei. Es sei also schon die „wirtschaftliche" Bestimmung der Vermögensobjekte ohne Rekurs auf die jeweilige Rechtsordnung nicht möglich. Danach seien Vermögensobjekte nur solche Positionen, die nach

---

51 *Samson*, Systematischer Kommentar zum StGB (SK), 5. Aufl., § 263 Rdn. 111.

52 *Nelles* (Fn. 8), S. 386.

Maßgabe der jeweiligen Wirtschaftsordnung Gegenstand eines Tauschgeschäftes sein könnten.[53]

Als Ergebnis der Kritik *Nelles* am wirtschaftlichen Vermögensbegriff lässt sich also festhalten, dass der Ansatz, die vermögenstauglichen Positionen aufgrund „wirtschaftlicher„ Kriterien zu bestimmen, grundsätzlich richtig sei. Das Verständnis der „reinen wirtschaftlichen Vermögenslehren", die Wirtschaft sei ein rechtsfreier Raum, sei aber fehlerhaft. Das Kriterium der Tauschbarkeit lasse sich nur nach Maßgabe der konkreten Rechtsordnung ermitteln. Eine für das deutsche Strafrecht gültige Definition der Vermögensobjekte könne also nur von „Tauschbarkeit nach Maßgabe der deutschen Rechtsordnung" ausgehen.
Die Kritik an der unklaren *Vermögenszuordnung* (wahlweise Recht/Macht, vgl. oben) bestehe daneben fort.

III. Der juristisch-ökonomische Vermögensbegriff

Schon die Bezeichnung dieser Vermögenslehre lässt erkennen, dass in Bezug auf Vermögensfragen sowohl rechtliche als auch (rein) wirtschaftliche Aspekte eingearbeitet werden. Doch auch hier hat sich keine einheitliche „Kombinationstheorie" hervorgetan. Die verschiedenen Arten der Kombinationstheorien lassen sich in die mit juristischem und die mit wirtschaftlichem Ansatz einteilen.

Die Lehren mit *juristischem* Ansatz bezeichnen alle subjektiven Rechte als die Gesamtmenge der vermögens*tauglichen* Positionen, aus der die Teilmenge der vermögens*relevanten* Rechte herauszudestillieren sind[54]. Da diese Lehren, genauso wie die rein juristische Vermögenslehre, grundsätzlich nur subjektive Rechte (mit der Einschränkung des wirtschaftlichen Wertes) zu den vermögenstauglichen Positio-

---

[53] *Nelles* (Fn. 8), S. 389.
[54] *Nelles* (Fn. 8), S. 402.

nen zählen, sind sie insoweit der gleichen Kritik ausgesetzt. Auch sie sind nicht in der Lage, tatsächliche wirtschaftliche Werte wie den Exspektanzen, den Besitz oder die Arbeitskraft zu den vermögenstauglichen Positionen zu zählen. Diese Lehren werden also unter Verweis auf die oben angeführten Kritikpunkte[55] von der weiteren Untersuchung ausgeklammert.

Die Lehren mit *wirtschaftlichem* Ansatz, wie sie heute vom überwiegenden Teil der Literatur vertreten werden[56], suchen die Gesamtmenge aller vermögenstauglichen Positionen in der Wirtschaft, wollen jedoch die Frage der *Zuordnung* nach rechtlichen Kriterien beantworten. Zielsetzung der Vertreter dieser Lehren ist, den Widerspruch zur sonstigen Rechtsordnung aufzulösen, in den eine rein wirtschaftliche Vermögenslehre gerät.[57]

1. Die Vermögensobjekte

Taugliche Vermögensobjekte nach den Kombinationslehren mit wirtschaftlichem Ansatz sind die gleichen wie bei der rein wirtschaftlichen Vermögenslehre, also alle Phänomene der sozialen und wirtschaftlichen Wirklichkeit, denen im Einzelfall ein wirtschaftlicher Wert zukommt. Rechtliche Einschränkungen bereits auf der Seite der Objekte werden somit nicht vorgenommen[58]. Der Grund dafür liegt darin, dass auch die Vertreter dieser Lehre den Bereich des „Wirtschaftlichen" als grundsätzlich rechtsfrei verstehen. Dadurch ist, beurteilt man die Fähigkeit einer Position, Vermögensgut zu sein, nach „wirtschaftlichen" Gesichtspunkten, der Einbezug rechtlicher Kriterien ausgeschlossen. Damit ist also nicht ausgeschlossen, Menschen zu den Vermögens*objekten* zu zählen.

---

[55] Vgl. oben C.I.5.

[56] *Cramer* (Fn. 18), S. 91 f., 106 ff., sowie ähnlich *Lackner* LK (Fn. 30), § 263 Rdn. 123; *Samson* SK (Fn. 50), § 263 Rdn. 112 ff.

[57] *Schönke/Schröder/Cramer* StGB, 26. Aufl., § 263 Rdn. 83.

[58] Nur *Samson* SK (Fn. 50), § 263 Rdn. 113, will das Wirtschaftsgut an sich schon nach rechtlichen Kriterien einschränken.

2. Die Vermögenszuordnung

Erst bei der Vermögenszuordnung kommen rechtliche Gesichtspunkte zum Tragen. So sollen die wirtschaftlichen Werte jemandem „unter dem Schutz der Rechtsordnung zu Gebote stehen“ oder „ohne Missbilligung durch die Rechtsordnung zur Verfügung stehen“.[59] Nach *Cramer* ist das Vermögen zu verstehen als die Gesamtheit derjenigen wirtschaftlichen Güter, „die eine Person unter Billigung der rechtlichen Güterzuordnung *innehat.*“[60]

3. Die Vermögenssubjekte

Als Vermögenssubjekte kommen alle Personen in Betracht, zu denen die Rechtsordnung eine Zuordnung billigt, also jedenfalls natürliche und juristische Personen.

4. Kritik

Die diskutierte Kombinationslehre geht im Prinzip wie die „rein wirtschaftliche Vermögenstheorie“ davon aus, der Bereich des „Wirtschaftlichen“ sei grundsätzlich rechtsfrei zu bestimmen. Die sich daraus ergebenden Widersprüche zur Gesamtrechtsordnung versucht sie, dadurch abzufedern, dass sie im Bereich der Vermögenszuordnung doch rechtliche Maßstäbe gelten lässt. Damit mögen sich untragbare Ergebnisse zwar vermeiden lassen, fraglich ist jedoch, ob dieses Konzept methodisch überzeugen kann.

Lackner[61] wendet ein, wer einerseits mit der Begründung, nur der wirtschaftliche Vermögensbegriff gewähre den kriminalpolitisch gewünschten (denn die Argumente gegen den juristischen Vermögensbegriff waren hauptsächlich kriminalpolitischer Natur) Schutz des Vermögens, dieser Theorie im Ansatz folge, habe sich wie der wirtschaftliche Vermögensbegriff gerade von der rechtlichen Güterzutei-

---

59 *Kohlrausch-Lange*, StGB, 43. Aufl., Anmerkung V.

60 *Cramer* (Fn.17), S. 91 f., 106 f.

61 *Lackner* LK (Fn. 30), § 263 Rdn. 123.

lungsordnung emanzipiert. Wenn sich das Gut selbst begrifflich durch das Fehlen einer rechtlichen Gestalt auszeichne, könne man für die Beziehung des Gutes zum Subjekt keine Rechtsbeziehung fordern, ohne seine eigenen Prämissen preiszugeben.

Nelles[62] resümiert, dass das Ziel der juristisch-ökonomischen Vermittlungslehren, die Einheit der Rechtsordnung zu bewahren, im Widerspruch zu dem (verfehlten) Ansatz der strikten Trennbarkeit von Recht und Wirtschaft stehe. Der Versuch, die Folgen dieses verfehlten Ansatzes unter Hinweis auf die Rechtsordnung im übrigen zu korrigieren, führe zu an kriminalpolitischen Erwägungen orientierten Einzelfallentscheidungen.

Zwar können die juristisch-ökonomischen Vermögenslehren für sich die Erkenntnis verbuchen, dass eine „rechtsfreie" Vermögensdefinition nicht möglich sei. Dadurch aber, dass sie auf rechtliche Aspekte erst bei der Vermögens*zuordnung* zurückgreifen, wohingegen sie die rechtsfreie Definition der Vermögens*objekte* der wirtschaftlichen Vermögenslehre beibehalten wollen, müssen sie sich den Vorwurf der Widersprüchlichkeit gefallen lassen.

IV. Der personale Vermögensbegriff

Nach der personalen Vermögenslehre werden nicht bestimmte Objekte als Vermögen angesehen (wobei allein streitig ist, wie die Beziehung des Rechtssubjekts zu diesen Objekten ausgestaltet sein muss), sondern die Beziehung selbst ist das Schutzobjekt, also das Vermögen.[63] Vermögen sei eine personal strukturierte Einheit, die die Entfaltung der Person im gegenständlichen Bereich gewährleiste,[64] und damit die wirtschaftliche Potenz des Rechtssubjektes, die auf der Herrschaftsgewalt

---

[62] *Nelles* (Fn. 8), S. 412.

[63] *Otto*, Die Struktur des strafrechtlichen Vermögensschutzes, 1970, S. 35.

[64] *Otto* (Fn. 61), S. 69.

über Objekte beruhe, die die Rechtsgesellschaft als selbständige Objekte des Wirtschaftsverkehrs ansehe.[65]
Grundlage dieses Vermögensbegriffes ist ein grundlegend anderes Verständnis des Rechtsgutsbegriffes.[66] So sei unter einem strafrechtlichen Rechtsgut „der Zustand einer bestimmten, in den einzelnen Tatbeständen umrissenen, realen Beziehung der Person zu konkreten, von der Rechtsgemeinschaft anerkannten Werten, in denen sich das Rechtssubjekt mit der Billigung durch die Rechtsordnung personal entfaltet"[67], zu verstehen.

Doch trotz des Vermögensverständnisses als *„Einheit"* des personalen Vermögensbegriffs lassen sich Aussagen zu den *Einzel*konstrukten Subjekt, Objekt und Zuordnung ermitteln.

1. Die Vermögenssubjekte

Im Mittelpunkt dieser Vermögenslehre steht die -natürliche- Person. Jedenfalls sie kommt als Vermögenssubjekt in Frage. Die Aussage, Vermögen sei „personale Entfaltung", deutet darauf hin, dass juristische Personen nicht zum Kreis der Vermögenssubjekte gehören sollen.

2. Die Vermögensobjekte

Vermögensfähige Positionen seien „diejenigen Objekte, die mit der Person verbunden, dennoch getrennt gedacht werden können, und von der Verkehrsanschauung als wirtschaftliche Güter, Gegenstände des Wirtschaftsverkehrs, betrachtet werden."[68]Kriterium ist also die Loslösbarkeit von der Person. Ob dies erfüllt ist, soll sich nach der Verkehrsanschauung bestimmen. Wertmesser dafür sei das Geld, also

[65] *Otto* (Fn. 61), S. 70.
[66] Zu den Begriffen Rechtsgut-Tatobjekt siehe oben. B.I.
[67] *Otto* (Fn.61), S. 34.
[68] *Otto* (Fn. 61), S. 44.

seien „Vermögensgüter alle geldwerten Güter, die selbständig Gegenstand des Wirtschaftsverkehrs sein können.“[69] Damit seien Persönlichkeitsgüter wie Körper, Leben, Ehre, und auch die Arbeitskraft als persönliche Fähigkeit, unter Einsatz von Kräften Leistung zu erbringen, *nicht* vermögensfähig. Vermögens*fähig* dagegen seien Leistungen der Person als realisierte Fähigkeiten. Der Arbeiter verkaufe also nicht seine Arbeitskraft, sondern seine Arbeitsleistung.[70] Anwartschaften, Gewinn- und Erwerbsaussichten seien dann vermögensfähig, wenn sie derart konkretisiert und individualisiert sind, dass sie als konkretisierte Chancen am Wirtschaftsleben teilnehmen können.[71]

3. Die Vermögenszuordnung

Zentraler Begriff der Zuordnung der Vermögensobjekte zum Subjekt ist der der Herrschaft. Notwendige Bedingung für das Vorliegen einer Herrschaftsbeziehung sei, dass das Rechtssubjekt eine reale und nicht nur potentielle Zugriffsmöglichkeit auf das Vermögensgut habe.[72] Weiterhin sei aber der Maßstab für die Zuordnung eines Vermögensgutes zum Vermögen einer Person stets auch ein *rechtlicher*. Die soziale Wirklichkeit sei stets auch rechtlich geordnete Wirklichkeit, in der nicht faktische Machtverhältnisse allein entschieden, sondern zumindest auch eine rechtliche Zuordnung maßgeblich sei. Wirtschaftverkehr sei auch Rechtsverkehr, nicht bloßes Willkürverhalten.[73] Zwar dürfe die Herrschaftsbeziehung nicht gegen den ausdrücklichen Willen des Gesetzgebers bestehen, eine Durchsetzbarkeit im Klageweg sei aber nicht erforderlich.[74]

---

[69] *Otto* (Fn. 61), S. 45.
[70] *Otto* (Fn. 61), S. 43.
[71] *Otto* (Fn. 61), S. 46.
[72] *Otto* (Fn. 61), S. 46.
[73] *Otto* (Fn. 61), S. 49.
[74] *Otto* (Fn. 61), S. 54.

Schließlich enthalte die Herrschaftsbeziehung auch noch eine *subjektive* Komponente[75]. Diese kann aber nur Bewertungsfragen lösen und muss damit dem Problemkreis der *Schadens*bestimmung, nicht aber der *Vermögens*bestimmung zugewiesen werden.[76] Deshalb wird auf sie im Rahmen dieser Arbeit nicht weiter eingegangen.

4. Zusammenfassung der Aussagen

Vermögens*subjekte* sind jedenfalls natürliche Personen. Vermögenstauglich sind die *Objekte,* die die Rechtsgesellschaft als selbständige Objekte des Wirtschaftsverkehrs ansieht. Die Vermögens*zuordnung* erfolgt aufgrund einer von der Rechtsordnung anerkannten Herrschaftsbeziehung des Subjektes über das Objekt.

5. Kritik

Auch die personale Vermögenslehre trifft keine klaren Aussagen zu der Frage, ob außer natürlichen Personen andere Vermögens*subjekte* in Betracht kommen. Die Aussagen zu den Vermögens*objekten* entsprechen weitgehend den Ergebnissen der Kritik am wirtschaftlichen und juristischen Vermögensbegriff und sind deshalb zu akzeptieren. Der Herrschaftsbegriff als *Zuordnungsmaßstab* ist vom Ergebnis her ebenfalls nicht zu kritisieren. Offen bleibt jedoch die Frage, wie er methodisch begründbar ist.[77] Üblicher Hauptkritikpunkt (aber hier nicht zu diskutierende Frage) ist regelmäßig die Einbeziehung subjektiver Beziehungsmomente in die Herrschaftsbeziehung, die den Versuch demonstriert, die Lösung von Schadensproblemen bereits durch den Vermögensbegriff vorzuprogrammieren[78].

---

[75] *Otto* (Fn. 61), S. 56-69.
[76] Zur grundsätzlichen Ausklammerung von Schadensfragen vgl. oben B.III.
[77] *Nelles* (Fn. 8), S. 421.
[78] *Nelles* (Fn. 8), S.423.

D. Eigener Lösungsansatz unter Verwendung der Ergebnisse der Kritik

Die vorangegangene Analyse der Vermögenstheorien hat ergeben, dass keine der Theorien sowohl in der Begründung als auch in den Ergebnissen ihrer Aussagen zu der Trias Vermögenssubjekt, Vermögensobjekt und Vermögenszuordnung vollständig zu überzeugen vermag. Ein rein juristischer Ansatz mit seiner Beschränkung auf das subjektive Privatrecht wird der heutigen Rechts- und Wirtschaftsordnung ebenso wenig gerecht, wie wenn man die Vermögenszuordnung allein aufgrund von rein faktischen Machtverhältnissen vornehmen wolle.[79] Die – an sich vielversprechenden – Kombinationslehren aus juristischem und ökonomischem Vermögensbegriff kranken daran, dass sie rechtliche Aspekte erst auf der Ebene der Vermögens*zuordnung*, und nicht bereits bei der Bestimmung der vermögenstauglichen Objekte einbringen.[80] An dieser Stelle soll nun der Versuch unternommen werden, unter der Verwendung der Ergebnisse der Kritik zu einem Lösungsansatz zu gelangen.

I. Die Vermögensobjekte

Oben [81] wurde ausführlich der Ansatz der rein wirtschaftlichen Vermögenslehre kritisiert. Dabei konnte mit der konstruktiven Kritik von *Nelles* am rein wirtschaftlichen Vermögensbegriff eine nur noch in geringem Maße weiter zu konkretisierende Definition für die Vermögensobjekte konstruiert werden. Vermögenstauglich sind danach nur solche Positionen, die nach Maßgabe der jeweiligen Wirtschaftsordnung Gegenstand eines Tauschgeschäftes sein können. Dabei soll mit dem Terminus „Wirtschaftsordnung“ der sich gegenseitigen Beeinflussung der gesellschaft-

[79] *Hefendehl* (Fn. 2), S. 114.
[80] *Nelles* (Fn. 8), S. 427.
[81] Vgl. oben B.II.5.c.

lichen Sub-Systeme Wirtschaft und Recht Rechnung getragen werden. Es muss also konkretisiert werden, was die Maßgabe der jeweiligen Wirtschaftsordnung ist.
Als wichtigstes Grundprinzip *wirtschaftlichen* Handelns gilt der Tausch, verstanden als Interessenkompromiss der Tauschpartner, durch welchen Güter oder Chancen als gegenseitiges Entgelt hergegeben werden[82].Unter der Wirtschafts*ordnung* wird die Gesamtheit aller für die wirtschaftlichen Abläufe geltenden Regeln verstanden, wobei sich diese Regeln praktisch stets aus Koordinationsmechanismen des Marktes und der Administration zusammensetzen.[83] Zu den administrativen Regelungen gehören aber (auch) staatliche Regelwerke und damit die Rechtsordnung. Tauschgeschäfte sind in unserer konkreten Wirtschaftsordnung immer Rechtsgeschäfte und deshalb an den Vorgaben des Zivilrechtes zu messen[84].
Das oben genannte Kriterium der „Tauschbarkeit“, das an Vermögensobjekte gestellt wird, ist also *„rechtsgeschäftliche* Tauschbarkeit“. Rechtsgeschäfte finden ihre absoluten Grenzen im § 138 I BGB, über den das im GG verkörperte Wertesystem ins Privatrecht einwirkt. Art. 1 GG wirkt sich also auf das Kriterium der Tauschbarkeit aus. Damit ist ausgeschlossen, dass Menschen Gegenstand eines Tauschgeschäftes sein können.[85]

Nelles kommt also zutreffend zu dem Ergebnis, dass Vermögensobjekte nur solche Positionen sind, die Gegenstand des Rechtsgeschäftes „Tausch gegen Geld“ sein können.[86] Dies entspricht dem Ergebnis *Hefendehls*, der von einem Vermögensgegenstand fordert, er müsse als mit der Rechtsordnung vereinbar und deshalb aktivierbar erscheinen, weil er ein Potential zur wirtschaftlichen Betätigung darstelle.[87]

---

[82] *Nelles* (Fn. 8), S. 432.
[83] *Nelles* (Fn. 8).
[84] Vgl. zu sog. faktischen Vertragsverhältnissen *Palandt/Heinrichs* (Fn. 34), Einf. v. § 145 Rdn. 25 ff.
[85] Vgl. dazu oben C.III.1.
[86] *Nelles* (Fn. 8), S. 437.
[87] *Hefendehl* (Fn. 2), S. 116.

Weiterhin problematischer und zentraler Punkt ist, auf welchem Wege die Zuordnung der Vermögensobjekte erfolgen solle. Folgt man auch hier wieder dem Ansatz, dass Vermögensobjekte tauschbar sein müssen, folgt daraus für die Zuordnung, dass der Vermögensinhaber die Objekte tauschen können muss, sie müssen also für ihn *disponibel* sein. Dies sind sie aber nur, wenn sie seiner Zugriffsmacht unterliegen.[88]

Wie bereits gezeigt wurde, kann diese faktische Beherrschbarkeit jedoch keine hinreichende Voraussetzung sein. Eine Zuordnung von Vermögensgütern allein aufgrund faktischer Beherrschbarkeit unabhängig von rechtlichen Zuordnungskriterien ist nur im vorrechtlichen Raum möglich.[89] Gerade der vorrechtliche Raum wurde aber mit der Feststellung, dass in der heutigen Wirtschaftsordnung Tauschgeschäfte stets Rechtsgeschäfte sind, verlassen. Da zu den Vermögensgütern auch Rechte gehören, und Rechte selbst Symbol für die Zuordnung (eines Gutes) sind, kann sich die Zuordnung nicht in einer faktischen Zugriffsmöglichkeit erschöpfen, denn ließe man „Macht“ als Zugriffsmöglichkeit auf ein „Recht“ genügen, würde gerade das „Recht“ seinen Charakter verlieren.[90] Die Zuordnung muss deshalb zwingend auch normative Kriterien umfassen.[91]

Fraglich ist nun, nach welchen *normativen* Kriterien die Zuordnung vorgenommen werden soll.
Grundsätzlich kommt dafür das Zivilrecht in Betracht. Denn gerade das Zivilrecht regelt die Herrschaft (hier noch verstanden als „Macht“ des Menschen) über Objekte oder die Ansprüche von Menschen anderen gegenüber und schafft deshalb

---

[88] *Nelles* (Fn. 8), S. 446.
[89] *Otto* (Fn. 61), S. 49.
[90] *Nelles* (Fn. 8), S. 447.
[91] *Nelles* (Fn. 8).

jene Vermögensordnung, die den objektiven Rahmen für eine individuelle und deshalb willkürlich erfolgende Betätigung bildet.[92]

Herrschaft hat neben dem *faktischen* Bestandteil der Macht, verstanden als Chance, innerhalb einer sozialen Beziehung den eigenen Willen durchzusetzen, gleichviel worauf diese Chance beruht[93], auch die *normativen* Bestandteile der rechtlichen Legitimierung und Beschränkung.

Nun ist zu konkretisieren, auf welche Weise das Recht die Ausübung der Macht regelt.

Eine negative Formulierung der Macht-*Legitimation* wäre die Forderung, ihre Ausübung dürfe nicht durch die Rechtsordnung missbilligt werden. Dies würde praktisch bedeuten, dass Macht allein als Zuteilungsordnung genügt, wenn keine „Verbotsnorm" besteht.

Eine positive Formulierung wäre, die Ausübung der Macht müsse unter dem Schutz der Rechtsordnung stehen, müsse also ausdrücklich erlaubt sein. Wenn dies nicht der Fall, dürfte auch eine allein faktische Zugriffsmöglichkeit nicht ausreichen, Herrschaft wäre nicht begründet.

In der gültigen Rechtsordnung ist es aber so, dass es kein Verhalten gibt, das nicht in den Schutzbereich der allgemeinen Handlungsfreiheit des Art. 2 I GG fällt, damit besteht eine grundsätzlich positive Legitimation der Ausübung von Macht. Freilich unterliegt diese den ebenfalls in Art. 2 I GG festgelegten Schranken. Also ist damit Herrschaft dann begründet, wenn der Gebrauch der Macht nicht Rechte anderer, das Sittengesetz oder die verfassungsmäßige Ordnung verletzt.

Haben zwei Personen Macht in Bezug auf dasselbe Vermögensobjekt, muss auch dieser Konflikt nach dem Muster des Art. 2 I GG aufgelöst werden. Das Recht des

---

[92] *Hefendehl* (Fn. 2), S. 116.

[93] *Hefendehl* (Fn. 2), S. 116.

einen ist dabei die Grenze der Macht des anderen. Eine Entscheidung erfolgt im Rahmen des (Zivil)rechts.[94]

Herrschaft ist damit in Anlehnung an *Hefendehl* stets dann zu begründen, wenn dem Vermögensträger (zivil)rechtlich anerkannte Durchsetzungsmöglichkeiten zur Verfügung stehen, die ihm ermöglichen, nach seinem Belieben über Vermögensgüter zu verfügen, und ihn zugleich in die Lage versetzen, externen Störfaktoren effektiv zu begegnen.[95] Dies entspricht auch dem Ergebnis von *Nelles*[96], nach der Vermögensobjekte denjenigen natürlichen Personen zugeordnet werden, die die Macht und das Recht haben, die Zwecke des Vermögenseinsatzes autonom und verbindlich zu definieren.

III. Die Vermögenssubjekte

Von einem Vermögenssubjekt muss damit die Fähigkeit gefordert werden, Herrschaft über Vermögensgegenstände ausüben zu können. Da die Herrschaft die Möglichkeit voraussetzt, Träger von (Zivil)rechten sein zu können, ergeben sich als Vermögenssubjekte natürliche und juristische Personen.

IV. Ergebnis

Nach der hier vertretenen Ansicht setzt sich das Vermögen aus den Einzelkonstrukten Vermögensobjekt, Vermögenssubjekt und der Vermögenszuordnung zusammen. Vermögen ist damit begründet, wenn eine natürliche oder juristische Person (zivil)rechtlich anerkannte Durchsetzungsmöglichkeiten hat, mit deren Hilfe sie nach eigenem Belieben autonom über Positionen verfügen kann, die Gegenstand eines Rechtsgeschäftes Tausch gegen Geld sein können.

---

94 *Nelles* (Fn. 8), S.455.
95 *Hefendehl* (Fn. 2), S. 117.
96 *Nelles* (Fn.8), S. 461.

Vermögensgefährdung und Exspektanzen als Prüfsteine eines normativ-ökonomischen Vermögensbegriffs

Roland Hefendehl

A. Die Relevanz des Themas

I.

Der Betrugstatbestand gilt nach wie vor als einer der wichtigsten und zugleich kompliziertesten Straftatbestände des Strafgesetzbuches. In seinem Zentrum steht das durch ihn geschützte Rechtsgut des Vermögens[1], das beispielsweise auch dem Straftatbestand der Untreue zugrunde liegt.[2] Die Versuche des Gesetzgebers, über die „Kranzdelikte" beispielsweise des Subventions-, des Versicherungs-[3], des Kredit- oder des Kapitalanlagebetruges die Schwierigkeiten des Nachweises eines Vermögensschadens zu umgehen, haben die Bedeutung des Vermögens- bzw. des Vermögensschadensbegriffs nicht nachhaltig zu mindern vermocht. Denn erstens sind diese Versuche in theoretischer Hinsicht durch die Kreierung neuer (häufig nur

---

[1] *Hefendehl*, Vermögensgefährdung und Exspektanzen, 1994, S. 81 m.w.N.

[2] *Hefendehl* (Fn. 1), S. 82 m.w.N.

[3] Nunmehr: Versicherungsmissbrauch.

scheinbarer) kollektiver Rechtsgüter erheblichen Bedenken ausgesetzt[4] und zweitens spielen sie in der Rechtspraxis eine meist nur sehr bescheidene Rolle.

II.

Wichtiger scheinen demgegenüber die Tendenzen in Rechtsprechung und Literatur zu sein, den Betrugstatbestand dadurch „handhabbarer“ zu machen, dass man eine konkrete Vermögensgefährdung mit einem Schaden und eine vermögenswerte Exspektanz mit einem Vermögensbestandteil gleichsetzt. Diese Tendenzen sind nicht neu,[5] haben aber an Relevanz gewonnen: Es in der heutigen Zeit zur Ausnahme geworden, ein Geschäft endgültig unter gleichzeitigem Austausch zweier gegenständlicher Leistungen abzuschließen. Abgesehen von den Geschäften des täglichen Lebens wirtschaftlich geringerer Bedeutung ist es heute vielmehr die Regel, dass eine Partei in Vorleistung tritt. Hierfür sind im Wesentlichen drei Gründe auszumachen: Erstens besteht allgemein aus Vereinfachungs- und Sicherheitsgründen die Tendenz zum bargeldlosen Geschäftsverkehr, zweitens werden von Verkaufsseite Mittel und Wege gefunden, den potentiellen Kunden durch Kaufanreize zum einen überhaupt zum Kauf von Waren zu animieren und zum anderen ihn zu Käufen zu veranlassen, die zumindest seinen aktuellen Kassenbestand übersteigen, und drittens hat im Wirtschaftsverkehr regelmäßig der Geldvolumensumfang derart zugenommen, dass Finanzierungszwischenlösungen unerlässlich sind. Diese drei Gründe führen etwa zu Kreditierungen, Leasingverträgen oder Stundungen, wobei die Verkäuferseite sich im Einzelfall Sicherheiten ausbedingen kann und im Rahmen der Gesamtkalkulation eine Kosten-Nutzen-Analyse anstellen wird, bei der etwa eine vergleichs-

---

[4] S. hierzu im Einzelnen *Hefendehl,* Kollektive Rechtsgüter im Strafrecht, 2002, § 7 III.

[5] So bezeichnet *Pröll* (GA 66 [1919], 124, 125) das Problem, wie bei Gewinnvereitelung, Vermögensgefährdung und Vollstreckungsabwendung die Vermögensbeschädigung zu konstruieren sei, als so alt wie den modernen Betrugsbegriff überhaupt.

weise sehr geringe Missbrauchsrate bei Kreditkarten hinter den Nutzen der Normalfälle zurücktritt.

B. Kurze vorbereitende Begriffsklärungen

I.

Wie bereits ausgeführt, ist das Vermögen das geschützte Rechtsgut sowohl des Betruges wie auch der Untreue. Bei letzterer umschreibt der Vertrauensbruch nur das Angriffsmittel auf das geschützte Rechtsgut, nicht aber ein zusätzliches Rechtsgut.[6] Beide Delikte sind zudem Verletzungsdelikte, die wiederum von den Gefährdungsdelikten zu unterscheiden sind.

Würde man nun jede Gefährdung des Vermögens für die Annahme eines Vermögensschadens bei Betrug und Untreue genügen lassen, so würden diese Straftatbestände contra legem in Gefährdungsdelikte umfunktioniert. Dies scheint *Fischer* in der neuesten Auflage des *Tröndle/Fischer* hinzunehmen, wenn er lapidar schreibt: „Der durch die Erstreckung auf Vermögensgefährdung veränderte Charakter des § 263 als konkretes Gefährdungsdelikt führt zu einer weiten Vorverlagerung der Strafbarkeit insbesondere beim Eingehungsbetrug."[7] Auch wenn man dies nicht zu akzeptieren bereit wäre, ist zu bedenken, dass in unserem Wirtschaftsleben bloße Gefährdungen bereits unmittelbare Vermögensrelevanz haben können. Es stellt sich daher die schwierige Aufgabe, die Grenze von (unmittelbar) vermögensrelevanten und vermögensirrelevanten Gefährdungen zu definieren. Beim Vermögen ergibt sich eine der Vermögensgefährdung vergleichbare Problematik: So ist für die ver-

---

[6] *Hefendehl* (Fn. 1), S. 82 m.w.N.

[7] *Tröndle/Fischer* StGB, 50. Aufl. 2001, § 263 Rdn. 31.

mögenswerte Exspektanz die Frage nach der Grenze zwischen einer vermögensirrelevanten Hoffnung und einer vermögensrelevanten Chance zu beantworten.

II.

Der Vermögensschaden und auch die Vermögensgefährdung sind Relationsbegriffe, deren Bezugsobjekt und damit Ausgangspunkt jeweils das Vermögen darstellen muss. Ausgehend von diesem Befund wird der Vermögensbegriff in dreierlei Hinsicht relevant: Erstens setzen Vermögensgefährdung und -schaden per definitionem die vorherige Existenz eines Vermögensbestandteils voraus, zweitens kann sich ein Vermögensschaden gerade aus der Saldierung bzw. Nicht-Saldierung mit anderen Vermögenswerten ergeben, und drittens ist die Art der Ermittlung des Vermögens für diejenige der Ermittlung der Vermögensgefährdung und des Vermögensschadens präjudiziell. Eine unterschiedliche Behandlung würde jedes rechtfertigenden Grundes entbehren und gerade die Abhängigkeit des Begriffs des Vermögensschadens von demjenigen des Vermögens selbst negieren.[8]

III.

Exspektanz und Vermögensgefährdung betreffen gerade die zwei Grenzbereiche des Vermögensbegriffs. Bei der Exspektanz geht es um die Frage, ob einer Aussicht bereits Vermögenswert zukommt, bei der Vermögensgefährdung darum, ob ein bestehender Vermögensbestandteil bereits so gefährdet ist, dass man von einem Vermögensschaden sprechen kann. Diesen Grenzbereichen kommt für die Begriffsbildung eine zentrale Rolle zu. Denn die Korrektheit und Fruchtbarkeit des verwendeten Vermögensbegriffs entscheidet sich vornehmlich in den Randbereichen eines

---

[8] *Hefendehl* (Fn. 1), S. 83.

Begriffs, während es im Kernbereich mit unstreitiger Begriffsextension keine entscheidende Rolle spielt, mit welcher Begriffsintension man arbeitet.[9] Um ein Beispiel zu nennen: Wer statt einer Schweizer Markenuhr ein billiges Imitat von einem unbekannten Verkäufer käuflich erwirbt, ist nach allen Theorien geschädigt. Relevant wird der Theorienstreit gerade im Begriffshof des Vermögens- und des Schadensbegriffs, also bei Exspektanz und Vermögensgefährdung. Hier muss sich eine Theorie bewähren. *Schünemann* spricht insoweit von den beiden entscheidenden Prüfsteinen.[10]

C. Einige Fälle, die die Problematik verdeutlichen

Einige Fälle vorab mögen zum einen die Problematik und zum anderen die wirtschaftliche Relevanz der angesprochenen Fragestellungen verdeutlichen.[11]

I.

Zunächst seien folgende mögliche Konstellationen einer Exspektanz oder Anwartschaft aufgeführt: Gehört der Kundenstamm zum Vermögen, womit wiederum ein Eingriff in diesen Betrugsrelevanz entfalten kann (1)? Erleiden die Erben einen Schaden, wenn die Ehefrau des Angeklagten als Begünstigte im Todesfall eingesetzt wird, der Erblasser zu Lebzeiten über den Vermögensgegenstand aber frei verfügen kann (2)? Wie sieht es mit dem Bauunternehmer aus, der bei einer Aus-

---

[9] Zu der Unterscheidung zwischen der Intension und der Extension eines sprachlichen Zeichens vgl. nur *Koch/Rüßmann*, Juristische Begründungslehre, 1982, S. 129 ff.

[10] *Schünemann*, in: Jähnke/Laufhütte/Odersky (Hrsg.), Leipziger Kommentar (LK), 11. Aufl., § 266 Rn. 134 (1998).

[11] Zu weiteren Konstellationen s. die Aufbereitung bei *Hefendehl* (Fn. 1), S. 199 ff.

schreibung einen Auftrag nicht bekommt, obwohl er das günstigste Angebot eingereicht hat (3)? Begeht der im Inland veräußernde Angeklagte einen Betrug, der von einer Reifenfirma Reifen zu besonders günstigen Bedingungen bezieht, die man ihm nur deshalb einräumt, weil er vortäuscht, die Reifen nach Brasilien zu exportieren (4)?

Diese vier Fälle weisen jeweils eine Gemeinsamkeit auf: Der Verkäufer hat das Geld des Kunden noch nicht „in seiner Tasche", der Begünstige vor dem Erbfall noch nichts in seinen Händen. Der Bauunternehmer ist noch nicht von seinem potentiellen Auftraggeber ausgezahlt worden. Der Reifenhersteller hat seine Reifen noch nicht zu höheren Preisen veräußert. Aber die Aussicht hierauf besteht in allen vier Konstellationen, so dass in deren Vereitelung bereits eine vermögensrelevante Maßnahme liegen könnte.

II.

Zur Verdeutlichung der Vermögensgefährdung mögen die folgenden Beispielsfälle dienen: Ist der Kreditgeber bereits geschädigt, der ein Darlehen an eine nicht solvente Person gewährt (5)? Erfüllt der durch Täuschung zustande gekommene Abschluss eines Kaufvertrages die Voraussetzungen eines (Eingehungs-) Betruges oder versuchten Betruges, wenn er nur zur Zug-um-Zug-Leistung verpflichtet (6)? Erleiden die Käufer eines nutzlosen Produkts einen Schaden, sofern ein vertragliches Rücktrittsrecht vereinbart worden ist (7)? Ist derjenige schon geschädigt, der einen Warenbestellschein unterschreibt, ohne zu wissen, dass dieser später einmal zu seinen Ungunsten gefälscht werden soll (8)? Wie sieht es schließlich in dem Fall aus, in dem sich jemand einen Schuldschein für eine nicht bestehende Schuld erschleicht (9)?

Auch hier soll zunächst phänomenologisch die gemeinsame Schnittmenge dieser Fallkonstellationen umschrieben werden: Der Kreditgeber hat de iure immerhin einen Anspruch auf Rückzahlung des Darlehens. Die Einrede der Leistung Zug um

Zug könnte geltend gemacht werden. Die Käufer könnten ihre Ware zurückgeben. Der Warenbestellschein ist noch in Ordnung und der Schuldschein noch nicht eingesetzt. Realistisch betrachtet erscheint die Situation für die Getäuschten indes bedrohlich. Reicht dies schon, um einen Vermögensschaden in der Form einer konkreten Vermögensgefährdung anzunehmen?

D. Herkömmliche Lösungsmodelle zur Exspektanz

Eine knappe Analyse der Rechtsprechung und Literatur zu den Exspektanzen führt letztlich zu einem unbefriedigenden Ergebnis.

I.

Zwar hat die Rechtsprechung für das Erfordernis eines Vermögenswertes – im Ergebnis zu Recht – nie auf das subjektive Recht abgestellt. Es ist ihr aber nicht gelungen, handhabbare Abgrenzungskriterien zu entwickeln, wenn sie Sicherheit, hohe Wahrscheinlichkeit oder bloße Wahrscheinlichkeit der Erlangung des Vermögensvorteils forderte. Die Formel in RGSt 23, 55, 57 kann insoweit als symptomatisch angesehen werden: „In dem Entgehen eines Gewinnes kann [...] eine Vermögensbeschädigung im Sinne von § 263 StGB nur unter der Voraussetzung gefunden werden, dass auf diese Erlangung ein rechtsbegründeter Anspruch bestand, oder dass doch tatsächliche Verhältnisse vorlagen, vermöge deren ohne die Täuschung der Gewinn dem Betreffenden ohne weiteres und mit Sicherheit zu gefallen wäre, nicht aber dann, wenn es sich nur um die Vereitelung ungewisser Möglichkeit und Hoffnung auf Vermögenserwerb handelt".

Betrachtet man die Entscheidungen des Bundesgerichtshofs im Zusammenhang, lässt sich zumindest der Versuch einer gewissen dogmatischen Fortentwicklung feststellen. Die Abgrenzung von vermögenswerter und noch nicht vermögenswerter Exspektanz soll nicht mehr allein auf zweifelhafte Wahrscheinlichkeitsgrade gestützt werden, sondern nach wirtschaftlichen Kriterien erfolgen. Maßgebend sei, ob die Aussicht bereits derart konkretisiert sei, dass ihr die Verkehrsauffassung einen messbaren wirtschaftlichen Wert beimesse. Wenn aber, wie dargestellt, die Werthaftigkeit dann doch anhand (nicht nachvollziehbarer) Wahrscheinlichkeitsgrade zu bestimmen versucht wird, offenbart sich die zirkelschlüssige Argumentation und der nur scheinbare Fortschritt in der Rechtsprechung des Bundesgerichtshofs.

II.

Die Literatur ist über derartige Ansätze regelmäßig gleichfalls nicht hinausgelangt.

1. Eine grundlegende Kritik an der Einbeziehung der Exspektanzen findet sich bei *Gallas*[12]: Es sei fraglich, ob ein Wechsel auf die Zukunft, wie ihn der wirtschaftliche Gegenwert der Chance darstelle, überhaupt schon als Vermögensbestandteil angesehen werden könne. Erwerbschancen könnten vielmehr nur insoweit Bestandteile des Vermögens sein, als ein Rechtsanspruch auf sie bestehe (z.B. Anwartschaftsrechte, vertraglich gebundene Kundschaft oder Bezugsberechtigungen), der wirtschaftliche Vermögensbegriff decke sich also in diesem Punkt mit dem juristischen.

Dieser Ansicht ist zutreffend vorgehalten worden, eine zu enge Bindung an die außerstrafrechtlichen Zuteilungsordnungen anzustreben und damit doch wieder in den Fehler der juristischen Vermögenslehre zu verfallen. Nach wirtschaftlichen Maßstäben lasse sich nicht ernsthaft bestreiten, dass es vermögenswerte Exspektanzen

---

[12] *Gallas*, in: Bockelmann/Gallas (Hrsg.), Festschrift für Eberhard Schmidt, 1961, S. 410, 412.

gebe.[13] Wie eine Analyse der unterschiedlichen Vermögensbegriffe zeigen wird,[14] ist das einseitige Abstellen auf subjektive Rechte i.e.S. tatsächlich nicht tragfähig, da die Zuteilungsordnung von Vermögensgütern heute ebenso wenig wie die Definition des Vermögens an der engen Kategorie des subjektiven Rechts „klebt".

2. Die weitgehend parallel zur Rechtsprechung argumentierenden Ansätze weisen nur einen vergleichsweise unwesentlich höheren Präzisionsgrad auf: Unter Rückgriff auf die wirtschaftliche Vermögenslehre wird die Zugehörigkeit von Exspektanzen bzw. Anwartschaften zum Vermögen grundsätzlich bejaht. Es sei freilich zu differenzieren: Ganz allgemeine und unbestimmte Aussichten und bloße Hoffnungen hätten noch keinen wirtschaftlichen Vermögenswert; es müsse vielmehr eine gewisse Festigung der Aussicht, eine gewisse Wahrscheinlichkeit der Realisierung einer Exspektanz eingetreten sein.[15] Als maßgebend wird gemeinhin herausgestellt, dass der Wirtschaftsverkehr einem Gut bereits für die Gegenwart wirtschaftlichen Wert beimesse. Dabei wird von *Samson* die Verbindung zwischen den ursprünglich verwendeten Termini der Wahrscheinlichkeit bzw. Sicherheit der Realisierung der Exspektanz und dem Vermögenswert dahin gehend hergestellt, dass die Wahrscheinlichkeit im Wirtschaftsleben auch den Wert bestimme.[16]

3. Basierend auf dem personalen Vermögensbegriff fordert *Otto* mehr als die Möglichkeit oder Wahrscheinlichkeit einer Herrschaftsbeziehung. Anwartschaften, Gewinn- und Erwerbschancen seien nur dann zu den Vermögensbestandteilen zu rechnen, soweit sie derart konkretisiert und individualisiert seien, dass sie als selbstän-

---

[13] *Lackner,* in: Jescheck/Ruß/Willms (Hrsg.), Leipziger Kommentar (LK), 10. Aufl., § 263 Rn. 36 (1979).

[14] S.u. F.

[15] S. die Nachweise bei *Hefendehl* (Fn. 1), S. 37.

[16] *Samson/Günther,* in: Rudolphi/Horn/Samson/Günther/Hoyer (Hrsg.), Systematischer Kommentar zum Strafgesetzbuch (SK), § 263 Rn. Rn. 121 (Juni 1996).

dige Bestandteile des Vermögens angesehen würden. Sie müssten als konkretisierte Chancen am Wirtschaftsleben teilnehmen.[17]

Diesem über die selbständige Verkehrsfähigkeit argumentierenden Ansatz ist zugute zu halten, dass er tatsächlich ein materiales Kriterium liefert, das eine Subsumtion unter den Begriff der vermögenswerten Exspektanz zu fördern geeignet ist. Denn der Entnormativierungsgrad ist höher als der durch die Rechtsprechung erreichte, die – wie soeben ausgeführt – entweder auf diffuse Wahrscheinlichkeitserwägungen oder darauf abstellt, ob die Verkehrsauffassung einer Aussicht bereits einen messbaren wirtschaftlichen Wert beimesse. Ohne dass auf diese Frage an dieser Stelle näher eingegangen werden kann, bestehen indes erhebliche Zweifel, inwieweit die personale Vermögenslehre die genannte Einschränkung auf die Verkehrsfähigkeit überhaupt konsistent in ihr System einbauen kann.[18]

E. Herkömmliche Lösungsmodelle zur Vermögensgefährdung

I.

1. Um es hinsichtlich der Vermögensgefährdung vorwegzunehmen: Die Judikatur hat von Beginn an die Gleichstellung von Vermögensgefährdung und Vermögensschaden nur am Rande thematisiert, ferner der Zuordnung zu einem der beiden Fälle kein entscheidendes Gewicht beigemessen und sich schließlich in den Fällen einer bloßen Vermögensgefährdung durch letztlich inhaltsleere Formeln unter dem Damoklesschwert des Art. 103 Abs. 2 GG hinwegzuwinden versucht. In dieser Kritik liegt aber zugleich das Verdienst der Rechtsprechung, die im Gegensatz zur

---

[17] *Otto,* Die Struktur des strafrechtlichen Vermögensschutzes, 1970, S. 46.

[18] S. hierzu *Hefendehl* (Fn. 1), S. 44.

Literatur einer dem subjektiven Recht verhafteten juristischen Vermögenslehre seit jeher eine konkludente Absage erteilt hat. Man kann sogar sagen, dass die Reichsgerichtsrechtsprechung zu den Fällen der Vermögensgefährdung ein verdecktes Bekenntnis zum wirtschaftlichen Vermögensbegriff darstellt, und zwar viel früher, als dieses Datum mit der Entscheidung in RGSt 44, 230 gemeinhin gesetzt wird.[19] Das Problem der Vorgehensweise der Rechtsprechung liegt lediglich darin begründet, dass dieser konkludente Verweis auf den wirtschaftlichen Vermögensbegriff nie weiter präzisiert worden ist.

2. *Jagusch* spricht von einer „mittleren-rechtlich-wirtschaftlichen" Position ab RGSt 16, 1, was die Situation treffend kennzeichnet[20]. Die Reichsgerichtsrechtsprechung hat sich in sämtlichen Entscheidungen bereits zu einem wirtschaftlichen Vermögensbegriff bekannt, der allenfalls in dem Sinne gemildert war, als er – ähnlich wie bei den Exspektanzen – in erster Linie auf juristische Positionen als den harten Kern rekurrierte und die wirtschaftliche Betrachtungsweise gleichsam hilfsweise anführte. Die Plenarentscheidung des Reichsgerichts vom 14.12.1910[21] – hier ging es um die Frage, ob eine Vermögensbeschädigung in Betracht kommt, wenn der Käufer zahlt, um ein taugliches Abtreibungsmittel zu erwerben, während das gelieferte Mittel tatsächlich nicht tauglich ist –, die gemeinhin als endgültige Abkehr vom juristischen und Hinwendung zum wirtschaftlichen Vermögensbegriff angesehen wird, war insoweit also keine entscheidende Wegmarke für die Beurteilung der Vermögensgefährdung.

---

[19] *Hefendehl* (Fn. 1), S. 50 m.w.N.

[20] *Jagusch,* in: Jagusch/Mezger (Hrsg.), Leipziger Kommentar, 8. Aufl. 1958, Vorb. zu § 249 Anm. II 2.

[21] RGSt 44, 230.

3.

a) Betrachtet man die Rechtsprechung zum Problemkomplex der Vermögensgefährdung seit 1945, ist bei ihr eine dogmatische Fortentwicklung gegenüber der Reichsgerichtsrechtsprechung nicht festzustellen. Wenn der Bundesgerichtshof in BGHSt 6, 115, 116 f. ausführt, eine ungerechtfertigte Gutschrift könne schon eine Vermögensgefährdung sein, die einem Vermögensschaden gleichkomme, um dies dann anhand eines Vergleiches mit Entscheidungen des Reichsgerichts zu beurteilen, wird deutlich, dass Einzelfallentscheidungen sowie die Anlehnung an anerkannte Fallgruppen nach wie vor das Bild der Vermögensgefährdung prägen.[22]

b) Als Versuch, nicht jede Gefährdung als schadensrelevant einzustufen, ist das Zusatzerfordernis der konkreten Gefahr anzusehen:[23] Die abstrakte Vermögensgefährdung reiche für die Anwendung des § 263 StGB nicht aus. Vielmehr sei unter Berücksichtigung der persönlichen Verhältnisse der Vertragsparteien und der besonderen Umstände des Falles festzustellen, ob die Betroffenen mit wirtschaftlichen Nachteilen ernstlich zu rechnen hätten. Mit dem Begriff der konkreten Gefahr ist aber nichts gewonnen, da eine abstrakte Gefahr im Sinne der abstrakten Gefährdungsdelikte für das Verletzungsdelikt des Betruges schlechterdings nicht in Betracht kommt und die konkrete Gefahr auch konkreter als bei den konkreten Gefährdungsdelikten sein muss und damit einer nicht erfolgten Definition bedürfte. Da der Begriff der konkreten Gefahr einen völlig neuen Inhalt haben müsste, der mit der üblichen Intention des Begriffes nichts gemein hat, handelt es sich hierbei um nicht mehr als eine bloße Hülse ohne semantischen Gehalt.[24]

---

[22] *Hefendehl* (Fn. 1), S. 54.

[23] BGHSt 21, 112, 113; OLG Stuttgart NStZ 1985, 365; BayObLG NJW 1988, 2550.

[24] *Hefendehl* (Fn. 1), S. 55.

4. Eine Analyse der Rechtsprechung zur Vermögensgefährdung ergibt somit eine weitgehend obersatzlose Kasuistik, mag sie auch häufig zu durchaus plausiblen Ergebnissen gelangt sein. Als Definitionsminimum bleibt letztlich nur das bereits in RGSt 9, 168 zum Ausdruck gekommene Erfordernis der Verschlechterung des gegenwärtigen Vermögenszustandes nach wirtschaftlichen Kriterien. Gerade diese wirtschaftlichen Kriterien werden indes nicht näher bestimmt und bieten somit keinen Ansatzpunkt, der über die bloße Kasuistik hinausgeht. Dass diese unzureichende Methodik auch ihren Preis hat, zeigen hier im Einzelnen nicht nachzuzeichnende Konstellationen, bei denen es der Rechtsprechung nicht gelungen ist, kohärente bzw. treffend begründete Ergebnisse zu erzielen, oder bei denen selbst bezüglich der Einhaltung der soeben ausgeführten Minimalvorgaben Zweifel angebracht sind.[25]

II.

Eine Strukturierung der zahlreichen Stellungnahmen in der Literatur erscheint notwendig, aber zugleich mit Schwierigkeiten behaftet, da sich die breite Masse in enger Anlehnung an den wirtschaftlichen Vermögensbegriff und die dargestellte Rechtsprechung allenfalls in Nuancen oder nur scheinbar unterscheidet. Was dann noch bleibt, sind eigenständige Lösungsansätze der (heute nicht mehr vertretenen) „reinen" juristischen Vermögenslehre, der personalen Vermögenslehre, *Nauckes*, *Cramers* und einer im Wesentlichen auf *Schröder* zurückgehenden Blickrichtung, die das Erfordernis weiterer Akte im Herrschaftsbereich des Geschädigten als maßgebliches Abgrenzungskriterium herausstellt. Während die Modelle der juristischen wie der personalen Vermögenslehre im Kontext der jeweiligen Darstellung der

---

[25] S. im Einzelnen *Hefendehl* (Fn. 1), S. 56 ff.

Vermögensbegriffe zu erörtern bzw. zu kritisieren sind,[26] soll es an dieser Stelle um einen Überblick über die Ansätze in Anschluss an den wirtschaftlichen Vermögensbegriff (unter Einschluss der Scheinabweichungen) sowie eine Analyse der Modelle von *Schröder* und *Cramer* gehen.[27]

1. Wie die Rechtsprechung sind auch weite Teile der Literatur frühzeitig dazu übergegangen, eine Vermögensgefährdung immer dann als Schaden anzusehen, sofern eine reale Wertminderung vorliege. Man wird *Cramer* darin folgen können, dass das Institut der sog. schadensgleichen Vermögensgefährdung insofern im Wesentlichen von der Rechtsprechung entwickelt worden ist.[28] *Fischer* etwa fasst den aktuellen Stand der Literatur in folgender Weise zusammen:[29] Auch die Gefährdung eines einzelnen Vermögensstückes könne die Minderung des ganzen Vermögens zur Folge haben, falls sie dieses verschlechtere. Allerdings reiche dafür nur die Möglichkeit einer Gefahr nicht aus. Es müsse eine konkrete Gefährdung eingetreten sein, d.h. bei lebensnaher Betrachtung müsse sie einer Wertminderung gleichkommen. Wenn eine schädigende Gefährdung etwa als Vermögensschaden angesehen wird, sofern nach wirtschaftlicher Betrachtungsweise bereits eine Verschlechterung der gegenwärtigen Vermögenslage[30] oder bei lebensnaher Betrachtung einer Wertminderung vorliege,[31] so bleibt aber nur der Verweis auf die unübersehbare Kasuis-

---

[26] S.u. F I 1. sowie F I 4.

[27] Das Modell *Nauckes* (Zur Lehre vom strafbaren Betrug, 1964, S. 182 ff.), der im Hinblick auf Art. 103 Abs. 2 GG einen *kompromisslosen* Standpunkt mit der Folge des Ausschlusses der Vermögensgefährdung aus dem Vermögensschaden vertritt, kann hier nicht dargestellt werden; s. im Einzelnen *Hefendehl* (Fn. 1), S. 67 ff.

[28] *Cramer,* Vermögensbegriff und Vermögensschaden im Strafrecht, 1968, S. 118.

[29] *Tröndle/Fischer* (Fn. 7), § 263 Rdn. 31.

[30] Schönke/Schröder/*Cramer* StGB, 26. Aufl. 2001, § 263 Rdn. 143.

[31] *Tröndle/Fischer* (Fn. 7), § 263 Rdn. 31; die Zusammenstellung bei *Boog* (Die Rechtsprechung des Bundesgerichts zum Begriff des Vermögensschadens beim Betrug, 1991, S. 52 ff.) zur schweizerischen Rechtsprechung und Literatur zeigt, dass auch dort die Kasuistik im Vordergrund steht.

tik bzw. den wirtschaftlichen Vermögensbegriff. Denn die für die Praxis schlechthin entscheidende Frage, wann denn eine reale Wertminderung zu konstatieren ist, die eine hinreichend konkrete Vermögensgefährdung begründen soll, wird ausgespart.[32]

2. Daneben hat es indes auch Versuche gegeben, eine eigenständige Konzeption der Vermögensgefährdung zu entwickeln, die allesamt auf die Frage der Beherrschbarkeit des Gefahrenherdes rekurrieren.[33] Da auch diese Modelle mehr oder weniger

---

[32] In einem Teil der aktuellen Literatur wird kritisiert, die „konkrete" Vermögensgefährdung könne begriffsnotwendig niemals ein Schaden sein, wohl aber unter Umständen eine echte Vermögensschädigung, sofern bereits eine reale Wertminderung des Gutes vorliege (*Otto* [Fn. 17], S. 227; *ders.*, JZ 1985, 69, 72; *Labsch,* Untreue, 1983, S. 321; vgl. bereits *J. Merkel,* Die Vermögensbeschädigung beim Betrug, Diss. iur. Erlangen, 1900, S. 34 f.; *Hirschberg,* Der Vermögensbegriff im Strafrecht, 1934, S. 337). Die Praxis, die in der Möglichkeit des endgültigen Verlusts einen Schaden sehe, begegne nicht nur wegen ihrer Unbestimmtheit erheblichen Bedenken. Sie wäre überdies ein eklatanter Verstoß gegen Art. 103 Abs. 2 GG, läge in den fraglichen Fällen nicht tatsächlich eine Wertminderung des Vermögens vor; denn die Gleichstellung von Vermögensgefährdung und Vermögensschaden wäre dann eine verbotene Analogie zuungunsten des Täters (*D. Geerds,* Wirtschaftsstrafrecht und Vermögensschutz, 1990, S. 105); auch die „konkrete" Gefahr eines Vermögensschadens sei ein Vorstadium des Schadens und könne daher begriffsnotwendig nicht mit dem Schaden identisch sein (*Otto* in: Küper (Hrsg.), Festschrift für Karl Lackner zum 70. Geburtstag, 1987, S. 715, 723). Letztlich geht es dabei aber im Wesentlichen um eine (vorwiegend von Vertretern der personalen Vermögenslehre aufgeworfene) Frage der Formulierung (*Schmidhäuser,* Strafrecht BT, 2. Aufl. 1983, 11/26). So folgert *Otto* aus seiner Kritik *nicht* etwa, dass die üblicherweise als „konkrete Vermögensgefährdung" qualifizierten Fälle nicht unter § 263 StGB zu subsumieren seien. Vielmehr komme der Gefahr, dass eine geschuldete Leistung nicht erbracht oder eine nicht bestehende Forderung mit rechtswidrigen Mitteln durchgesetzt werde, bei wirtschaftlicher Betrachtungsweise Bedeutung für die Bestimmung des realen Wertes des Vermögens zu (*Otto,* Grundkurs Strafrecht BT, 6. Aufl. 2002, § 51 Rdn. 70; *ders.*, JZ 1985, 69, 72).

[33] S. bereits *Merkel,* in: v. Holtzendorff (Hrsg.), Handbuch des deutschen Strafrechts, 3. Band 1874, S. 769 (und damit noch ein Vertreter der juristischen Vermögenslehre): „So lange es in der Macht desselben steht, unverletzt zu sein, d.i. so lange der Anrufung und Geltendmachung des Rechts durch diejenigen Mittel und Wege, welche hierfür gesetzt sind, keine Hindernisse entgegenstehen, ist der Begriff des Betrugs, welchen Inhalt im Übrigen die Täuschung haben möge, nicht erfüllt. Hierher gehört es z.B., wenn ein übrigens solventes Individuum Waren verkauft, die es in der vorausgesetzten Qualität nicht besitzt, in der Hoffnung, der Käufer werde sich auch mit der schlechteren Qualität zufrieden geben. Geschieht dies, so ist kein Grund zum Einschreiten vorhanden, geschieht es nicht, so wird der Verkäufer den Andern schadlos halten müssen, und es ist dann ebenfalls eine Verletzung, wie sie der Betrug voraussetzt, nicht vorhanden".
Lackner nimmt eine normative Beschränkung des Schadensbegriffs dahin gehend vor, dass er „jedenfalls" die durch eine Vermögensverfügung verursachte „konkrete Gefahr", dass der Getäuschte

stark dem traditionellen wirtschaftlichen Vermögensbegriff verhaftet bleiben, wird deren Eigenständigkeit aber wiederum gefährdet.

a)

aa) *Schröder* sieht nach wirtschaftlicher Betrachtungsweise einen Vermögensschaden nicht nur in einer effektiven, rechnerisch nachweisbaren Vermögensminderung, sondern unter Umständen schon in einer konkreten Gefährdung von Vermögenswerten. Denn zweifelhafte Vermögenspositionen würden in ihrem Wert geringer veranschlagt. Es sei aber eine Grenze zu ziehen zwischen der Gefährdung, die noch die typische Situation des Versuchs darstelle, und der Gefährdung, die einer Vermögensschädigung gleichkomme. Habe der Getäuschte durch die Verfügung eine Situation geschaffen, in der der endgültige Verlust des fraglichen Vermögenswerts nicht mehr wesentlich von seinem Zutun abhänge, liege eine konkrete Vermögensgefährdung vor. Bedürfe es dagegen noch einer weiteren Handlung im Herrschaftsbereich des Getäuschten, habe dieser also das Geschehen noch nicht endgültig aus der Hand gegeben, so bedeute die Gefahr, demnächst die letztlich schädigende Verfügung zu treffen, noch keinen Schaden. Es handele sich lediglich um eine versuchstypische Gefährdung.[34] Für die Frage, ob eine Vermögensgefährdung einem Vermögensschaden gleichzusetzen sei, müsse im Einzelfall gefragt werden, ob mit hinreichender Wahrscheinlichkeit angenommen werden könne, dass der Getäuschte

---

selbst – allein aufgrund seines Irrtums – eine effektive Vermögensminderung vornehmen werde, ohne das Hinzutreten weiterer Umstände nicht genügen lässt. Außerdem dürfe das Erfordernis „konkreter Gefährdung“ nicht schematisch gehandhabt werden. Für Umfang und Grenzen der Vermögensgefährdung ließen sich keine abstrakten Regeln aufstellen; es komme vielmehr immer auf den wirtschaftlichen Zusammenhang an, in dem die jeweilige Gefährdung auftrete (*Lackner* LK [Fn. 13], § 263 Rdn. 153). Damit mag *Lackner* eine anzuerkennende Einschränkung des Vermögensschadensbegriffs vorgenommen haben. Seine „jedenfalls-Argumentation“ deutet aber schon äußerlich darauf hin, dass ein positives Gesamtkonzept daraus nicht zu gewinnen ist.

[34] *Schönke/Schröder* StGB, 17. Aufl. 1974, § 263 Rdn. 100; vgl. auch *Schröder,* JZ 1967, 577, 578.

auf den erschwindelten Vertrag in einer Weise reagiere, die zu einem Vermögensschaden führe.[35]

Nach diesem Konzept liegt beim Eingehungsbetrug regelmäßig nur ein Betrugsversuch vor, weil es zur Herbeiführung des eigentlichen Schadens noch der Erfüllungshandlung des Getäuschten bedarf, in der die Täuschung des Täters fortwirkt. Wo die Beschaffung eines unrichtigen Beweismittels durch Täuschung oder Nötigung dem Täter lediglich die Möglichkeit verschaffe, durch Benutzung des Beweismittels weitere Reaktionen auszulösen, die erst ihrerseits den Schaden herbeiführten, wie z.B. das Urteil des Richters, könne von einer echten Schädigung noch nicht gesprochen werden. Das Vermögen des Getäuschten sei lediglich gefährdet, so dass nur ein versuchter Betrug vorliege.[36]

bb) Gegen diese Lehre ist eingewandt worden, sie erweise sich bei näherem Zusehen als Bruch mit der wirtschaftlichen Betrachtungsweise; denn sie ermittele nicht mehr die aktuelle Werteinbuße, sondern setze an ihre Stelle den endgültigen Verlust und eine ihm gleichwertige Gefahrenlage, während sie die Wertminderung im Übrigen – und zwar auch die ganz eindeutige – aus dem Tatbestand des (vollendeten) Betrugs eliminiere.[37]

Letztlich weisen die Ausführungen *Schröders* dieselben Unsicherheiten auf, die das Verhältnis der „konkreten" Vermögensgefährdung zum wirtschaftlichen Vermögensbegriff als solchen betreffen: So rekurriert *Schröder* selbst auf den wirtschaftlichen Vermögensbegriff und relativiert sein Herrschaftsmodell dadurch, wenn auch er ganz im Sinne herkömmlicher Terminologie fragt, ob mit hinreichender Wahrscheinlichkeit angenommen werden könne, dass der Getäuschte auf den erschwin-

[35] Anm. *Schröder,* JR 1971, 74.

[36] *Schröder,* JZ 1965, 513, 516.

[37] *Lackner* LK (Fn. 13), § 263 Rdn. 153.

delten Vertrag in einer Weise reagiere, die zu einem Vermögensschaden führe.[38] Der Versuch einer Neubestimmung des Vermögensbegriffs findet also nicht statt, auf den aber bei *Schröders* Prämissen nicht verzichtet werden kann. Denn nach dem wirtschaftlichen Vermögensbegriff lässt sich ja gerade nicht eine Teil-Versuchslösung begründen, die auf einer partiellen Irrelevanz wirtschaftlicher Wertminderungen basiert. Die Versuchslösung unter Zugrundelegung eines nach dem wirtschaftlichen Vermögensbegriff an sich zu konstatierenden Vermögensnachteils zu begründen, führt zu einem nicht behebbaren Widerspruch. So wäre trotz Erfüllung des objektiven (und des subjektiven Tatbestandes) gleichwohl das Nichtvorliegen des Vermögensschadens zu fingieren. An erster Stelle muss also die Definition des Vermögensbegriffs (mitsamt dem davon abhängigen Schadensbegriff als Kriterium der Tatvollendung) stehen. Nur dessen exakte Klärung lässt Raum für die Frage, ob ein Betrugsversuch gegeben ist oder nicht. Ein solcher zeichnet sich nämlich durch die vollständige Erfüllung des subjektiven Tatbestandes aus, der ein Mangel im objektiven Tatbestand, jedoch bei konkreter Gefährdung des Tatobjektes durch einen vom Täter aus der Hand gegebenen Kausalverlauf gegenübersteht.[39] Dieses versuchstypische Auseinanderfallen von Vorstellung und Wirklichkeit kann dann nicht vorliegen, wenn der Täter den Getäuschten plangemäß zu einer (abschließenden) Handlung veranlasst, mag das Ergebnis auch noch nicht dem intendierten Endzustand entsprechen. Hier gibt es nur die Lösungsalternativen der Ablehnung des Betruges oder der Bejahung eines vollendeten Betruges. Die Beantwortung dieser Frage hängt allein davon ab, ob man den bewirkten Zustand als vermögenstangierend ansieht oder nicht.

---

[38] Anm. *Schröder*, JR 1971, 74.

[39] *Lackner* LK (Fn. 13), § 263 Rdn. 1.

Es zeigt sich also, dass die Kritik *Lackners* zutrifft, die all den Bestrebungen eine Absage erteilt, die Abgrenzungskriterien ohne direkten Bezug zur Art der Ermittlung des Vermögens bzw. des Vermögensschadens einzuführen.

b)

aa) *Lenckner* vermeidet die Widersprüche zum wirtschaftlichen Vermögensbegriff (allerdings unter zwangsläufiger Inkaufnahme eines größeren Begriffshofs), indem er den Herrschaftsgedanken *Schröders* stärker relativiert: Die abstrakte Gefahr eines Vermögensschadens reiche in keinem Falle aus. Die „konkrete" Vermögensgefährdung sei vielmehr auf einen relativ eindeutigen Kernbereich zu beschränken, um dem Bestimmtheitsgebot gerecht zu werden.[40] Mit dem rein schuldrechtlichen Verpflichtungsgeschäft verliere der Schuldner tatsächlich noch nichts aus seinem Vermögen. Es begründe nur die Gefahr, dass der Getäuschte demnächst eine vermögensmindernde Leistung erbringen werde. Ob diese Gefahr bereits einem realen Schaden gleichkomme, hängt nach *Lenckner* davon ab, ob das Opfer bei Vertragsschluss in eine Lage geraten ist, die bei natürlicher Weiterentwicklung sicher oder doch höchstwahrscheinlich dazu führen wird, dass der Täter seine Forderung ohne Schwierigkeiten realisieren kann. Stehe es dagegen noch in der Macht des getäuschten Vertragspartners, die Geltendmachung und Durchsetzung des gegen ihn gerichteten Anspruchs zu verhindern, so bleibe die Tat bis zur tatsächlichen Weggabe des geschuldeten Vermögenswerts im Stadium des Versuchs.

Kann der Getäuschte seine Rechte de facto nicht durchsetzen, was etwa beim Anfechtungsrecht möglich sei, sind sie nach *Lenckner* für den Getäuschten nutzlos, und er sei dem Täter im Ergebnis ebenso ausgeliefert, wie wenn er schon de iure seine Inanspruchnahme nicht verhindern könne.[41] Sei der Getäuschte vorleistungs-

---

[40] *Lenckner,* JZ 1971, 320, 321.
[41] *Lenckner,* JZ 1971, 320, 322.

pflichtig, so könne er im Regelfall erst mit Nicht- oder Schlechterfüllung des Täters erkennen, dass er getäuscht und übervorteilt worden sei, womit ein Schaden bereits mit Vertragsschluss vorliegt. Sei hingegen der Täter vorleistungspflichtig, stehe aber bei Vertragsschluss fest, dass der getäuschte Kontrahent die Täuschung auch später nicht erkennen könne und deshalb im Vertrauen auf den vollen Wert der Gegenleistung erfüllen werde, liege ein vollendeter Eingehungsbetrug vor.
Besteht noch die Möglichkeit des rechtzeitigen Entdeckens, kommt nach *Lenckner* ein vollendeter Eingehungsbetrug immer dann, aber auch nur dann in Betracht, wenn schon bei Vertragsabschluss davon auszugehen ist, dass das Opfer auch bei Kenntnis seiner Rechte gezwungen sein wird, die geschuldete Leistung zu erbringen. Das sei insbesondere der Fall, wenn sich der Getäuschte in einer ungünstigen Beweissituation befinde und deshalb seine Gegenrechte nicht mit einer hinreichenden Aussicht auf Erfolg durchsetzen könne.[42]

bb) *Lenckner* verzichtet also auf das starre Abstellen auf zwar objektiv überprüfbare, aber nicht mit dem Vermögensbegriff verbundene Kriterien, indem er fragt, ob der Täter bei natürlicher Weiterentwicklung sicher oder doch höchst wahrscheinlich seine Forderung werde realisieren können.[43] Dieser Weg weist in die richtige Richtung, wobei er allerdings der weiteren Konkretisierung bedarf, um die Frage klären zu helfen, wann sich nun eine Forderung „höchstwahrscheinlich realisiert".

c)

aa) Schließlich unternimmt *Cramer* den Versuch, den strafrechtlichen Schadens- und Gefährdungsbegriff mit dem zivilrechtlichen Interessenausgleichsrecht zu harmonisieren. Er ist somit der einzige, der die Frage nach dem Vorliegen einer schä-

---

[42] *Lenckner*, JZ 1971, 320, 323.

digenden Vermögensgefährdung quasi von außen bestimmt, nicht nur, weil er das Zivilrecht heranzieht, sondern auch, weil er das Fallmaterial innerhalb eines geschlossenen Gesamtkonzepts nach einheitlichen Kriterien beurteilt, um das Ergebnis dann kritisch zu hinterfragen. *Cramer* untersucht die relevanten Fallgestaltungen, ob sich die Gefahr für ein Vermögensgut so weit verdichtet habe, dass das Zivilrecht einen Ausgleichsanspruch vorsehe.[44] Dieser Grundsatz führe dazu, im strafrechtlichen Sinne eine Vermögensgefährdung nur dann als Nachteil zu bewerten, wenn auch die übrige Rechtsordnung an die Gefährdung rechtliche Konsequenzen in Gestalt von Schadensersatzansprüchen oder Ansprüchen auf Beseitigung der Beeinträchtigung knüpfe.[45]

bb) Gegen diesen Lösungsvorschlag sind sowohl vom Ergebnis wie von der Methodik der Vorgehensweise her Bedenken anzumelden. Zum einen würde zum Beispiel in den Fällen des Kreditbetrugs, des Eingehungsbetrugs oder des Unterlassens der Geltendmachung von Forderungen ein Kondiktionsanspruch nicht in Betracht kommen.[46] Und zum anderen weist etwa *Lenckner* zu Recht darauf hin, dass der Rückgriff *Cramers* auf das Anfechtungsrecht nach § 123 BGB[47] als eine der besagten Möglichkeiten der Beseitigung einer Beeinträchtigung gerade die durch das Lösungsmodell propagierte Begrenzung des Vermögensschadens durch das Zivilrecht zunichte macht. Denn der Getäuschte wird seine Erklärung immer anfechten können,[48] womit der daraus resultierende Kondiktionsanspruch nach dem Modell *Cramers* in schlechthin allen Fällen einen Vermögensschaden indizieren würde.

---

[43] *Lenckner,* JZ 1971, 320, 322.
[44] *Cramer* (Fn. 28), S. 131 f.
[45] *Cramer* (Fn. 28), S. 132.
[46] *Riemann,* Vermögensgefährdung und Vermögensschaden, 1989, S. 54.
[47] Vgl. *Cramer* (Fn. 28), S. 136, 146 f., 176 f.
[48] *Lenckner,* JZ 1971, 320, 322 Fn. 11; *Riemann* (Fn. 46), S. 56.

Dass derartige Ergebnisse keinen Bestand haben können und der Korrektur bedürfen, liegt also auf der Hand. Der Grund hierfür ist in einem nicht tragfähigen Primat des Zivilrechts im Sinne der Maßgeblichkeit der zivilrechtlichen Ausgleichsansprüche zu suchen: Der Grundgedanke der zivilrechtlichen Ausgleichsansprüche, etwa derjenigen aus § 894 BGB oder § 812 BGB, ist derjenige, einen persönlichen Anspruch auf Rückgängigmachung eines Rechtserwerbs zu gewähren, der zwar gültig vollzogen ist, aber im Verhältnis zum Benachteiligten des rechtfertigenden Grundes entbehrt. Es geht beim Zusammenspiel zwischen dinglicher Wirkung des Verfügungsgeschäfts und schuldrechtlichem Kondiktionsanspruch des Leistenden bei Ungültigkeit des Verpflichtungsgeschäfts also um nicht mehr als um eine besondere rechtstechnische Ausgestaltung eines Kompromisses zwischen dem Erfordernis des Verkehrs- bzw. Vertrauensschutzes auf der einen und dem Schutzinteresse des Leistenden auf der anderen Seite.[49] Das Strafrecht würde infolgedessen zu kurz greifen, wenn es sich ausschließlich an zivilrechtlichen Ausgleichsansprüchen orientierte. Denn für den Getäuschten macht es keinen Unterschied, ob die Konstellation einer bereicherungsrechtlichen Rückabwicklung oder eines scheinbar noch intakten Rechtsverhältnisses vorliegt, das jedoch tatsächlich durch eine (natürlich nicht kondizierbare) aktuell realisierbare „böse Absicht" des Täuschenden bereits gegenwärtig gestört ist. Wenn *Cramer* etwa die Fälle des Kreditbetruges, die gemeinhin der Vermögensgefährdung zugerechnet werden, dem effektiven Vermögensschaden zuordnet,[50] um sein System nicht zu gefährden, so ist dem zwar nicht entgegenzuhalten, „klassische" Fälle der Vermögensgefährdung würden uminter-

---

[49] *Koppensteiner/Kramer,* Ungerechtfertigte Bereicherung, 2. Aufl. 1988, S. 3; vgl. auch *Lieb,* in: Münchener Kommentar Band 5, 3. Aufl. 1997, § 812 Rdn. 1; der Gedanke vom Bereicherungsrecht als Billigkeitsrecht (vgl. Palandt/*Sprau,* Bürgerliches Gesetzbuch, 61. Aufl. 2002, Einf v § 812 Rdn. 2) hat bei dieser nüchternen Betrachtungsweise keinen Raum (so etwa *Koppensteiner/Kramer,* a.a.O., S. 3 m.w.N.).

[50] Vgl. etwa beim Kreditbetrug *Cramer* (Fn. 28), S. 137.

pretiert.[51] Denn für eine derartige Kategorisierung lassen sich durchaus Gründe finden, da der Getäuschte einen Substanzverlust erlitten hat, der nur eben kompensierbar oder ohne weiteres revidierbar ist. Bedenklicher erscheint indes, dass trotz des Umstandes, dass eine sog. schadensgleiche Vermögensgefährdung nur als Subkategorie des Vermögensschadens interpretierbar ist, will man nicht gegen das Analogieverbot des Art. 103 Abs. 2 GG verstoßen, und obwohl demnach allenfalls quantitative Unterschiede zu konstatieren sind, je nach Zuordnung zum Vermögensschaden oder zur Vermögensgefährdung qualitativ unterschiedlich argumentiert wird.[52] So leuchtet nicht ein, warum das Kriterium der Kondizierbarkeit bei einem effektiven Vermögensschaden nicht anwendbar sein soll. Hiervon muss *Cramer* aber ausgehen, da er ansonsten etwa in den Fällen des Kreditbetruges, bei denen ein Kondiktionsanspruch ins Leere ginge, keinen Vermögensschaden annehmen könnte.

Erweist sich somit der „restriktive Zweig" des Kondiktionsansatzes für das Strafrecht als nicht tauglich, gilt nichts anderes für den „extensiven Zweig" in Gestalt der Anfechtungsmöglichkeit nach § 123 BGB. Denn im Zivilrecht schützt § 123 BGB gerade die rechtsgeschäftliche Entschließungs- bzw. Dispositionsfreiheit[53], die unbestritten von keinem der vertretenen Vermögensbegriffe als (Teil-) Rechtsgut anerkannt wird. Dass die Heranziehung des § 123 BGB als Schadenskriterium zu einer zunehmenden Pönalisierung führt, bestätigt gerade diesen Befund, nämlich eine unzulässige Überdehnung des Vermögensbegriffs.

---

[51] So aber etwa *Riemann* (Fn. 46), S. 56 Fn. 86.

[52] Vgl. auch die Kritik *Lackners* (LK [Fn. 13], § 263 Rdn. 153), wonach *Cramer* zur Vermeidung unvertretbarer Ergebnisse dazu gezwungen sei, die Begriffe der Vermögensgefährdung und des Vermögensschadens in ein vom herkömmlichen Standpunkt abweichendes Verhältnis zueinander zu bringen.

[53] Palandt/*Heinrichs* (Fn. 49), § 123 Rdn. 1.

c) Keine Erwähnung haben bislang die Neukommentierungen von *Schünemann* zur Untreue und von *Tiedemann* zum Betrug im Leipziger Kommentar gefunden.[54] Bei diesen handelt es sich um die intensivsten Bearbeitungen auch zu dem hier im Vordergrund stehenden Problemfeld. Da sie aber nahezu in die gleiche Richtung gehen wie der hier vertretene Ansatz, können sie im Zusammenhang mit der Neuorientierung herangezogen werden.

3. Damit ergibt sich das folgende Zwischenergebnis: Während sich ein Großteil der Literatur an die letztlich unergiebige Kasuistik der Rechtsprechung anlehnt, scheint das Herrschaftsmodell *Schröders* und *Lenckners* in die richtige Richtung zu weisen. Die ausgemachten Friktionen mit dem wirtschaftlichen Vermögensbegriff haben aber die Notwendigkeit der Weiterentwicklung des Vermögensbegriffs selbst sowie von dessen Ableitungen gezeigt.

F. Der Verweis auf den Vermögensbegriff

Letztlich führt diese Bestandsaufnahme allein auf den Vermögensbegriff zurück. Nur dessen klare Konturierung schafft die Möglichkeit der Festlegung, wann Exspektanz und Vermögensgefährdung als Subkategorien der Rechtsbegriffe von Vermögen und Vermögensschaden angesehen werden können.

[54] Auch die Konzeption *Kindhäusers* vom Betrug als Freiheitsdelikt (*Kindhäuser*, ZStW 103 [103], 398 ff.) soll hier nicht verfolgt werden, weil sie nicht unmittelbar für die hier im Zentrum stehenden Fragestellungen expliziert wird. Dessen Kommentierung im Nomos Kommentar zum StGB erschien nach Redaktionsschluss dieses Sammelbandes und konnte nicht mehr eingearbeitet werden.

I. Die Kritik der herkömmlichen Vermögenslehren

Die bisherigen Versuche der Bestimmung des Rechtsgutes des Vermögens sind dabei allesamt der Kritik ausgesetzt, was hier in aller Kürze dargestellt sei.

1. Die juristische Vermögenslehre

a) Nach der *juristischen Vermögenslehre* ist das Vermögen die Summe der Vermögensrechte und -pflichten einer Person, der Schaden demnach der Verlust eines solchen Rechts oder die Belastung mit einer entsprechenden Verbindlichkeit.[55] Mit diesem Ansatz wurde das Ziel verfolgt, Normwidersprüche zu vermeiden. So könne das Strafrecht zwar bestimmen, in welchem Umfang es das Vermögen schützen wolle; es könne sich aber nicht von den für die rechtliche Zuteilung von Gütern maßgebenden Normen emanzipieren und etwa entgegen den Regeln des Privatrechts auch die faktische Erwerbschance aus einem unsittlichen Rechtsgeschäft zu einem Vermögensbestandteil und damit zu einem im Rahmen des Rechts verfügbaren Gut machen.[56] Das Zivilrecht und das öffentliche Recht seien dabei als Zuteilungsordnungen zu verstehen, deren Aufgabe es sei, verbindlich darüber zu entscheiden, unter welchen rechtlichen Voraussetzungen wirtschaftliche Positionen die Qualität von Vermögensbestandteilen gewönnen.[57] Unter dieser Voraussetzung fallen alle faktischen Positionen, an denen oder auf die ein Recht abstrakt nicht begründbar ist oder im konkreten Fall nicht besteht, wie es etwa bei Anwartschaften, der Arbeitskraft, dem Besitz oder festen Geschäftsbeziehungen der Fall ist, nicht

---

[55] Vgl. *Merkel,* Kriminalistische Abhandlungen Band II: Die Lehre vom strafbaren Betruge, 1867, S. 101; *Binding,* Lehrbuch des gemeinen deutschen Strafrechts, BT Bd. 1, 2. Aufl. 1902, S. 238, 341; *Gerland,* Deutsches Reichsstrafrecht, 2. Aufl. 1932, S. 560, 637; vgl. auch *Hirschberg* (Fn. 32), S. 279; ferner RGSt 3, 332, 333; 11, 72.

[56] *Gallas* (Fn. 12), S. 401, 408 f.

[57] *Gallas* (Fn. 12), S. 401, 408.

unter den Begriff des Vermögens, während dies bei wirtschaftlich völlig wertlosen Vermögensrechten der Fall ist.[58] Ferner kann die bloße Gefährdung von Vermögenswerten kein Schaden sein. So lässt nach *Binding* eine bloße Vermögensgefährdung den Rechtsbestand intakt und stellt deshalb keine Schädigung dar.[59] Wenn er im Rahmen des Kreditbetruges gleichwohl diese praktischen Konsequenzen scheut und von einer Schädigung ausgeht, da der Gläubiger „der Zeit nach" nicht das erhalte, was er zu fordern habe,[60] kann dem etwa mit *Cramer*[61] entgegengetreten werden. Denn der Getäuschte erhält genau das, was ihm rechtlich zusteht, und kann daher nach dem Ansatz *Bindings* nicht geschädigt sein.

b) Ein kompromisslos angewandter juristischer Vermögensbegriff hätte die folgenden Konsequenzen: Tatsächliche wirtschaftliche Werte wie die Exspektanz, der Besitz, die Arbeitskraft oder das Geschäftsgeheimnis müssten aus dem Schutzbereich von vornherein ausscheiden, während die mit einer wirtschaftlichen Entwertung verbundene Gefährdung eines Rechts durch die juristische Betrachtungsweise nicht registriert werden könnte. Das Vermögen würde nicht als Einheit, sondern nur als Summe heterogener Bestandteile (miss)verstanden. Der Kompensationsgedanke wäre von vornherein ausgeschlossen.[62]

c) Ist man sich in der Ablehnung dieser Konsequenzen eines an das subjektive Privatrecht anknüpfenden Vermögenslehre einig, differieren allerdings die Begrün-

---

[58] Vgl. *Nelles,* Untreue zum Nachteil von Gesellschaften, 1991, S. 349.

[59] *Binding* (Fn. 55), S. 360; vgl. auch *Merkel* (Fn. 55), S. 124 f., 242 f., sowie die weiteren Nachweise bei *Cramer* (Fn. 28), S. 120; diejenigen Literaturstimmen, die eine generelle Gleichsetzung von Vermögensgefährdung und Vermögensschaden propagierten, waren entweder noch zu wenig problemsensibilisiert (so wohl *Köstlin,* Abhandlungen aus dem Strafrechte, 1858, S. 152 f., 157) oder von vornherein kaum vertretbar (so *Eckstein,* GA 58 [1911], 66, 85).

[60] *Binding* (Fn. 55), S. 361.

[61] *Cramer* (Fn. 28), S. 123.

[62] *Lackner* LK (Fn. 13), § 263 Rdn. 121.

dungen hierzu: Herkömmlicherweise wird die Eigenständigkeit des Strafrechts zu anderen Rechtsgebieten herausgestellt und infolgedessen der Akzessorietätsgedanke zwischen dem Zivil- und dem Strafrecht verworfen.[63] Gerade hieran ist aber grundsätzlich festzuhalten, wie zu zeigen sein wird.[64] Erfolgversprechender erscheint vielmehr der Weg, die juristische Prägung des Vermögensbegriffes beizubehalten, aber von der Anbindung an das subjektive Privatrecht zu lösen. Denn zu Recht wird moniert, die Beschränkung der Vermögensbestandteile auf zivil- oder öffentlich-rechtlich vorgeformte Rechtspositionen – d.h. auf subjektive, im Rechtsweg durchsetzbare Rechte – vernachlässige die Tatsache, dass der Gegenstand wirtschaftlichen Austausches viel weiter zu fassen ist.[65]

Die juristische Vermögenslehre leidet also an dem entscheidenden Grundgebrechen, nur dasjenige zum Vermögen zu erklären, was bereits in der zivilistischen Systematik der damaligen Zeit als subjektives Privatrecht[66] konstruiert worden war.[67] Diese binnenzivilistische Systematik sagt aber nichts darüber aus, ob eine Herrschaft über Menschen oder Gegenstände, durch die das Vermögen ausgezeichnet wird,[68] vom Zivilrecht anerkannt wird oder nicht, weil eine solche Herrschaft

---

63 Vgl. insb. *Bruns*, Die Befreiung des Strafrechts vom zivilistischen Denken, 1938, S. 227 ff.

64 S.u. F II.

65 *Lackner* LK (Fn. 13), § 263 Rdn. 121; *Cramer*, JuS 1966, 472, 474.

66 Vgl. zu diesem Terminus *Raiser*, JZ 1961, 465; zum Begriff des subjektiven Rechts, seiner damaligen und heutigen Bedeutung auch *Nelles* (Fn. 58), S. 357 f., die zu Recht darauf hinweist, dass die (ursprüngliche) begriffliche Geschlossenheit der zivilrechtlichen Kategorie der „subjektiven Rechte" mittlerweile in Frage gestellt ist.

67 In diesem Sinne auch ausdrücklich *Pawlik*, Das unerlaubte Verhalten beim Betrug, 1999, S. 255: Der methodische Hauptmangel des juristischen Vermögensbegriffs bestehe darin, dass sie die Eigenständigkeit der strafrechtlichen Begriffsbildung nicht ernst nehme, vielmehr noch ganz dem begriffsjuristischen Denken des 19. Jahrhunderts verhaftet sei, indem sie ohne weiteres von der rechtsgebietsübergreifenden Gültigkeit zivilrechtlicher Begriffsbildungen ausgehe.

68 Vgl. im Einzelnen dazu u. F II.

naturgemäß auch von minderer Dignität und institutioneller Ausprägung sein kann, als es vom formellen subjektiven Privatrecht präsentiert wird.[69]

2. Die wirtschaftliche Vermögenslehre

a) Die *wirtschaftliche Vermögenslehre* hingegen erkennt jede wirtschaftliche Position an, der im Geschäftsverkehr wirtschaftlicher Wert beigemessen wird, ohne Rücksicht darauf, ob sie in einem Recht konkretisiert oder überhaupt der Konkretisierung fähig ist.[70] Auf der anderen Seite besteht auch die Möglichkeit der Kompensation mit einem unmittelbar zufließenden Vorteil nach objektiv-wirtschaftlichen Maßstäben.[71] Hier findet sich also eine Abkehr von der zivilrechtstechnischen Form in Gestalt des subjektiven Vermögensrechts[72] und die Hinwendung zum materiellen Kern der Beziehungen des Vermögenssubjekts zu den Wirtschaftsgütern, d.h. die Loslösung von der außerstrafrechtlichen Begriffsapparatur insbesondere des Zivilrechts.[73] In der konkreten Ausprägung des wirtschaftlichen Vermögensbegriffs unterfallen somit rein tatsächliche Erwerbsaussichten, nichtige und unvollkommene Forderungen oder etwa die Arbeitskraft dem Bereich strafrechtlich geschützten Vermögens, sofern sie im Einzelfall von wirtschaftlichem Wert sind.[74] Da unter Ablehnung jeglicher rechtlicher Zurechnungskriterien allein die faktischen

---

[69] In diesem Sinne auch *Schünemann* LK (Fn. 10), § 266 Rdn. 133.

[70] Vgl. RGSt 44, 230, 233 („Summe der geldwerten Güter einer Person"); 66, 285; BGHSt 1, 264, 266; 3, 99, 102; 16, 220, 221; 16, 321, 325; 26, 346, 347; *Blei,* Strafrecht II, 12. Aufl. 1983, S. 231 („Gesamtheit der einer Person zustehenden Werte"); *Maurach/Schroeder,* Strafrecht BT/1, 6. Aufl. 1977, S. 416 (Vermögen als die „Gesamtheit der Güter, die der Verfügungsgewalt einer Person unterliegen"); vgl. auch *Tröndle/Fischer* (Fn. 7), § 263 Rdn. 27; *Bruns* (Fn. 63), S. 227; *ders.*, in: Engisch/Maurach (Hrsg.), Festschrift für Edmund Mezger, 1954, S. 335, 343 f.

[71] Vgl. *Lackner* LK (Fn. 13), § 263 Rdn. 122.

[72] Subjektive Rechte werden also nur dann dem Vermögen zugerechnet, sofern sie einen wirtschaftlichen Wert besitzen, vgl. Schönke/Schröder/*Cramer* (Fn. 30), § 263 Rdn. 85.

[73] *Cramer* (Fn. 28), S. 90.

[74] Vgl. *Nelles* (Fn. 58), S. 360 m.N. der Rspr.

Verhältnisse berücksichtigt werden, kann es – auch im Bereich der Vermögensgefährdung[75] – zu Widersprüchen kommen,[76] die jedoch von der Rechtsprechung im Hinblick auf die Einheit der Rechtsordnung in der Regel nicht hingenommen, sondern durch eine Einbeziehung rechtlicher Kriterien aufgelöst worden sind.[77] Die Zuteilung von Wirtschaftsgütern ist also zumindest teilweise unter Berücksichtigung der rechtlichen Zuteilungsordnungen des Zivilrechts und des öffentlichen Rechts vorgenommen worden,[78] so dass man heute kaum noch davon sprechen kann, die Rechtsprechung folge einem extrem wirtschaftlichen Vermögensbegriff[79].

b) Tatsächlich gelingt es der wirtschaftlichen Vermögenslehre aber nicht, den Vermögensbegriff so weit zu entnormativieren, dass eine Subsumtion unter diesen wesentlich gefördert wird. Sie bedient sich vielmehr des Begriffs des „Wirtschaftlichen“, ohne dass dieser klar ist oder zumindest eindeutig definiert wird. Auf den ersten Blick mag dies verwundern, da die sog. faktische oder, soweit (im untechnischen Sinne) wirtschaftliche Sachverhalte betroffen sind, wirtschaftliche Betrachtungsweise[80] ein durchaus weites Anwendungsfeld hat: Die Rede von der wirtschaftlichen Betrachtungsweise findet sich im Zivilrecht ebenso wie im öffentlichen Recht oder dem Strafrecht, sie wird im Steuerrecht ebenso wie im Bilanzrecht verwandt.[81] Keinem der genannten Rechtsgebiete (geschweige denn allen Rechts-

---

[75] Vgl. BGHSt 31, 178.

[76] Vgl. etwa BGHSt 2, 364; 8, 256.

[77] Vgl. neben BGHSt 31, 178 noch BGHSt 7, 373; 20, 136; BGH NStZ 1987, 407. Insoweit findet also eine Annäherung an die juristisch-ökonomische Vermögenslehre statt.

[78] *Lackner* LK (Fn. 13), § 263 Rdn. 122.

[79] Terminus von Schönke/Schröder/*Cramer* (Fn. 30), § 263 Rdn. 80.

[80] Zu diesem Verhältnis von wirtschaftlicher und faktischer Betrachtungsweise *Tiedemann,* NJW 1979, 1849, 1850.

[81] Vgl. etwa *Groh,* StuW 1989, 227, 228 ff.; *Rittner,* Die sogenannte wirtschaftliche Betrachtungsweise in der Rechtsprechung des Bundesgerichtshofs, 1975, passim.

gebieten einheitlich) ist es indes gelungen, von dieser wirtschaftlichen Betrachtungsweise ein homogenes Bild auszuformen.

aa) So ist für die Rechtsprechung des Bundesgerichtshofs in Zivilsachen die Verwendung des Begriffs der wirtschaftlichen Betrachtungsweise als eine Floskel oder Leerformel entlarvt worden, der kein wesentlicher Nutzen für die Rechtsfindung der Praxis zukommt.[82]

bb) Auch aus dem Steuerrecht, dem eigentlichen Herkunftsort der wirtschaftlichen Betrachtungsweise und zugleich dem Ort intensivster Auseinandersetzung mit ihr, kommen keine wesentlichen Hilfestellungen.
Zum einen wurde die wirtschaftliche Betrachtungsweise als Transformationsinstrument angesehen, um die zivilrechtlichen Begriffe ins spezifisch Steuerrechtliche, d.h. in das für eine Besteuerung nach der wirtschaftlichen Leistungsfähigkeit Geeignete, zu übertragen. Der zivilrechtliche Begriff gebe für das Steuerrecht nur den Begriffskern ab. Um ihn befinde sich ein Begriffshof, der alle Sachverhalte erfasse, die dem Kernsachverhalt wirtschaftlich gleichgelagert seien.[83] Eine derartige Betrachtungsweise scheint die oben umschriebenen Fehler bei der (streng) juristischen Vermögenslehre im Bereich des Steuerrechts gleichsam in umgekehrter Weise fortzusetzen: Auch wenn die „wirtschaftlich gleichgelagerten Sachverhalte" in den Begriffshof verwiesen werden, so ist doch kein weiteres Differenzierungskriterium innerhalb dieser Gruppe ersichtlich. Eine vollkommene Nivellierung des juristischen Begriffs wäre die Folge, die aber bislang noch nie ernsthaft praktiziert

---

[82] *Rittner* (Fn. 81), S. 28 ff.; vgl. auch *K. Schmidt,* in: Eyrich u.a. (Hrsg.), Festschrift für Kurt Rebmann, 1989, S. 419, 431: „Die 'faktische Betrachtungsweise' ist, ebenso wie die 'Befreiung des Strafrechts vom zivilistischen Denken', ohne positiven Aussagewert".

[83] Vgl. *Becker,* StuW 1934, Sp. 299 u.ö.

wurde[84] und auch dessen grundsätzlicher Dignität im heutigen durchnormierten (Wirtschafts-) Leben nicht gerecht würde.

Zum anderen wird in der wirtschaftlichen Betrachtungsweise lediglich ein Gebot zu teleologischer Auslegung gesehen.[85] Innerhalb der Rechtsordnung sei ein Begriff relativ, werde also von der jeweiligen spezifischen Regelungsaufgabe geprägt. Im Gegensatz zu einer exakten teleologischen Auslegung stehe eine das Gesetz sprengende, freischwebende, sich auf das Wirtschaftliche berufende Gefühlsjurisprudenz[86]. *Pawlowski* war es, der die am häufigsten für die wirtschaftliche Betrachtungsweise im Steuerrecht herangezogene Konstellation untersucht hat, bei der ein Steuerpflichtiger eine weder vom Steuergesetzgeber bei der Formulierung des Gesetzestatbestandes noch eine bislang vom Bundesfinanzhof erfasste Rechtsgestaltung wählt. Die wirtschaftliche Betrachtungsweise veranlasse hier den Rechtsanwender, die genaue rechtliche Analyse des Falles zu früh abzubrechen. Eine funktionale (und gleichzeitig rechtliche) Betrachtungsweise sei einer unbestimmten wirtschaftlichen überlegen, die zudem weniger kontrollierbar und fehleranfälliger sei.[87] Kann somit eine teleologische Betrachtungsweise für sich verbuchen, „eine das Gesetz sprengende, freischwebende, sich auf das Wirtschaftliche berufende Gefühlsjurisprudenz zu vermeiden“, erscheint sie gleichwohl noch zu unbestimmt, um fest umrissene, reproduzierbare Ergebnisse zu erzielen. Des Weiteren würde eine wirtschaftliche Betrachtungsweise in diesem Sinne abhängig von der jeweiligen Regelungsaufgabe sein und kaum zu auf andere Rechtsgebiete übertragbaren Ergebnissen führen.

---

[84] Vgl. ausführlich *Tipke/Lang*, Steuerrecht, 16. Aufl. 1998, § 5 Rdn. 65 ff.

[85] Vgl. *Papier*, Die finanzrechtlichen Gesetzesvorbehalte und das grundgesetzliche Demokratieprinzip, 1973, S. 185 ff.

[86] *Tipke/Lang* (Fn. 84), § 5 Rdn. 67 f.; so auch für das Bilanzrecht *Moxter*, StuW 1989, 232.

[87] *Pawlowski*, BB 1977, 253 ff.; vgl. auch *dens.*, Methodenlehre für Juristen, 3. Aufl. 1999, Rdn. 314 f.

cc) Im Hinblick auf die Ungeklärtheit des Begriffs der wirtschaftlichen Betrachtungsweise an sich nimmt es nicht wunder, dass auch im Strafrecht die kritischen Meinungen überwiegen: Zutreffend kritisiert etwa *Otto*, von einer wirtschaftswissenschaftlichen Vorgehensweise könne keine Rede sein. Grundlage sei allein eine laienhafte Vorstellung vom Wirtschaften[88]. *Mayer* hält im Rahmen seiner Monographie zur Untreue die Meinung, Vermögen sei im Sinne des Strafrechts ein wirtschaftlicher Begriff, für unhaltbar und geeignet, die ebenfalls unzutreffende Lehre *Bindings* zu fördern. Denn der Betrugstatbestand könne seine genauere Begrenzung nicht daraus erfahren, was die Volkswirtschaftslehre, die ja in ihren Begriffen recht wandelbar sei, unter Vermögen verstehe. Dies sei schon deshalb unmöglich, weil die Volkswirtschaftslehre gar kein Interesse habe, den Vermögensbegriff anders aufzustellen als im Gegensatz zum Einkommensbegriff und als Vorstufe zum Kapitalbegriff[89].

Tiedemann hat den strafrechtlichen Ursprung der faktischen oder wirtschaftlichen Betrachtungsweise in der Literatur der dreißiger Jahre mit ihrer Forderung nach „Abkehr von dem formalen Rechtssicherheitsideal des rechtsstaatlichen Liberalismus" loziert. Da der Vorteil materieller Gerechtigkeit mit einer Ablösung der Strafbarkeit von der förmlichen Gesetzesbindung erkauft werde, sei im Strafrecht mit seinem verstärkten verfassungsrechtlichen Rechtssicherheitsgebot die wirtschaftliche oder faktische Betrachtungsweise aber meist nur in Ausnahmefällen angewandt worden bzw. anzuwenden. Auch wenn die (noch?[90]) herrschende Meinung für den strafrechtlichen Vermögensbegriff bei Betrug, Erpressung oder Untreue abweichend von der zivilrechtlichen Begriffsbestimmung eine eigenständige, „wirtschaftliche" Betrachtungsweise zugrunde lege, könne keine Rede davon sein, dass das

---

[88] *Otto* Grundkurs (Fn. 32), § 51 Rdn. 59.

[89] *Mayer,* Die Untreue im Zusammenhang der Vermögensverbrechen, 1926, S. 166.

[90] Von *Tiedemann* (NJW 1977, 777, 779) selbst bezweifelt.

Vermögens- und Wirtschaftsstrafrecht seine Begriffe unabhängig von der zivilrechtlichen Gestaltung bilde. Vielmehr schließe sich regelmäßig die strafrechtliche Wertung und Begriffsbildung an die zivil- oder verwaltungsrechtliche Würdigung an.[91]

Bruns hat dies als „kühne Behauptung“ bezeichnet. Es entspreche der herrschenden Meinung, den Vermögensbegriff „wirtschaftlich“, jedenfalls nicht zivilrechtlich, auszulegen.[92] Die Lehre von der faktischen Betrachtungsweise belebe nicht das Rechtsdenken der dreißiger Jahre neu, entfessele also nicht das Strafrecht von der Gesetzesbindung, sondern stelle die Eigenständigkeit der strafrechtlichen Begriffsbildung heraus.[93]

Auch wenn *Bruns'* eigene Interpretation, die Lehre von der faktischen Betrachtungsweise sei eine „sachgemäße Fortentwicklung der teleologischen Auslegungsmethode“[94], von der Literatur weniger kritisch aufgenommen worden ist und hierin der eigentliche (freilich verschleierte) Inhalt der faktischen Betrachtungsweise gesehen wird,[95] bleibt selbst diese „abgemilderte“ Sichtweise angreifbar. Denn sie beharrt auf einer eigenständigen strafrechtlichen Begriffsbildung, ohne hierfür Kriterien angeben zu können, und lehnt einen Rekurs auf das Zivilrecht fälschlicherweise deshalb ab, weil es auf das subjektive Privatrecht im Sinne der streng juristischen Vermögenslehre verkürzt wird.

---

91 *Tiedemann,* NJW 1977, 777, 779; *ders.*, NJW 1979, 1849, 1850 f.; *ders.*, Tatbestandsfunktionen im Nebenstrafrecht, 1969, S. 58 ff.

92 *Bruns,* JR 1984, 133, 139.

93 *Bruns,* JR 1984, 133, 140 f.

94 *Bruns,* JR 1984, 133, 141.

95 Vgl. *Cadus,* Die faktische Betrachtungsweise, 1984, S. 146 f. und passim; Anm. *Otto,* StV 1984, 462, 463; *ders.*, Jura 1989, 328, 329; *K. Schmidt* (Fn. 82), S. 419, 433 ff.; Schönke/Schröder/*Lenckner/Perron* (Fn. 30), § 14 Rdn. 4; *Tiedemann,* JuS 1989, 689, 695.

dd) *Nelles* hat sich vor nicht allzu langer Zeit intensiv mit den unterschiedlichen Vermögensbegriffen im Rahmen der Untreue auseinandergesetzt und den wirtschaftlichen Vermögensbegriff mit Inhalt anzufüllen versucht. (Auch) Nach ihr ist das einzige Kriterium, das die wirtschaftliche Vermögenslehre für die Zuordnung des Vermögens zum Subjekt anzubieten hat, dasjenige des besseren faktischen Zugriffs, also der Macht[96].

Die Rechtsprechung zeichne sich nicht – wie behauptet – durch eine nennenswerte Unsicherheit aus, sondern dadurch, dass sie, wie es die wirtschaftliche Vermögenslehre zulasse, die Vermögenszuordnung von Fall zu Fall nach anderen Kriterien beurteile. Es könne ihr deshalb nicht vorgeworfen werden, dass die einzelnen Entscheidungen widersprüchlich seien, sondern dass die Widersprüchlichkeit Wesensmerkmal dieser Vermögenstheorie sei.[97] Da es darum gehe, einen Maßstab zu finden, nach dem soziale Realitäten in Vermögensgegenstände und Nicht-Vermögensgegenstände einzuteilen seien, und das Recht diesen Maßstab nicht vorgebe, müsse „Wirtschaft“, wenn es diese Aufgabe erfüllen solle, im Verhältnis zum Recht zunächst als ein aliud begriffen werden.[98] Hier hätten sich infolge der Funktionsspezialisierung eine Reihe von Merkmalen herauskristallisiert, die für hochentwickelte Märkte charakteristisch seien:[99] Die Interaktionen auf dem Markt basierten auf den Bedingungen des unpersönlichen Vergleichs von Leistungen und Tauschwert; gesellschaftliche und soziale Bezüge würden bei den Tauschvorgängen vernachlässigt; der persönliche Status sei für den Preis irrelevant;[100] das Geld fungiere als

[96] *Nelles* (Fn. 58), S. 362; ebenso bereits *Gallas* (Fn. 12), S. 401, 426, wonach die Vertreter der wirtschaftlichen Vermögenslehre allein auf die faktischen Machtverhältnisse abstellten.

[97] *Nelles* (Fn. 58), S. 370.

[98] *Nelles* (Fn. 58), S. 377.

[99] *Nelles* (Fn. 58), S. 378.

[100] *Nelles* (Fn. 58), S. 378.

Tauschmedium[101], das zugleich die Quantifizierung und damit die Vergleichbarkeit aller werthaltigen Positionen erlaube.[102] Nachdem *Nelles* sich damit wohl erstmals um eine Präzisierung des bislang unspezifisch verwendeten Begriffs des „Wirtschaftlichen“ bemüht hat, gelangt sie zutreffend zu folgendem Schluss: Die Leistungsbeziehungen zwischen den Subsystemen Recht und Wirtschaft könnten sich nicht darin erschöpfen, dass sie je für sich ihren Beitrag zur Lösung der Bestandsprobleme der Gesellschaft leisteten. Vielmehr würden sie sich gegenseitig in der Weise beeinflussen, dass die Institutionen des Rechts zur sozialen Wirklichkeit der Wirtschaft gehörten und die Institutionen der Wirtschaft für das Recht die Umwelt darstellten, auf die es durch systemeigene Programme reagiere. Das Recht wirke also zugleich als Instrument zur Steuerung der Wirtschaft, indem es der Gesellschaft verbindliche Normen zur Verfügung stelle und Sozialbeziehungen definiere, womit die konkrete Wirtschaft nicht ohne deren konkrete Rechtsordnung beschreibbar sei.[103]

Schünemann fasst das entscheidende Bedenken gegen den wirtschaftlichen Vermögensbegriff prägnant wie folgt zusammen:[104] Das ökonomische System werde ja seinerseits ganz massiv durch die Rechtsordnung geprägt, so dass die Frage des Geldwertes zwar nicht von der zivilistischen Konstruktion des subjektiven privaten Rechts, aber doch entscheidend von der Gesamtheit der rechtlichen Handlungsmöglichkeiten abhänge.

---

[101] *Nelles* (Fn. 58), S. 379.

[102] *Nelles* (Fn. 58), S. 381.

[103] *Nelles* (Fn. 58), S. 387.

[104] *Schünemann* LK (Fn. 10), § 266 Rdn. 133.

3. Juristisch-ökonomische Vermögenslehre

a) Auch beim *juristisch-ökonomischen Vermögensbegriff*[105] ergibt sich im Grundsatz nichts anderes: Nach diesem wird zwar grundsätzlich die den Kern des Rechtsguts berücksichtigende wirtschaftliche Betrachtungsweise anerkannt. Wirtschaftlich wertvolle, aber noch nicht als subjektive Rechte ausgestattete Positionen gehören hingegen nach diesem Ansatz nur dann zum Vermögen, sofern sie unter dem Schutz der Rechtsordnung stehen[106] oder mit deren Billigung bzw. ohne deren Missbilligung realisiert werden können.[107] Es herrscht also die Auffassung vor, das Strafrecht könne sich nicht von dem für die rechtliche Güterzuordnung maßgebenden Normen völlig emanzipieren und auch Güter in das Vermögen einer Person einbeziehen, zu denen diese nur eine faktische, aber vom Recht nicht anerkannte Beziehung habe.[108] Denn ansonsten entstehe unter dem Gesichtspunkt der Einheit der Rechtsordnung ein unauflösbarer Wertungswiderspruch im System der Gesamtrechtsordnung, wenn das Strafrecht eine wirtschaftlich nutzbare Position als Vermögensbestandteil anerkenne, während andere Teile der Rechtsordnung deren Realisierung in jeglicher Beziehung verböten und missbilligten.[109]

b) Der Begriff der juristisch-ökonomischen Vermittlungslehre scheint durch seine Wortkombination zum Ausdruck zu bringen, die Abhängigkeit dieser Begriffe voneinander zu realisieren und damit auch zu akzeptieren. Die Prämisse des ökonomisch-juristischen Ansatzes ist jedoch eine andere: Wirtschaft und Recht werden

---

[105] Vgl. die Bezeichnung von *Nagler*, ZAkDR 1941, 294.

[106] Vgl. *Franzheim*, GA 1960, 269, 277; *Gutmann*, MDR 1963, 3, 5; *Foth*, GA 1966, 33, 42; *Sauer*, System des Strafrechts BT, 1954, S. 85.

[107] *Lange*, ZStW 65 (1953), 53, 78, und 68 (1956), 599, 645 f.; *Lenckner*, JZ 1967, 105, 107; *Cramer*, JuS 1966, 472, 475; *ders*. (Fn. 28), S. 100; *Samson/Günther* SK (Fn. 16), § 263 Rdn. 112 ff.

[108] *Lackner* LK (Fn. 13), § 263 Rdn. 123.

als zwei gegensätzliche Systeme aufgefasst, deren Bewertungskriterien zu prinzipiell gegensätzlichen Ergebnissen kommen können.[110] Es ist also (zumindest gedanklich) auch nach diesem Ansatz nicht ausgeschlossen, dass jede faktisch in Geld umsetzbare Position ein Wirtschaftsgut und mithin vermögenstaugliches Objekt sein kann.[111] Damit offenbart sich, wie *Nelles* herausgearbeitet hat, das inkonsequente Vorgehen auch der Vertreter dieses Ansatzpunktes: Das Vermögen kann nach ihm mit dem Anspruch auf Gültigkeit für das Strafrecht grundsätzlich „rechtsfrei", also nach dem Prinzip der „Befreiung des Strafrechts vom zivilistischen Denken", definiert werden. Dies entspricht genau dem wirtschaftlichen Vermögensbegriff im oben genannten Sinne. Ausnahmsweise hat das Strafrecht aber in seiner Begriffsbildung nach der juristisch-ökonomischen Vermittlungslehre auch akzessorisch zu sein, wenn ansonsten die Ergebnisse mit der Rechtsordnung unvereinbar erscheinen. Damit wird die Frage, welche Ausnahmen zu machen sind, zu einer an kriminalpolitischen Überlegungen ausgerichteten Einzelfallentscheidung[112].
So ist die Kommentarstelle in der Vorauflage des Leipziger Kommentars zum juristisch-ökonomischen Vermögensbegriff symptomatisch: Danach sei zu konstatieren, dass sich die überwiegende Mehrzahl der einschlägigen Fallgruppen nach den Grundprinzipien des wirtschaftlichen Vermögensbegriffs lösen ließen und dass sich die Abweichungen im Wesentlichen auf den Bereich der unsittlichen und verbotenen Rechtsgeschäfte beschränkten.[113] Auch hier wird wiederum die Trennbarkeit zwischen dem juristischen und dem ökonomischen Element und lediglich eine gegenseitige Einflussnahme propagiert.

---

[109] Schönke/Schröder/*Cramer* (Fn. 30), § 263 Rdn. 83.
[110] Vgl. auch die gleichlautende Kritik bei *Schünemann* LK (Fn. 10), § 266 Rdn. 134.
[111] *Nelles* (Fn. 58), S. 405.
[112] *Nelles* (Fn. 58), S. 412.
[113] *Lackner* LK (Fn. 13), § 263 Rdn. 123.

Die Konfusion wird etwa in der Entscheidung RGSt 44, 230, 234 deutlich, in der ausgeführt wird, dass selbstverständlich nur aufgrund der Satzungen des bestehenden bürgerlichen Rechts entschieden werden könne, ob ein wirtschaftliches Gut der Person A oder der Person B gehöre. Damit wird an sich für die Vermögenszugehörigkeit der Standpunkt des juristischen Vermögensbegriffs eingenommen, der aber überraschenderweise wieder durch den Hinweis aufgegeben wird, für den vorliegenden Fall komme der privatrechtlichen Seite des Vermögensbegriffs „nur eine untergeordnete Rolle zu: Der Schwerpunkt liegt auf der wirtschaftlichen Seite“[114]. Dieses Durcheinander wird auch nicht durch den Hinweis auf eine Vermischung von Vermögens- und Schadensbegriff[115] beseitigt. Denn wäre dies der einzige Grund, dürfte es bei der Berücksichtigung nur des Vermögensbegriffs keine Inkonsistenzen mehr geben, was aber gerade nicht der Fall ist. Im Übrigen hat die Bestimmung des Vermögens als eines Relationsbegriffs[116] die Notwendigkeit einer konsistenten Argumentation von Vermögens- und Schadensbegriff herausgestellt.

4. Personale Vermögenslehren

a) Nach den personalen Vermögenslehren kann als Rechtsgut sinnvoll nur die tatsächliche Beziehung einer Person zu einem Objekt im weitesten Sinne, die durch eine Rechtsnorm geschützt wird, bezeichnet werden.[117] Nicht bestimmte Objekte werden als Vermögen angesehen, sondern die Beziehung selbst ist Schutzobjekt[118]. Das Vermögen ist also mit der wirtschaftlichen Potenz des Vermögensträgers bzw. der Reichweite seiner tatsächlichen wirtschaftlichen Wirkungsmacht gleichzuset-

---

[114] Vgl. den Hinweis bei *Maurach/Schroeder/Maiwald*, Strafrecht Besonderer Teil/1, 8. Aufl. 1995, § 41 Rdn. 94.

[115] *Maurach/Schroeder/Maiwald* (Fn. 114), § 41 Rdn. 95.

[116] Vgl. o. B II.

[117] *Otto* (Fn. 17), S. 33.

[118] *Otto* (Fn. 17), S. 35 f.; vgl. auch *Schmidhäuser* (Fn. 32), 11/1 - 3.

zen.[119] Es entspricht der durch die einzelnen Objekte vermittelten „facultas", der durch sie gewährleisteten Potenz[120], und bringt somit ebenfalls die wissenschaftstheoretische Einordnung des Vermögens als eines Dispositionsbegriffs zum Ausdruck. Das eigentlich Wesentliche für den Schaden ist nach den personalen Vermögenslehren nicht der negative Wertsaldo, der sich aus Minderung und Mehrung einzelner Vermögensbestandteile ergibt, sondern die Minderung der wirtschaftlichen Potenz des Vermögensträgers, die mit der Veränderung seines Vermögens verbunden ist.[121] Nur ein Zauberkünstler könne dabei zeigen, wie man ein Vermögen im Sinne der Gesamtheit von Vermögensmitteln einer Person in Geldeinheiten messen oder in einer Geldsumme veranschlagen könne.[122] Wende man seinen Blick von einem statischen Vermögensbegriff ab, der das Vermögen als eine objektiv bewertbare Summe der Geldwerte einer Person betrachte, und sehe man das Vermögen als eine dynamische Einheit an, nämlich als wirtschaftliche Potenz eines Subjekts, die auf der Verfügungsgewalt über äußere Mittel beruhe, so überzeuge es, dass ein Vermögensschaden nicht nur im materiell nicht ausgeglichenen Verlust gegenwärtiger Vermögensgüter liegen könne, sondern eine Vermögensbeschädigung auch darin zu sehen sei, dass Ausgaben ihren wirtschaftlichen Zweck verfehlten, und zwar nicht nur dann, wenn von vornherein mit einem materiellen Gegenwert überhaupt nicht zu rechnen sei.[123] Als wirtschaftliche Zwecke im Sinne des personalen Vermögensbegriffs seien nicht nur solche Motivationen anzusehen, die

---

[119] *Otto* (Fn. 17), S. 70; *Bockelmann,* in: Probleme der Strafrechtserneuerung, Festschrift für Eduard Kohlrausch zum 70. Geburtstag, 1944, S. 226, 238 ff.; *ders.*, JZ 1952, 461, 464 f.; *Hardwig,* GA 1956, 6, 17 ff.; Anm. *Heinitz,* JR 1968, 387 f.

[120] *Otto* (Fn. 17), S. 36.

[121] *Bockelmann* (Fn. 119), S. 226, 238 ff.; *ders.*, JZ 1952, 461, 464 f.; *Hardwig,* GA 1956, 6, 17 ff.; Anm. *Heinitz,* JR 1968, 387 f.; *Labsch* (Fn. 32), S. 323 ff. (mit einer Darstellung der Anwendbarkeit der personalen Vermögenslehre auf die Untreue); *Otto,* WM 1988, 729, 732.

[122] *Otto* (Fn. 17), S. 62 (in Anlehnung an eine Formulierung *Papes*).

[123] *Otto* (Fn. 17), S. 64 f.; *ders.*, WM 1988, 729, 733.

auf Erhalt oder Mehrung des Vermögens abzielten. Hierzu gehörten vielmehr alle Zielsetzungen, die der personalen Entfaltung im gegenständlichen Bereich dienten. Den nicht mehr vom Vermögensschutz umfassten Gegenpol zu wirtschaftlichen Zwecken bildeten ideelle Interessen, deren Nichterreichung keinen Vermögensschaden begründe.[124]

b) Dass nun die personale Vermögenslehre die ohnehin schon höchst unbestimmte Methode der objektiv-individuellen Schadensberechnung um zusätzliche Unsicherheitsfaktoren vermehrt sowie die Gefahr einer weiteren Subjektivierung des Schadensbegriffs schafft,[125] wird gerade von den Vertretern der personalen Vermögenslehre vehement bestritten.[126] Es bleibt aber das Bedenken, dass „die bloße Zweckverfehlung eines Vermögenseinsatzes in einem sehr viel weiteren Rahmen als bisher zur Schadensbegründung herangezogen werden könnte“[127], sowie ein methodisch angreifbares Vorgehen bei der Bestimmung des Vermögensschadens über die Verfehlung des *wirtschaftlichen* Zwecks, ohnehin ein Fremdkörper in der personalen Vermögenslehre[128]. Zur Verdeutlichung sei nochmals der sodann zu kritisierende Weg der personalen Vermögenslehre beschrieben und am Beispiel der Submissionsabsprache erläutert:[129] Vermögen sei eine personal strukturierte Einheit,

---

[124] *D. Geerds* (Fn. 32), S. 118 m.w.N.

[125] Vgl. etwa *Lackner* LK (Fn. 13), § 263 Rdn. 124, *Gemmer,* Tendenzen zur Erweiterung des Vermögensbegriffs beim Betrug, Diss. iur. Mainz, 1964, S. 65, sowie *Schmoller,* ZStW 103 (1991), 92, 102: „... die Lösungen erscheinen aber eher kasuistisch und sind kaum unmittelbar durch den 'personalen' Vermögensbegriff vorgezeichnet.“; ferner *Endemann,* Der sogenannte Anstellungsbetrug nach geltendem und zukünftigen Recht, Diss. iur. Münster, 1963, S. 121 f.

[126] *D. Geerds* (Fn. 32), S. 126 ff. m.w.N.; Anm. *Heinitz,* JR 1968, 387 f.

[127] *Lackner* LK (Fn. 13), § 263 Rdn. 124, unter zutreffendem Verweis auf *Otto,* Bargeldloser Zahlungsverkehr und Strafrecht, 1978, S. 26; *dens.*, NJW 1979, 681, 685, 687; *dens.*, GRUR 1979, 90, 100, 103.

[128] *Jakobs,* JuS 1977, 228, 231 Fn. 27.

[129] Vgl. auch *Hefendehl,* JuS 1993, 805, 808, 812 f.

die die Entfaltung der Person im gegenständlichen Bereich gewährleiste.[130] Ein Vermögensschaden bedeute, darauf aufbauend, eine Störung der konkreten Vermögensorganisation des Rechtssubjekts in ihrer Funktion[131]. Dabei seien bei der Schadensberechnung nur die wirtschaftlichen Zwecke der Vermögensverfügung zu berücksichtigen, nicht irgendwelche ideellen Ziele[132]. Der Verfügende entscheide zwar willkürlich darüber, wozu er sein Vermögen einsetze. In aller Regel könne der Täter sein Opfer aber nur dadurch zu einer Vermögensverfügung veranlassen, dass er vorgebe, mit ihr werde der angestrebte wirtschaftliche Zweck des Getäuschten erreicht; in der Verfügung konkretisiere sich also der wirtschaftliche Zweck der Verfügung, so dass auch die Gefahr des Abgleitens des Betrugs in ein Delikt zum Schutze der Dispositionsfreiheit gebannt sei.[133]

Auf die Submissionsabsprache übertragen, bedeutet dies nach *D. Geerds* Folgendes: Der Vermögensinhaber möchte sein Vermögen im Rahmen der Ausschreibung einsetzen, um demjenigen den Auftrag zu erteilen, der sich in einem objektivierenden Verfahren des Wettbewerbs unter den verschiedenen Konkurrenten als der Leistungsfähigste erweist.[134] Diese wirtschaftliche Zwecksetzung sei dem Täuschenden durch das Ausschreibungsverfahren offenbar. Durch Abgabe seines Angebots bekunde er konkludent sein Bestreben, diesen wirtschaftlichen Zweck in seiner Person zu erfüllen. Indem das Angebot aber tatsächlich diese Bedingungen nicht erfülle und dennoch den Zuschlag erhalte, werde der wirtschaftliche Zweck nicht erreicht, ein Vermögensschaden liege vor.

Dieser Gedankengang erscheint einleuchtend, weist aber einen Schwachpunkt auf: denjenigen der wirtschaftlichen Zwecksetzung. Das räumt auch *D. Geerds* selbst

[130] *Otto* (Fn. 17), S. 69 f.
[131] *Otto* (Fn. 17), S. 65.
[132] Vgl. *D. Geerds* (Fn. 32), S. 127 m.w.N.
[133] *D. Geerds* (Fn. 32), S. 128 m.w.N.

ein und greift damit eine Forderung von *Lackner*[135] nach „genauerer Durcharbeitung“ aus dem Jahre 1979 (!), also 11 Jahre später, wieder auf. Die oben beschriebene Zwecksetzung im Rahmen der Submission, die von den Vertretern der personalen Vermögenslehre angeführt wird, die Auftragserteilung an denjenigen, der sich in einem objektivierenden Verfahren des Wettbewerbs unter den verschiedenen Konkurrenten als der Leistungsfähigste erweise, beschreibt nämlich keine endgültige Zielvorstellung, sondern ist nur der Versuch, folgendes „Endziel“ effektiv zu erreichen: Für die Erlangung einer bestimmten, genau umschriebenen Leistung sollen möglichst geringe finanzielle Mittel ausgegeben werden.[136]

Folgendes Beispiel macht deutlich, dass die von *D. Geerds* vorgenommene Zweckzuweisung nicht nur „umwegig“ ist, sondern im Einzelfall auch zu Fehlern führen kann: Sollten sich die an der Absprache Beteiligten dazu entschließen, dem Auftraggeber ein Geschenk zu machen und ihm ein konkurrenzlos günstiges (zugleich aber mit den Vergaberichtlinien vereinbares) Angebot zu offerieren, läge nach der personalen Vermögenslehre gleichwohl ein Vermögensschaden vor, da die Auftragserteilung nicht in einem objektiven Wettbewerbsverfahren erfolgte, was aber vom Ergebnis her offensichtlich unsinnig wäre. Dass für den Normalfall wirtschaftliche und personale Vermögenslehre dennoch zu gleichen Ergebnissen kommen, hängt damit zusammen, dass die Zwischenzieldefinition der personalen Vermögenslehre gerade eine wirtschaftliche ist, so dass sie die ökonomischen Aspekte gewissermaßen subjektiviert. Was aber ein wirtschaftlicher Zweck nach der personalen Vermögenslehre sonst sein soll, bleibt unklar. Der wohl als Gegensatzbegriff fungierende ideelle Zweck hilft nicht viel weiter, da er zumindest im Grenzbereich

---

[134] *D. Geerds* (Fn. 32), S. 178; *ders.*, DWiR 1992, 120, 122; *Ranft*, Jura 1992, 66, 73.

[135] *Lackner* LK (Fn. 13), § 263 Rdn. 124.

[136] *Otto* (ZRP 1996, 300, 307) hingegen sieht den wirtschaftlichen Zweck durch die einschlägige Rechtsprechung und ihre Kommentierung im Rahmen der Konkretisierung wirtschaftlicher und

zum wirtschaftlichen Zweck ebenfalls nicht trennscharf definiert werden kann. Tatsächlich scheint eine Bestimmung des wirtschaftlichen Zwecks nur dahin gehend möglich, dass dessen Verfehlung nach dem ökonomischen oder juristisch-ökonomischen Vermögensbegriff zu einem Vermögensschaden führt. Hieraus aber wird deutlich, dass die nach der personalen Vermögenslehre relevante Zwischenzielbestimmung einen Vermögensschaden bereits voraussetzt, dieser Ansatz also nur scheinbar leichter und stringenter als die wirtschaftliche oder wirtschaftlich-ökonomische Vermögenslehre einen Vermögensschaden begründen kann, in Wahrheit nämlich auf einen Zirkelschluss hinausläuft. Man mag nun einwenden, dass der wirtschaftliche Zweck auf diese Weise zu eng definiert werde, der Begriff des Wirtschaftlichen sei weiter. Aber dafür findet man bei den Vertretern der personalen Vermögenslehre keine klaren Abgrenzungskriterien, und sie sind auch sonst nicht ersichtlich.[137]

Der Ausgangspunkt der personalen Vermögenslehre verdient also Zustimmung. Das Vermögen ist mit der Reichweite seiner Wirkungsmacht gleichzusetzen und beschreibt damit eine Herrschaftsposition. Überdies hat die personale Vermögenslehre insoweit ihre Meriten, als sie etliche jener Schadensprobleme zu lösen vermag, die der herrschenden Meinung insbesondere bei der Zweckverfehlung und dem individuellen Schadenseinschlag besonders große Schwierigkeiten bereitet.[138] Woraus sich diese Wirkungsmacht ergibt, wird aber nicht genau bestimmt. Die Definition des Schadens im Sinne einer wirtschaftlichen Zweckverfehlung bestätigt diesen Befund.

---

sozialer Zwecke bei unentgeltlichen Verfügungen und bei der Bestimmung der Absicht wirtschaftlicher Nutzung einer Sache im Rahmen der Zueignung hinreichend konkretisiert an.

[137] So auch *Schmoller*, ZStW 103 (1991), 92, 103, wonach es „gar nicht" möglich ist, die Abgrenzung zwischen „wirtschaftlichen" und „außerwirtschaftlichen" Vorstellungen und Präferenzen einigermaßen überzeugend vorzunehmen; so auch *Weidemann*, Das Kompensationsproblem beim Betrug, Diss. iur. Bonn, 1972, S. 220 ff.

II. Das Modell der zivilrechtlich konstituierten Herrschaft als Grundlage der Definition des normativ-ökonomischen Vermögensbegriffs und seiner Randbereiche

1.

a) Als Folgerung aus der Kritik lässt sich festhalten, dass es nur die Möglichkeit einer konventionalen Begriffsbestimmung geben kann, die sich aber gerade am Zivilrecht ausrichten muss. Denn das Zivilrecht schafft jene Vermögensordnung, die den erforderlichen objektiven Rahmen für die individuelle und deshalb nach Willkür erfolgende persönliche Betätigung bildet. Bei funktionaler Betrachtungsweise muss dem Primat des subjektiven Privatrechts dabei immer dort eine Absage erteilt werden, wo die Herrschaft über Personen bzw. Sachen von minderer Dignität und institutioneller Ausprägung sein kann, als es vom formalen subjektiven Recht präsentiert wird, bzw. umgekehrt, wo von einer tatsächlichen Herrschaft über eine formal existente Vermögensposition nicht mehr die Rede sein kann.
Hieraus ergibt sich die folgende *Definition*: Herrschaft (und damit Vermögen) ist immer dann zu begründen, wenn eine Person über mit der Rechtsordnung vereinbare Potentiale wirtschaftlicher Betätigung mit Hilfe zivilrechtlich anerkannter Durchsetzungsmöglichkeiten nach ihrem Belieben verfügen und externen Störfaktoren effektiv begegnen kann.[139]

b) *Schünemann* folgt dem im Ergebnis ohne Einschränkung, wenn er den von ihm so bezeichneten *integrierten Vermögensbegriff* wie folgt umschreibt: Das Vermögen sei eine in Geldeswert ausdrückbare, rechtlich konstituierte Herrschaft über Gegenstände oder soziale Interaktionen, bzw. Vermögen bedeute, dass eine Person

---

[138] Hierauf weist *Tiedemann* (in: Jähnke/Laufhütte/Odersky (Hrsg.), Leipziger Kommentar [LK], 11. Aufl., Vor § 263 Rdn. 30 [1999]) zu Recht hin.

[139] *Hefendehl* (Fn. 1), S. 117 f.

über mit der Rechtsordnung zu vereinbarende Potentiale wirtschaftlicher Betätigung mit Hilfe (zivil-) rechtlich anerkannter Durchsetzungsmöglichkeiten nach ihrem Belieben verfügen und externen Störfaktoren effektiv begegnen könne, wobei der Vermögensbegriff im Sinne der Saldierung aller positiven und negativen Potentiale in der homogenen Ertragskategorie des Geldes zu verstehen sei.[140]

c) *Tiedemann* stimmt diesen beiden Versuchen insoweit zu, dass es der Sache nach nicht so sehr um ein rechtliches Korrektiv, als um die Integration von Wirtschaft und Recht gehe. Vermögen werde damit zu einer (rechtlichen) Institution. Wenn er gleichwohl von einem wirtschaftlichen Vermögensbegriff spricht und eine rationale Marktwertbetrachtung vornehmen möchte,[141] so bedeutet dies keinen Gegensatz zu dem hier vertretenen Ansatz, sondern eine auch hier propagierte Ablehnung einer persönlichkeitsorientierten Betrachtungsweise.

2. Bei der Ausarbeitung des Vermögensbegriffs in meiner Arbeit „Vermögensgefährdung und Exspektanzen" habe ich darauf verzichtet, einen weiteren Begriff zu kreieren. Inhaltlich findet sich der hier vertretene Ansatz in der Literatur nun als integrierter Vermögensbegriff[142], überraschenderweise als anscheinend vollkommen alle Vermögenslehren negierend[143] oder vielleicht wegen der nicht evidenten Zuordnungsfähigkeit überhaupt nicht wieder. Der integrierte Vermögensbegriff bringt nun bei weiterer Erklärung treffend zum Ausdruck, dass es um die Integration von Wirtschaft und Recht geht, die keine additiven Komponenten sein können, wie dies Grundlage des juristisch-ökonomischen Vermögensbegriffs ist, sondern eine Einheit darstellen. Alle bislang vertretenen Vermögensbegriffe bringen zumin-

---

140 *Schünemann* LK (Fn. 10), § 266 Rdn. 134.

141 *Tiedemann* LK (Fn. 138), Vor § 263 Rdn. 32.

142 *Tiedemann* LK (Fn. 138), Vor § 263 Rdn. 31; *Schünemann* LK (Fn. 10), § 266 Rdn. 134.

dest schlagwortartig zum Ausdruck, was deren jeweiliger Schwerpunkt darstellt. Aus dem Wortpaar des integrierten Vermögensbegriffs wird dies aber leider nicht deutlich. Beim Leser wird vielleicht sogar der Eindruck erweckt, der Vermögensbegriff selbst werde irgendwo integriert. Daher soll hier von einem *normativ-ökonomischen Vermögensbegriff*[144] gesprochen werden. Diese Wortwahl bringt zum Ausdruck, dass die Regeln des Wirtschaftsverkehrs maßgebend sind, wie dies insbesondere auch *Tiedemann* zu Recht propagiert. Die Komponente des Normativen soll erstens bewirken, dass die ökonomische Vermögenslehre nicht im Sinne faktischer, gar mit Gewalt durchsetzbarer Machtpositionen misszuverstehen ist, zweitens soll sie einen Kontrapunkt zur hier nicht als hinreichend präzise angesehenen juristisch-ökonomischen Vermögenslehre setzen und drittens soll sie ein weiteres Missverständnis zu vermeiden helfen, dass nämlich für die Konstituierung des Vermögens juristische Privatrechte maßgeblich sind. Es geht vielmehr, wie *Tiedemann* es treffend für die Exspektanzen zum Ausdruck gebracht hat,[145] (auch) um rechtlich geregelte Verfahren oder eine anderweitige normative Basis, die für das Vermögen konstituierend sein können.

3.

a) Aus dem hier vertretenen Vermögensbegriff folgt zugleich die Definition der vermögenswerten Exspektanz: Eine solche liegt dann vor, wenn von einer (wiederum zivilrechtlich konstituierten) Herrschaft auszugehen ist, die die störungsfreie

---

143 *Lackner/Kühl* StGB, 24. Aufl. 2001, § 263 Rdn. 33.

144 *Pawlik* (Fn. 67), S. 294 nennt die von ihm vertretene Ansicht, die im Grundsatz enge Berührungspunkte mit der hier vertretenen Sichtweise aufweist, „normativ-personale Lehre“, was zugleich die unterschiedliche Einschätzung der Komponente des Ökonomischen zum Ausdruck bringt. Dass auch der normativ-ökonomische Vermögensbegriff personale Elemente in sich vereinigt, ist gezeigt worden.

145 *Tiedemann* LK (Fn. 138), § 263 Rdn. 135.

Möglichkeit der Entwicklung eines Zustandes zum Vollwert beinhaltet.[146] Wenn das Vermögen die soziale Zuordnung von Werten vornimmt, muss der Wille einer Entwicklung zum Vollwert bereits erkennbar betätigt sein. Denn nur so kann die Rechtsordnung eben diese Zuteilung bei Werten vornehmen, die sich ursprünglich noch als eine einer unbestimmten Vielzahl von Vermögensträgern zustehende Verhaltensoption darstellt.

Für die vermögenswerte Exspektanz[147] ist also der folgende Dreischritt notwendig: *Erstens* muss der Inhaber einer vermögenswerten Exspektanz mit rechtlich anerkannten Möglichkeiten externe Störfaktoren bei der Entwicklung zum Vollwert unterbinden können. *Zweitens* muss sich derjenige, von dem das Exspektanzobjekt erlangt werden soll, von seiner Verpflichtung nicht mehr sanktionslos lösen können. Und *drittens* muss der potentielle Exspektanzinhaber sein Vorhaben in der Außenwelt zum Ausdruck gebracht haben.

b) Auch in diesem Zusammenhang soll ein Vergleich mit *Schünemann* und *Tiedemann* erfolgen: Nach *Schünemann* liegt eine vermögenswerte Exspektanz dann vor, wenn der Vermögensinhaber eine rechtlich realisierbare, ökonomisch bewertbare und im Verhältnis zum Täter rechtlich geschützte Position besitzt. Es müsse eine durch das Zivilrecht oder das öffentliche Recht begründete Herrschaft über Objekte oder Interaktionen vorliegen, die dem Inhaber der Herrschaft die störungsfreie Möglichkeit der Entwicklung des jetzigen Zustandes zur endgültigen Inhaberschaft des „Vollwertes" garantiere.[148]

---

[146] Ausdrücklich zustimmend *Otto,* Grundkurs (Fn. 32), § 51 Rdn. 85.

[147] Dieser Begriff erscheint vorzugswürdig; s. *Hefendehl* (Fn. 1), S. 121.

[148] *Schünemann* LK (Fn. 10), § 266 Rdn. 135.

Zwar führt *Schünemann* aus, die von mir vertretene Definition sei ähnlich, aber enger[149], doch scheinen die Unterscheide nur im Terminologischen zu liegen. Aus dem von *Schünemann* abgeleiteten Erfordernis, der Vermögensinhaber müsse die störungsfreie Möglichkeit der Entwicklung des jetzigen Zustandes zum Vollwert besitzen, folgt daraus ohne weiteres die Nichtexistenz von Störfaktoren, kommen sie nun von dritter Seite oder vom Interaktionspartner selbst. Dass der Exspektanzinhaber den Erwerbswillen manifestiert haben muss, ergibt sich ohne weiteres daraus, dass im Wirtschaftsleben Optionen geltend zu machen sind, bevor sie bewertet werden können.

Tiedemann teilt nun vom Wortlaut die Auffassung der herrschenden Meinung, wonach eine Exspektanz dann zum Vermögen gehöre, wenn es sich nicht nur um allgemeine und unbestimmte Aussichten oder bloße Hoffnungen handele, sondern ein Vermögenszuwachs mit hinreichender Wahrscheinlichkeit zu erwarten und die Gewinnaussicht realisierbar sei. Die Beurteilung des wirtschaftlichen Wertes der Gewinnaussicht sei dabei Tatfrage.[150] Die faktische Wahrscheinlichkeit des Vermögenszuwachses wird nach *Tiedemann* dabei bei Begründung der Exspektanz durch ein rechtlich geregeltes Verfahren oder eine sonst wie normative Basis und durch die (prozessuale) Feststellbarkeit der Geschädigten konkretisiert.

Gerade über diese Konkretisierung scheinen die aber von *Tiedemann* ausgemachten Unterschiede kaum mehr zu bestehen, was insbesondere auch an den zahlreichen gleich gelösten Fallkonstellationen ablesbar ist.[151]

---

[149] *Schünemann* LK (Fn. 10), § 266 Rdn. 135 Fn. 697.

[150] *Tiedemann* LK (Fn. 138), § 263 Rdn. 135.

[151] Vgl. die Beispiele bei *Tiedemann* LK (Fn. 138), § 263 Rdn. 136 f.

4.

a) Das Vermögen ist ein Dispositionsbegriff. Er enthält die Hypothese der Durchsetzbarkeit zur eigenen wirtschaftlichen Verwertung. Hieraus leitet sich harmonisch die Definition der schädigenden Vermögensgefährdung ab. Eine solche liegt dann vor, wenn sich die Hypothese der Verfügbarkeit über einen Vermögenswert qualitativ verschlechtert hat. Eine Einschränkung der Durchsetzbarkeitshypothese ist in unserer Rechtsordnung nun durch Gefahrenfaktoren bedingt, die erstens bestimmte Vermögenswerte konkret bedrohen und denen zweitens keine hier so bezeichnete Vermeidemachtmöglichkeiten des Bedrohten gegenüberstehen. Denn wäre letzteres der Fall, wäre die Durchsetzbarkeitshypothese im Rechtsverkehr nicht qualitativ verschlechtert. Nunmehr zeigt sich auch die Problematik der Vorgehensweise *Schröders*, der – wie oben gezeigt – darauf abstellt, inwieweit noch weitere Handlungen im Herrschaftsbereich des Getäuschten erforderlich sind. Denn maßgeblich ist allein, inwieweit mögliche Handlungen im Herrschaftsbereich des Getäuschten abwehrbar sind.

b) *Schünemann* schließt sich in seiner Kommentierung des Untreuetatbestandes der hier vertretenen Ansicht an. Als normative Richtlinie habe man darauf abzustellen, ob dem drohenden endgültigen Verlust noch Vermeidemachtmöglichkeiten des Bedrohten gegenüberstünden.[152] *Tiedemann* weist gerade im Zusammenhang mit der Vermögensgefährdung darauf hin, dass u.a. das Bilanzrecht durch besondere Institute wie Abschreibung, Rückstellung und Wertberichtigung dem Umstand Rechnung trage, dass neben dem völligen Verlust einer Vermögensposition auch ihre Gefährdung eine Vermögensminderung und damit einen Vermögensschaden darstellen könne. Letztlich propagiert *Tiedemann* eine mittlere Lösung, wonach der Standpunkt der Rechtsprechung grundsätzlich zutreffend bleibe, eine am Einzelfall

---

[152] *Schünemann* LK (Fn. 10), § 266 Rdn. 146.

orientierte konkrete Gefährdung von Vermögenspositionen zu ermitteln und zu bewerten. Dabei solle die Regel einbezogen werden, dass das faktische Erfordernis weiterer Akte des Opfers selbst meist der Annahme eines Gefährdungsschadens entgegenstehen werde, es sei denn, dass besondere Umstände wie eine Verschlechterung der Beweislage hinzukämen und die Opferinteressen zusätzlich schwächten.[153] Zumindest der letztere Gesichtspunkt entspricht vollumfänglich der hier vertretenen Auffassung, dass es auf die Vermeidemachtmöglichkeiten des Opfers ankomme.

c) Terminologisch werden nach wie vor die unterschiedlichsten Begriffe verwandt. Sie sind im Einzelnen dargestellt und kritisiert worden.[154] Hier wird der Begriff der schädigenden Vermögensgefährdung bevorzugt. Er bringt zum Ausdruck, dass die Vermögensgefährdung einen möglichen Fall des Vermögensschadens darstellt – sie schädigt bereits –, und verdeutlicht gleichzeitig die phänomenologische Besonderheit, dass ein endgültiger Substanzverlust als der Begriffskern des Vermögensschadens noch nicht vorliegt. Der von *Tiedemann* bevorzugte[155] Begriff des Gefährdungsschadens[156] vereinigt diese beiden Vorteile gleichfalls in sich.

5.

a) Der Versuch der weiteren Konkretisierung der Begriffe des Vermögens bzw. des Vermögensschadens greift nun zahlreiche (allerdings jeweils nur für Einzelkonstellationen verwandte und nicht näher präzisierte) Ansätze in Rechtsprechung und Literatur auf, nicht nur das formale Bilanzschema einer die Saldierung erfordernden Gegenüberstellung von Aktiven und Passiven, sondern auch die Frage des Ob und

---

[153] *Tiedemann* LK (Fn. 138), § 263 Rdn. 172.
[154] *Hefendehl* (Fn. 1), S. 129 ff.
[155] *Tiedemann* LK (Fn. 138), § 263 Rdn. 168.

Wie des bilanzrechtlichen Ansatzes bzw. der Bewertung für das Strafrecht nutzbar zu machen.[157] *Schünemann* bezeichnet insoweit das Bilanzrecht als ratio cognoscendi, weil bei der bilanzrechtlichen Beurteilung von Prognosesachverhalten zu entscheiden sei, inwieweit objektivierte, anerkannte und rechtlich fundierte Parameter des Wirtschaftsverkehrs vorliegen, die bereits zum gegenwärtigen Zeitpunkt einen wirtschaftlichen Mehrwert oder Minderwert begründen.[158]

b) Wenn in der Literatur vereinzelt darauf verwiesen worden ist, dass eine bilanzrechtliche Analyse im Einzelfall zu keinen evidenten Lösungen gelangen könne und die Argumentation daher nicht erleichtere,[159] so verkennt diese Kritik das Zusammenspiel von für den Vermögensbegriff konstituierenden Merkmalen und solchen, die diesen (weiter) konkretisieren. *Tiedemann*[160] und *Schünemann* verweisen zutreffend darauf, wie der mögliche Rückgriff auf das Bilanzrecht zu verstehen ist. Er dient der Hilfe bei der Einzelabgrenzung und der Konkretisierung.[161] Wenn das Bilanzrecht für die konkrete (strafrechtliche) Fallgestaltung keine gesicherte Lösung anzubieten weiß, so bleibt entweder der Verzicht auf den Rückgriff oder aber die Möglichkeit, mit anerkannten bilanzrechtlichen Instrumentarien zu arbeiten und damit eine Lösung transparenter zu gestalten. Drei Möglichkeiten ergeben sich: Teilweise lassen sich Konkretisierungen unmittelbar aus dem Bilanzrecht ableiten,

---

[156] BGHR § 263 Abs. 1 Vermögensschaden 3 (BGH v. 17.02.1987).

[157] Vgl. im Einzelnen *Hefendehl* (Fn. 1), S. 166 ff. *Pawlik* (Fn. 67), S. 292 spricht von der wirtschaftlichen Werthaltigkeit der betreffenden Organisationseinheit.

[158] *Schünemann* LK (Fn. 10), § 266 Rdn. 134.

[159] *Erb*, GA 1996, 142, 143; vgl. auch *Tiedemann* LK (Fn. 138), § 263 Rdn. 172, der aber auch an zahlreichen Stellen explizit vermerkt, dass die Maßstäbe des Bilanzrechts gerade zu einer Präzisierung des Vermögensbegriffs beitragen können; vgl. etwa *Tiedemann* LK (Fn. 138), Vor § 263 Rdn. 32.

[160] *Tiedemann* LK (Fn. 138), § 263 Rdn. 171.

[161] Insoweit räumt die Bezeichnung bei *Küper* als „bilanzrechtlicher Vermögensbegriff" (Strafrecht Besonderer Teil, 4. Aufl. 2000, S. 340) diesem Aspekt einen zu gewichtigen Stellenwert ein.

teilweise kann das Bilanzrecht eingesetzt werden, um Lösungen plausibel zu formulieren, für bestimmte strafrechtliche Konstellationen ist der Einsatz des Bilanzrechts so fernliegend, dass man auf ihn verzichten kann. Hieraus den Schluss ziehen zu wollen, das Bilanzrecht sei unnötig verkomplizierend, erscheint schlechterdings nicht nachvollziehbar. Um einen Vergleich zu ziehen: Man verzichtet nicht auf den Einsatz eines geeigneten Verkehrsmittels, nur weil dieses eines Tages vom Streik betroffen sein könnte. Denn dieser Streik wird ja sogar angekündigt, so dass man dann anderweitig disponieren kann.

b) Die spezifisch strafrechtlichen Vorgaben des Analogieverbotes, des Grundsatzes der Subsidiarität des Strafrechtes, der Viktimodogmatik, der Deliktsstruktur des Betrugstatbestandes sowie des Verhältnisses von Schadenseintritt und Versuch erweisen sich dabei als durch das Bilanzrecht einlösbar. Denn bei der bilanzrechtlichen Beurteilung von Prognosesachverhalten ist normativ-pragmatisch zu fragen, inwieweit objektivierte, anerkannte Parameter des Wirtschaftsverkehrs vorliegen, die – abgesehen von der Gefahr eines handgreiflichen effektiven Verlustes in der Zukunft – bereits zum gegenwärtigen Zeitpunkt einen wirtschaftlichen Minderwert begründen. Eine Passivierung etwa in Gestalt einer Rückstellungsbildung kommt dabei immer dann nicht in Betracht, wenn ein drohender Verlust, vom Standpunkt des Bilanzierenden aus betrachtet, sich als abwendbar darstellt, und löst somit insbesondere die Vorgaben der Subsidiarität sowie der Viktimodogmatik ein.

c) Die Vorteile sind die folgenden: Über den Mittler des Bilanzrechts können erstens bewährte betriebswirtschaftliche Prognosemethoden bei der Übertragung von Lebenssachverhalten in die homogene Ertragskategorie des Geldes helfen. Zweitens sind zur Aktivierung bzw. Passivierung nach allgemeiner Auffassung berechtigende Umstände für die strafrechtliche Beurteilung vergleichend heranzuziehen, und drittens verschafft gerade die Notwendigkeit des Ansatzes eines Aktivpostens bzw. der Passivierung eine hinreichende Transparenz der Ergebnisse, die durch den bloßen Verweis auf die Wahrscheinlichkeit des Vermögenszuwachses bzw. der Vermögensminderung nicht gegeben ist. Insoweit fungiert das Bilanzrecht als Lösungsreservoir rechtssicherer Entnormativierung, auf das immer dann zurückgegriffen werden kann, wenn kein Widerspruch zum übergeordneten zivilrechtlich konstituierten Herrschaftsprinzip vorliegt.

d) Auch *Tiedemann* betont ausdrücklich, dass über die Anwendung etwa von Maßstäben des Bilanzrechts die Haupteinwände der (von ihm präferierten) wirtschaftlichen Vermögens- und Schadenslehren behoben werden könnten.[162]

G. Systematisierungen und Exemplifizierungen

In einem letzten Schritt sollen nunmehr die bislang gesammelten Erkenntnisse exemplifiziert und zugleich sachgerecht systematisiert werden.

I. Exspektanzen: Fallgruppenbildung und Exemplifizierung

Eine vermögenswerte Exspektanz beschreibt wie die Vermögensgefährdung ein Kontinuum, wobei die Entwicklung bereits die für einen Vermögenswert relevante Schwelle überschritten hat. Bei der Beurteilung der Situation, der potentiell Vermögenswert zukommt, ist zu fragen, ob die Entwicklung zu einem Vermögensbestandteil soweit gediehen ist, dass man bereits zum gegenwärtigen Zeitpunkt von einem solchen sprechen kann. Dies wiederum hängt nach der oben vorgenommen Definition in erster Linie von der Möglichkeit des potentiellen Vermögensträgers ab, externen Gefahrenmomenten zu wehren.

---

[162] *Tiedemann* LK (Fn. 138), Vor § 263 Rdn. 32 sowie § 263 Rdn. 131.

Durch die folgende Untergliederung lässt sich eine Systematisierung in der in diesem Zusammenhang angefallenen Rechtsprechung erreichen: Zunächst sind die Zwei- und die Dreipersonenverhältnisse zu unterscheiden. Im Rahmen der Dreipersonenverhältnisse wiederum lässt sich der Weg zu einem „günstigen" Vertragsabschluss oder einem sonstigen Vermögensgegenstand durch personelle Bindungen oder durch Verfahren beschreiben. Der erste Fall wird durch das Eindringen in einen fremden Kunden- oder Lieferantenstamm ausgefüllt, während der zweite bei beschränkten Gütern vorhandene Kontingentierungen betrifft. Bei den Zweipersonenverhältnissen geht es um folgende Fälle: Entweder wird ein Vertragsschluss trotz Möglichkeit eines Gewinns unterlassen, oder der Vertragsschluss verhindert die Möglichkeit eines anderweitigen Gewinns[163].

1. Verhindern der Gewinnchance eines Dritten durch Einschleichen in ein Verfahren

Das Modell zur Bestimmung einer vermögenswerten Exspektanz lässt sich gut anhand des folgenden Beispielsfalles (s.o. Fall 3) erläutern: Ein Projekt der Bahn AG wird ausgeschrieben. Der Anbieter A reicht sein Angebot in Höhe von 5 Mio. € ein, B in Höhe von 6 Mio. €. Nach Ablauf der Bewerbungsfrist gelingt es B, sein Angebot in 4 Mio. € umzuändern, so dass er den Zuschlag erhält. Wie wäre es, wenn die Manipulation am Angebot eine Woche vor Ablauf der Bewerbungsfrist erfolgen würde?

a) Die herkömmlichen Ansätze müssten fragen, ob ein Vermögenszuwachs mit Wahrscheinlichkeit oder mit hoher Wahrscheinlichkeit zu erwarten ist oder ob die

---

[163] Vom hier zugrunde gelegten Begriff einer vermögenswerten Exspektanz ausgehend, betreffen Gewinnchancen durch Los o. ä. sowie Risikogeschäfte gerade keine Exspektanz. Denn hier geht es um anerkanntermaßen unsichere Geschäfte, die dem Erwerber nicht die Möglichkeit einer Durchsetzung zum Vollwert ohne externe Störfaktoren bieten.

Verkehrsanschauung dieser Position einen konkreten wirtschaftlichen Wert beimisst. Diese Fragen erscheinen willkürfrei nicht zu beantworten.

b) Nach den hier erwähnten Voraussetzungen ist eine Exspektanz dann zu bejahen, wenn erstens eine Ausschreibung erfolgt ist, zweitens der Bewerber seine Intention auf Erlangung eines Vermögenswertes durch ein Angebot manifestiert hat und drittens dieses Angebot nach den Vergaberichtlinien zwingend anzunehmen ist oder nur ermessensfehlerhaft abgelehnt werden könnte. Danach hatte A im Grundfall eine vermögenswerte Exspektanz. Seine Bewerbung ist ausschreibungsgerecht erfolgt und enthielt das relativ preisgünstigste Angebot. Andere Faktoren standen einem Zuschlag nicht entgegen. Insbesondere bestand nach Ablauf der Bewerbungsfrist keine rechtlich anerkannte Möglichkeit von Konkurrenten mehr, ein günstigeres Angebot einzureichen. Eine Ablehnung des Angebots des A wäre ermessensfehlerhaft gewesen und hätte beispielsweise zivilrechtliche Schadensersatzansprüche begründet. Auch *Tiedemann* gelangt zu diesem Ergebnis:[164] Denn die Wahrscheinlichkeit des Vermögenszuwachses wird durch ein rechtlich geregeltes Verfahren konkretisiert.

c) In der Variante (Bewerbungsfrist noch nicht abgelaufen) liegt hingegen eine vermögenswerte Exspektanz noch nicht vor. Es bestanden noch relevante und hinnehmbare Störfaktoren: Dritte Anbieter waren ohne weiteres noch in der Lage, ein günstigeres Angebot einzureichen.

---

[164] *Tiedemann* LK (Fn. 138), § 263 Rdn. 135.

2. Verhindern der Chance für einen Dritten durch Einschleichen in eine personelle Bindung

a) Diese Fallgruppe betrifft im Wesentlichen die Fälle des Eingriffes in einen fremden Kundenstamm (s.o. Fall 1). Betrugskonstellationen sind richtigerweise hier nicht denkbar, da es an einer als Selbstschädigung zu interpretierenden Vermögensverfügung fehlen würde. Denn der Kunde ist in seinem Kaufverhalten frei und steht „im Lager" keines Anbieters. Die Frage, wann eine vermögenswerte Exspektanz gegeben sein kann, bleibt aber für die Untreuefälle relevant.[165] Ein Vergleich mit der bilanzrechtlichen Diskussion um den Begriff des Vermögensgegenstandes bzw. des Wirtschaftsgutes zeigt, dass selbst immaterielle Vermögensgegenstände wie der Kundenstamm dem strafrechtlichen Vermögensschutz unterfallen müssen, sofern sie nicht allein den Ertragswert betreffen und zumindest abstrakt entgeltlich zu erwerben sind. Dabei geht es allerdings nur um dauerhafte Positionen, die wiederum nur durch einen substantiellen, nicht aber einen singulären Eingriff zu tangieren sind. Ein Schaden liegt also nur bei einem (Teil-) Entziehen der Stammkundschaft an sich vor.

3. Unterlassener Vertragsschluss trotz Möglichkeit eines Gewinns bzw. Vertragsschluss trotz anderweitiger Gewinnmöglichkeit: Die personalisierte Exspektanz sowie die Marktexspektanz

In einem als Rechtsverkehr ausgestalteten Wirtschaftsleben ergibt sich eine vermögenswerte Exspektanz regelmäßig aus einem Beziehungsgefüge. Ein solches ist wiederum in zwei Konstellationen denkbar: Zum einen kann dieses Beziehungsgefüge individuell ausgestaltet sein, also sich auf ein Individuum oder einen sonstigen individualisierten Vertragspartner beziehen. Insoweit soll von einer *personalisier-*

---

[165] Zur Ablehnung des Dreiecksbetrugs vgl. *Hefendehl* (Fn. 1), S. 224 f.

ten Exspektanz gesprochen werden. Und zum anderen kommt in bestimmten Fällen der nicht auf einen bestimmten Vertragspartner spezifizierte *Markt* in Betracht, wenn ein solcher in hinreichend homogener Form überhaupt existiert und man demzufolge auf konkrete Marktverhandlungen verzichten kann. Hierfür bietet sich die Bezeichnung *Marktexspektanz* an.

a) Eine personalisierte Exspektanz setzt nach den entwickelten allgemeinen Grundsätzen voraus, dass die in Aussicht genommene Bezugsperson keine Möglichkeit mehr hat, die Erfüllung der Exspektanz zu verweigern. Hieraus folgt, dass der potentielle Betrugstäter stets Störfaktor ist. Aus dieser schlichten Erkenntnis lässt sich im Übrigen das nach wie vor stark umstrittene Ergebnis ableiten, dass in den Fällen des sog. Submissionsbetruges regelmäßig ein Betrug zu Lasten der ausschreibenden Stelle nicht in Betracht kommt. Die in die interne Preiskalkulation des Kartells u.U. eingeflossenen womöglich ursprünglich in niedrigeren Vorstellungen einiger Kartellmitglieder kommen von vornherein nicht in Betracht, da diese Unternehmer zum Zeitpunkt des Angebots gerade nicht mehr bereit sind, zu einem günstigeren Preis zu liefern, und die Vergabestelle hierauf auch keinen Anspruch hatte. Daneben erfüllt auch die bloß theoretische Möglichkeit, einen günstigeren Preis zu erzielen, die Voraussetzungen, an einen Vermögensbestandteil des Ausschreibenden dann nicht, wenn die andere Seite daran erstens nicht gebunden ist und zweitens nicht einmal Wahrscheinlichkeitserwägungen über das günstigste Angebot getroffen werden können.[166]

Als Beispiel für eine personalisierte Exspektanz mag der Fall des HansOLG Bremen dienen, bei dem der Angeklagte als (damals zu bestellender) Gebrechlichkeitspfleger das Hausgrundstück seines kranken Pfleglings auf der Grundlage eines Schätzpreises von nur DM 80.000 gegen monatliche Leibrentenzahlung erworben

[166] Zum sog. Submissionsbetrug ausführlich *Hefendehl* (Fn. 1), S. 241 ff.

hatte, obwohl zwei ernstlich gemeinte Kaufangebote dritter Interessenten über DM 150.000 bzw. DM 140.000 vorlagen.[167]

Der oben erwähnte Fall des Einsetzens der Ehefrau des Angeklagten als Begünstigte im Todesfall (s.o. Fall 2)[168] gehört zu den nichtvermögenswerten bloßen Chancen.[169] Zutreffend hat das OLG Stuttgart[170] insoweit ausgeführt, dass zu Lebzeiten der Erblasserin kein Anspruch auf das Erbe bestehe, auch eine Anwartschaft sei nicht zu bejahen. Die Erbaussichten stellten bis zum Tode der Erblasserin eine Chance dar. Denn die Erblasserin hatte bis zu ihrem Tod jederzeit die Möglichkeit, die Gelder nach ihrem Gutdünken zu verbrauchen, zu verschenken oder anderweitig darüber zu verfügen.

b) Auch der Markt kann Bezugsobjekt sein, sofern dieser hinreichend starr ist und den Kauf bzw. den Verkauf zu einem bestimmten Preis ohne weiteres möglich erscheinen lässt. Eine solche Konstellation ist dabei im Rahmen des freien Marktes allerdings nur ausnahmsweise denkbar, so wenn es sich um Güter mit einem konstanten homogenen Absatzmarkt für den Verkauf handelt.

Für diese Konstellation soll der oben erwähnte Continental-Fall (s.o. Fall 4)[171] herangezogen werden. So hat der BGH hier konkludent eine Prüfung der vermögenswerten Exspektanz insoweit vorgenommen, als er nur solche Gewinnaussichten berücksichtigen wollte, „die bei einem anderweitigen Verkauf der Ware wahrscheinlich zu realisieren gewesen wären". Die Wahrscheinlichkeitsbetrachtungen sind hier, wie bereits oben dargelegt, freilich fehl am Platze. Es ist statt dessen eine

[167] HansOLG Bremen NStZ 1989, 228.

[168] OLG Stuttgart NJW 1999, 1564.

[169] Zu weiteren nicht exspektanzrelevanten Konstellationen s. *Hefendehl* (Fn. 1), S. 201 ff.

[170] OLG Stuttgart NJW 1999, 1564 m. Anm. *Thomas*, NStZ 1999, 622; vgl. auch *Jünemann*, NStZ 1998, 393, 394; *Brand/Fett*, JA 2000, 211; *Schroeder*, NStZ 1997, 585.

[171] BGH NStZ 1991, 488.

Marktanalyse vorzunehmen, die die für die Waren maßgeblichen Parameter (Bedarf, Konkurrenten, Sättigung, Kaufkraft) berücksichtigt und daraus eine Prognose über die künftige Verkaufsfähigkeit ableitet. Durch eine vorsichtige Schätzung, die zweifelhafte außergewöhnliche Erfolge außen vor lässt, wird damit auch bei der Marktexspektanz ein Ergebnis erzielt, das demjenigen der personalisierten Exspektanz entspricht, also eine durch die Marktbedingungen gewährleistete störungsfreie Verkaufs- bzw. Einkaufserwartung.

II. Vermögensgefährdung: Fallgruppenbildung und Exemplifizierung

Der Versuch einer flächendeckenden Fallgruppenbildung der Rechtsprechung zu den Vermögensgefährdungen geht von folgendem aus:[172] Die Vermögensgefährdung umschreibt ein bestimmungs- oder erfahrungsgemäß auf Veränderung gerichtetes Kontinuum, das in zeitlicher Hinsicht bereits die Grenze des für den Vermögensschaden Relevanten überschritten hat. Letzteres vor allem deshalb, weil der Gefährdete nicht in der Lage ist, die Schadensrelevanz des ursächlichen Ereignisses abzuschirmen und damit zu neutralisieren bzw. eliminieren. Theoretisch sind folgende Konstellationen denkbar: Die Gefahr kann aus dem Umfeld des Täuschenden, des Getäuschten oder von dritter Seite her stammen. Ferner besteht die Möglichkeit des Fehlens jeglichen Gefahrenmomentes infolge der bereits erfolgten Gefahrverwirklichung, wobei dem effektiven Substanzverlust aber noch betrugsrelevant zu begegnen ist. In den Oberfallgruppen der drohenden Gefahr aus dem Umfeld des Täters bzw. von dritter Seite her ist wiederum jeweils danach zu differenzieren, ob der schadensrelevanten Gefahr seitens des Getäuschten entgegengetreten werden kann oder nicht. Somit ist eine flächendeckende widerspruchsfreie Fallgruppenbildung erreicht, die sich lediglich zweier Parameter bedient: derjeni-

[172] Zu diesem Modell *Tiedemann* LK (Fn. 138), § 263 Rdn. 171.

gen der Gefahr bzw. des Gefahrursprungs sowie der betrugsrelevanten Begegnungsmöglichkeit. Einige typische Beispiele aus den jeweiligen Fallgruppen seien nachfolgend beschrieben.

1. Die Gefahr hat sich bereits verwirklicht; der bestehende Zustand des effektiven Substanzverlustes kann evtl. eliminiert werden.

a) Im Rahmen der Fallgruppe des bereits verwirklichten Gefahrenmomentes geht es um Konstellationen, bei denen die Zug-um-Zug-Leistung durchbrochen ist, das maßgebliche Gefahrenmoment also nicht in der Erfüllung der Verpflichtung liegt, sondern in der Fragestellung, ob die Vermögenshingabe kompensierbar erscheint. Bei der Darlehensgewährung (Fall 5) und verwandten Fällen macht der bilanzrechtsorientierte Ansatz deutlich, dass die vereinzelten Versuche, der Literatur, bilanzrechtliche Kenntnisse zu verwerten, zu sachgerechten Ergebnissen führen können. Eliminiert man die Möglichkeit der bloßen Pauschalwertberichtigung für die strafrechtliche Prüfung, beachtet man die Unterscheidung von relevanter Wertaufhellung und irrelevanter Wertbeeinflussung und zieht man betriebswirtschaftliche Prognosemethoden heran, gelangt man zu einer größeren Transparenz der Ergebnisse und häufig zu einer sichereren Beurteilungsbasis, die etwa die Begriffe der Leistungsfähigkeit und -willigkeit konkretisiert.[173]

b) Des Weiteren wird die häufig von Rechtsprechung und Literatur uneinheitlich beurteilte Frage nach der Bedeutung gesetzlicher Kompensationsrechte neu ausgerichtet: Es ist stets in Übereinstimmung mit dem hier vertretenen Vermögensbegriff nach der aktuellen Werthaftigkeit im Sinne einer Herrschaftsposition zu fragen. Bei einem vertraglichen Rücktrittsrecht (s.o. Fall 7) bzw. bei einem dem Berechtigten bekannten (§ 355 Abs. 2 BGB) Widerrufsrecht bei Haustürgeschäften (§ 312 BGB), in der der Getäuschte bereits seine Leistung erbracht hat, ist somit dann ein Rückgewähranspruch zu aktivieren, sofern dem Getäuschten bei Prüfung der Ware ohne weiteres deren Fehlerhaftigkeit auffallen kann.[174] Die teilweise propagierte starre Differenzierung danach, ob es sich um eine vertragliche oder gesetzliche Möglichkeit handelt, den Vertrag rückabzuwickeln, überzeugt nicht.[175]

2. Es droht Gefahr aus dem Umfeld des Getäuschten

Bei der Fallgruppe des aus dem Umfeld des Getäuschten drohenden Gefahrenmomentes geht es um diejenigen Konstellationen, bei denen der Getäuschte in Gefahr steht, selbst den endgültigen Vermögensverlust zu bewirken.
Folgende zwei Beispielsfälle seien genannt:

a) Der zahlungsunfähige und -unwillige A möchte ein Grundstück von B kaufen (s.o. Fall 6). Hängt die Auflassung oder zumindest die Eintragung des Käufers im Grundbuch von der vorherigen Erfüllung der Zahlungsverpflichtung ab, so ist die Hypothese der Verfügbarkeit über das Vermögen des Verkäufers nicht tangiert. Er hat hinreichende Schutzmechanismen, um sein Vermögen nicht an einen Zahlungsunfähigen hergeben zu müssen. Ein Schaden auch in Form einer schädigenden Vermögensgefährdung liegt nicht vor.[176]

b) A liefert heimlich verdünntes Benzin an den B. Bevor der B zahlt, kommt die Manipulation ans Licht. Hier stand dem B theoretisch die Einrede des nichterfüllten

---

[173] Im Einzelnen *Hefendehl* (Fn. 1), S. 262 ff.

[174] Große Übereinstimmung hier und bei der Grundkonzeption mit *Luipold,* Die Bedeutung von Anfechtungs-, Widerrufs-, Rücktritts- und Gewährleistungsrechten für das Schadensmerkmal des Betrugstatbestandes, 1998.

[175] *Hefendehl* (Fn. 1), S. 278; so auch *Ahn,* Das Prinzip der Schadensberechnung und die Vollendung des Betruges bei zweiseitigen Vertragsverhältnissen, 1995, S. 155 ff.

[176] BGH MDR/H 1975, 196; BGH StV 1983, 330; BGHR § 263 Abs. 1 Vermögensschaden 31 (BGH v. 04.06.1991); BGH NStZ 1998, 85; *Hefendehl* (Fn. 1), S. 330.

Vertrages (keine Ware mittlerer Art und Güte) zu. War die Manipulation am Benzin aber ohne glückliche Zufälle nicht erkennbar, stand dem B kein faktisch werthaftes Vermögensschutzinstrument zur Verfügung. Ein Vermögensschaden in Form der schädigenden Vermögensgefährdung ist zu bejahen.[177]

3. Es droht Gefahr aus dem Umfeld des Täters

Die Fallgruppe der aus dem Umfeld des Täters selbst drohenden Gefahrenmomente ist wiederum in zwei Unterfallgruppen zu untergliedern:

a) In der ersten ist die Gefahr aus der Sicht des Getäuschten lediglich mit einer Verhaltensoption des Täuschenden gleichzusetzen. So liegt der Fall etwa beim Erschleichen einer Vollmacht oder eines zu verfälschenden Warenbestellscheins (s.o. Fall 8). Auch wenn aus der Sicht des Getäuschten also u.U. eine schädigende Vermögensgefährdung vorliegt, weil er gegen ein Gefahrenpotential keine Handhabe hat, liegen die oben herausgearbeiteten Voraussetzungen an das Vorliegen einer Exspektanz deshalb nicht vor, weil sich der erreichte Zustand ohne weiteres Verhalten des Täters als sozial indifferenter Vorgang darstellt. Dies zeigt sich auch plastisch daran, dass es an einem objektiv nachvollziehbaren konkret anzusetzenden Schaden mangeln würde. Würde man hier einen Betrug annehmen, wäre der Charakter des Betruges als eines kupierten Erfolgsdelikts verletzt.[178] Der dogmatische Anknüpfungspunkt hierfür liegt bei der Absicht rechtswidriger Bereicherung.

b) Anders sieht es nun in der zweiten Unterfallgruppe aus, bei der die Gefahr aus der Sicht des Getäuschten mit der Exspektanz aus der Sicht des Täuschenden zu-

---

[177] Diese Unterscheidung wird überwiegend nicht nachvollzogen; vgl. *Hefendehl* (Fn. 1), S. 330.

[178] Dass der Betrug ein derartiges kupiertes Erfolgsdelikt und kein verkümmert mehraktiges Delikt ist, kann hier nicht dargestellt werden; vgl. insoweit *Hefendehl* (Fn. 1), S. 152 ff. Dieser „Doppelrolle“ der vermögenswerten Exspektanz explizit zustimmend *Tiedemann* LK (Fn. 138), § 263 Rdn. 175.

sammenfällt. Verschafft sich der Täter einen Schuldschein für eine nicht bestehende Schuld (s.o. Fall 9),[179] liegen in den Konstellationen, in denen der Getäuschte den Schadenseintritt nicht mehr sicher verhindern kann,[180] bereits die Voraussetzungen einer Exspektanz vor. Schaden und Absicht rechtswidriger Bereicherung sind gegeben.

4. Es droht Gefahr von dritter Seite

Diese Fallgruppe sei hier nur der Vollständigkeit halber erwähnt. Sie unterfällt in zwei Teile. Von den beschriebenen Fällen der drohenden Einziehungsgefahr oder des drohenden Verlustes des Versicherungsschutzes („von dritter Seite drohende Gefahr als Lenkungsmaßnahme") bleibt bei genauer Betrachtung kaum ein Anwendungsbeispiel für die schädigende Vermögensgefährdung.[181] Die Gefahr kann in diesem Zusammenhang aber auch von dritten, ihre eigenen Forderungen befriedigenden Gläubigern herrühren, was etwa bei der Differenzhaftung der Gründer[182] oder der Übertragung von Gesellschaftsanteilen[183] relevant wird. Eine Passivierung als Indiz für eine schädigende Vermögensgefährdung ist immer in Fällen mangelnder Schutzmöglichkeiten angezeigt. Zur Haftung noch ausstehende formale Schritte wie die Eintragung ins Handelsregister hindern einen Vermögensschaden nicht, da es sich hierbei nicht um ein Herrschaftsinstrument des potentiell Geschädigten selbst handelt.[184]

---

[179] *Hefendehl* (Fn. 1), S. 398 ff.

[180] So im Ergebnis auch *Tiedemann* LK (Fn. 138), § 263 Rdn. 230.

[181] Im Einzelnen *Hefendehl* (Fn. 1), S. 434 ff.

[182] Vgl. BGH StV 1992, 465.

[183] BGHR § 263 Abs. 1 Vermögensschaden Nr. 29 (BGH v. 20.02.1991).

[184] *Hefendehl* (Fn. 1), S. 440 ff.

H. Resümee

Ziel dieser Abhandlung war die weitere Konturierung des Vermögensbegriffes, und zwar im Wesentlichen über eine Erörterung seiner beiden Randbereiche, der Exspektanz und der Vermögensgefährdung. Mit dem Herrschaftsmodell – oder in anderen Worten: mit dem normativ-ökonomischen Vermögensbegriff – sind alle drei Problembereiche mit denselben (Herrschafts-) Kriterien zu bewältigen. Das Bilanzrecht als heuristisches Konkretisierungshilfsmittel dient dabei dazu, die Entnormativierung weiter voranzutreiben. Das Modell ist an für die flächendeckende Fallgruppenbildung repräsentativen Beispielen gleichsam in einem Besonderen Teil exemplifiziert worden. Es wird sich an neuen Fallkonstellationen zu bewähren haben.

Autoren

Florian Hagenbucher
Notarassessor, München

Professor Dr. Roland Hefendehl
Ordentlicher Professor an der Universität Dresden

Dr. Kerstin Klein
Rechtsanwältin, Frankfurt am Main

Professor Dr. Dr. h.c. mult. Claus Roxin
Professor emeritus der Ludwig Maximilians-Universität München

Professor Dr. Jesús María Silva-Sánchez
Ordentlicher Professor an der Universitat Pompeu Fabra, Barcelona

Professor Dr. Bernd Schünemann
Ordentlicher Professor an der Ludwig Maximilians-Universität München

Professor Dr. Carlos Suárez Gonzáles
Ordentlicher Professor an der Universidad del País Vasco, San Sebastián

Professor Dr. Joachim Vogel
Ordentlicher Professor an der Eberhard Karls-Universität Tübingen

Studien zum Wirtschaftsstrafrecht

- *Berger, Sebastian*
Der Schutz öffentlichen Vermögens durch § 263 StGB. Zur Anwendbarkeit des § 263 StGB und zum Vorliegen eines Vermögensschadens bei Angriffen auf inländisches öffentliches Vermögen sowie auf Vermögen der Europäischen Gemeinschaften
Band 12, 2000, 334 S., br., ISBN 978-3-8255-0307-9 , 40,39 € / 72,– sFr

- *Martens, Jürgen*
Subventionskriminalität zum Nachteil der Europäischen Gemeinschaften
Eine Untersuchung zu Straftaten nach § 264 StGB als einer Form von Unregelmäßigkeiten bei Ausgaben aus Gemeinschaftsmitteln
Band 13, 2001, 340 S., br., ISBN 978-3-8255-0319-2 , 30,58 € / 54,– sFr

- *Stein, Henrike*
Die Regelung von Täterschaft und Teilnahme im europäischen Strafrecht am Beispiel Deutschlands, Frankreichs, Spaniens, Österreichs und Englands
Band 14, 2002, ca. 460 S., br., ISBN 978-3-8255-0327-7, ca. 40,90 € / 72,50 sFr

- *Papakiriakou, Theodoros*
Das griechische Verwaltungsrecht in Kartellsachen.
Zugleich ein Beitrag zur Lehre vom Verwaltungs- und Unternehmensstrafrecht
Band 15, 2002, 380 S., br., ISBN 978-3-8255-0153-2 , 39,80 € / 65,80 sFr

- *Ludwig, Martin*
Betrug und betrugsähnliche Delike im spanischen und deutschen Strafrecht
Band 16, 2002, ca. 600 S., br., ISBN 978-3-8255-0352-9 , 45,80 € / 75,50 sFr

- *Papakiriakou, Theodoros*
Das europäischen Unternehmensstrafrecht in Kartellsachen.
Beitrag zur materiellrechtlichen Ausgestaltung eines rechtsstaatlichen und effektiven Verwaltungs- bzw. Unternehmensstrafrechts am Beispiel ausgewählter Grundprobleme des europäischen Kartellbußgeldrechts
Band 17, 2002, 380 S., br., ISBN 3-8255-0359-3, 38,20 € / 63,– sFr

- *Röhm, Peter M.*
Zur Abhängigkeit des Insolvenzstrafrechts von der Insolvenzordnung
Band 18, 2002, 378 S., br., ISBN 978-3-8255-0373-4, 31,70 € / 52,50 sFr

- *Klein, Kerstin*
Das Verhältnis von Eingehungs- und Erfüllungsbetrug.
Band 19, 2002, ca. 250 S., br., ISBN 978-3-8255-0390-1, ca. 30,– € / 49,50 sFr

- *Maiazza, Robert*
Das Opportunitätsprinzip im Bußgeldverfahren unter besonderer Berücksichtigung des Kartellordnungswidrigkeitsrecht
Band 20, 2002, ca. 200 S., br., ISBN 978-3-8255-0394-9 , ca. 30,– € / 49,50 sFr

CENTAURUS VERLAG

Kolibri 360 GmbH
Ferdinand-Jühlke-Straße 7
99095 Erfurt, Deutschland
produktsicherheit@kolibri360.de